Thomas Ritter

# *Die Palmblattbibliotheken und ihre Prophezeiungen zur Zukunft Europas*

Thomas Ritter

# Die Palmblattbibliotheken und ihre Prophezeiungen zur Zukunft Europas

*„Die Palmblattbibliotheken und ihre Prophezeiungen zur Zukunft Europas"*
Überarbeitete Neuausgabe April 2010

Ancient Mail Verlag Werner Betz
Europaring 57, D-64521 Groß-Gerau
Tel.: 0 61 52/5 43 75, Fax: 0 61 52/94 91 82
Email: wernerbetz@t-online.de


Umschlaggestaltung: Tina Gähler / Sandra Schmidt
Fotos: Thomas Ritter
Druck: Digital Print Group O. Schimek GmbH

**ISBN 978-3-935910-74-3**

Der Feind (Napoleons Grande Armeè) kam immer näher an Moskau heran, die Auffassung der Moskauer über ihre Lage wurde aber keineswegs ernster, sondern im Gegenteil nur noch leichtsinniger, wie das immer bei Menschen der Fall ist, die eine große Gefahr heranziehen sehen. Bei der Annäherung einer Gefahr sprechen in der Seele des Menschen immer zwei Stimmen gleich stark: die eine mahnt verständig, der Mensch solle das eigentliche Wesen der Gefahr erwägen und Mittel zur Rettung ersinnen; die andere sagt noch verständiger, es sei schwer und quälend, an die Gefahr zu denken, das es ja doch nicht in der Macht des Menschen stehe, alles vorauszusehen und sich vor dem allgemeinen Lauf der Dinge zu retten, und deshalb sei es besser, sich von dem Schweren abzuwenden, solange es noch nicht da sei, und lieber an Angenehmes zu denken. Ist der Mensch einsam, so hört er meist auf die erste Stimme, in Gesellschaft dagegen hört er auf die zweite. So war es auch jetzt mit den Einwohnern Moskaus. Schon lange hatte man in Moskau kein so lustiges Leben geführt wie in diesem Jahr.

Leo Tolstoi, Krieg und Frieden, III/1/17

# INHALTSVERZEICHNIS

# STATT EINES VORWORTES

Der Gemeinsinn ist den westlichen Gesellschaften schon lange abhanden gekommen. Nun folgen ihm die moralischen und ethischen Normen nach, welche Jahrhunderte lang das Zusammenleben der Menschen prägten. Zu Beginn des Dritten Jahrtausends christlicher Zeitrechnung triumphieren betriebswirtschaftliche Bilanzen, ein spekulativer Aktienboom und weitestgehend ungehemmter Eigennutz. Umfassendes Wissen, Weisheit und Erkenntnis der dieser Welt innewohnenden Zusammenhänge scheinen nur noch eine Existenzberechtigung zu besitzen, wenn sie sich auch entsprechend rechnen, mit anderen Worten, möglichst kurzfristig Profit abwerfen. „Shareholder value" und „Flexibilität" sind die Zauberworte dieses „neuen globalen Denkens", welches Geld und materiellen Besitz als die einzigen Maßstab des „Erfolges" anerkennt, an dem der Einzelne gemessen wird. Produziert und verkauft wird das, was größtmöglichen Gewinn in kürzester Zeit verspricht. Ideale, hohe Ziele und selbstlose Träume von einer wahrhaft gemeinsamen Zukunft aller Menschen sind als „Sekundärtugenden" „mega-out" und allenfalls Sache belächelter Außenseiter.

Wir definieren uns nicht mehr über das Sein, sondern ausschließlich über das Haben. Die selbstverständliche Folge einer solchen Haltung ist, dass wir immer mehr haben wollen, um „etwas zu Sein". Ständig neue Bedürfnisse zu wecken, um sie ebenso rasch zu befriedigen und durch wiederum neue, von außen suggerierte Wünsche abzulösen, dies gilt als der Motor des Fortschritts, der angeblich unsere Gesellschaft unaufhörlich und mit immer höherem Tempo vorwärts treibt. Schon längst haben die meisten aufgehört zu fragen, wohin ein solcher Weg des „Fortschritts" denn überhaupt führen soll. In der Bewegung allein, im ständig neu angeheizten Konsum im internet-verkabelten „Globalen Dorf" oder der Scheinbefriedigung einer Karriere in der Arbeitswelt erschöpfen sich heutige Zukunftsvisionen. Niemals aber werden wir genug von dem bekommen, was wir nicht wirklich brauchen, denn Gier kann nicht durch Geld gestillt werden, so wenig wie der Durst durch Salzwasser.

Allenthalben mehren sich deshalb die Zeichen, dass dieser Trend wohl einen katastrophalen Irrläufer der menschlichen Entwicklungsgeschichte darstellt. Nicht nur die zunehmende Verflachung im geistigen Leben mag Anlass zur Sorge bieten – viel auffälliger, da für jedermann auf einfache Weise erfahrbar, sind die Zerstörung der Natur und die fortschreitende Plünderung der Ressourcen des Planeten für die Aufrechterhaltung des Wohlstandes eines immer kleiner werdenden Bruchteils der Weltbevölkerung. Die Missachtung der natürlichen Umwelt als Urgrund auch unseres Seins setzt sich in den sozialen Beziehungen der Individuen unserer postindustriellen Gesellschaft fort. Wer rücksichtslosen Ellenbogeneinsatz als Leistungsbereitschaft prämiert, Konkurrenz und Verdrängung der Konkurrenten zum alles beherrschenden Prinzip in sämtlichen Lebensbereichen erhebt und dies mit dem Begriff von der Freiheit des Individuums garniert, muss sich nicht wundern, wenn eskalierende Gewalt, soziale Kälte und zunehmende Entsolidarisierung an der Tagesordnung sind. Denn so wie das Kapital in den postmodernen Gesellschaften ungleich verteilt ist, so ist es auch die Arbeit. Ausgrenzung droht für den Einzelnen mit dem Verlust des Arbeitsplatzes, Chancenlosigkeit dem, der weder einen Ausbildungs- noch einen Arbeitsplatz findet. Unsicherheit, wachsendes Aggressionspotential und eine zunehmende Fragmentierung der Gesellschaft sind die Folgen einer solchen Entwicklung.

Wie absurd und gefährlich die Ideologie des ständigen Wachstums ist, welche den Deformationen der westlichen Gesellschaft zugrunde liegt, zeigt sich schon darin, dass allein die Stagnation dieses Wachstums schon genügt, um panische Reaktionen in Wirtschaft und Politik zu verursachen. Hier drängt sich der Vergleich zu einer krankhaft wuchernden Krebszelle nahezu von allein auf. Auch die Krebszelle „muss" ja ständig wachsen, um zu überleben. Dass sie dabei ihren Wirt zerstört und somit schließlich sich selbst tötet, „weiß" die Krebszelle nicht. Ein Schelm, wer jetzt glaubt, die Ursache dafür gefunden zu haben, warum Krebs zu den so genannten „Zivilisationskrankheiten" gehört. Doch gleich einer solchen Krebsgeschwulst überwuchert die westliche Gesellschaft den Planeten, getrieben von einer an Wahnsinn grenzenden Selbstüberschätzung, sich von der Natur unabhängig zu machen und einen Lebensraum außerhalb der Natur zu schaffen. Dabei werden Wasser, Rohstoffe und Energieträger rücksichtslos geplündert. Was bleibt für jene, die nicht am Wirtschaftsboom des Westens partizipieren? Was hinterlassen wir denjenigen, die nach uns kommen? Das solche Fragen gestellt werden müssen, zeigt bereits, in welch erschreckendem Maße den Entscheidungsträgern in Wirtschaft und Politik Verantwortung und strategischer Weitblick abhanden gekommen sind. „Freiheit" ist eines der Schlagwörter unserer westlichen Demokratie. Doch „Freiheit" lässt sich nicht nur allein an freien Wahlen festmachen. Es kann keine „Freiheit" ohne ökonomische Freiheit geben. Einen ALG II Empfänger in Deutschland oder einen Verhungernden in Afrika „frei" zu nennen, heißt, ihn zu verhöhnen.

Obwohl uns im Westen materielle Dinge im Überfluss umgeben und wir in der Vielzahl täglicher Informationen schier zu ersticken drohen, wir uns daher in der trügerischen Sicherheit wiegen, alles zu wissen, erscheint die Zukunft in düsteren Farben und Endzeitpropheten haben Hochkonjunktur. Instinktiv spüren viele Menschen, wie instabil und verwundbar unsere scheinbar so fest gefügte Gesellschaft in Wahrheit ist. Kein Wunder, da wir uns so weit von unseren Wurzeln entfernt haben. Doch das Beklagen übler Zustände allein hat diese noch nie gebessert. Nur durch die Tat kann eine wirkliche Veränderung erfolgen. Es nützt nichts, wechselseitig den Gewerkschaften, den Arbeitgebern, der Regierung oder gar irgendwelchen obskuren Geheimbünden die Schuld an der Misere zuzuschieben.

*„Großes geht verloren, wenn man sich um Kleinigkeiten zankt"*, wusste schon Buddha.

Jeder Einzelne entscheidet über die Ausrichtung seines Lebens, und vermag im persönlichen oder beruflichen Umfeld zu wirken. Ein erster Schritt in diese Richtung ist es, sich darauf zu besinnen, dass jedes Leben einen Sinn hat, der weit über die Sicherung der bloßen Existenz und den materiellen Konsum hinaus geht. Meditation und geistige Studien können weitere Schritte sein, die letztlich zu einer spirituellen Ausrichtung des Lebens führen. Jeder, der sich auf seine ganz persönliche Weise „auf den Weg" gemacht hat, weiß aus eigener Erfahrung, wie schwer es zuweilen ist, die geistigen Grundsätze auch wirklich zu leben. Doch lebendige Spiritualität bedeutet doch letztlich nichts anders, als sich zurückzubesinnen auf seinen eigenen, göttlichen Ursprung, und eine Verbindung zu dieser Quelle zu finden.

*„Wer Gott zum Ziele hat, darf in der Welt leben, aber die Welt nicht in ihm"*, legte Ramakrishna seinen Schülern ans Herz.

Nur durch eine konsequente Umsetzung spiritueller Lehren im alltäglichen Leben kann es also gelingen, die Reduzierungen und Schablonen des Materialismus zu überwinden. Nur wenn die Wandlung im Innern erfolgreich vollendet ist, wird sich auch eine Wandlung im Äußeren vollziehen. Das menschliche Leben verläuft ebenso wenig geradlinig wie die Entwicklung eines Volkes oder einer Gesellschaft. Ein zyklisches Weltbild wird der menschlichen Existenz gerechter als lineares Denken. Ein unbeschränktes wirtschaftliches Wachstum wird es also ebenso wenig auf dieser Welt geben wie permanentes Glück.

**„Nicht ewig freut man sich der Ruhe und des Friedens, und doch ist Unglück und Zerstörung nicht das Ende. Wenn das Gras vom Feuer verbrannt ist, so sprosst es im Sommer neu".**

Dies war für die Landsleute Dschingis-Khans schon vor mehr als tausend Jahren selbstverständlich.

Das Unbehagen über die weitere Entwicklung dieser Welt und insbesondere unserer westlichen Industriegesellschaft produziert eine fortgesetzte Sehnsucht nach Sicherheit, die sich auch darin äußert, alles und jedes, insbesondere aber das eigene Leben, stets und ständig *„unter Kontrolle"* zu halten. Resultat einer solchen Einstellung ist die vielfach zu beobachtende *„Vollkasko-Mentalität"*, das Bestreben also, gegen alle Wechselfälle des Schicksals auf eine möglichst bequeme Weise abgesichert zu sein, ohne selbst eine besondere Verantwortung für sein Leben übernehmen zu müssen. So ist auch der Wunsch verständlich, ab und an in die eigene Zukunft schauen zu können – natürlich nicht zu weit, denn es gehört zu den Schutzmechanismen der meisten menschlichen Individuen, die eigene Sterblichkeit zu leugnen. Jedoch einen Blick von dem zu erhaschen, was das Leben bereithält, sein Schicksal zu kennen, um für die Zukunft gewappnet zu sein – diese Perspektive ist für viele Zeitgenossen durchaus reizvoll. So lesen denn auch Millionen Menschen tagtäglich die Horoskope diverser Tageszeitungen und Magazine. Handleser, Traumdeuter, Astrologen, KartenlegerInnen und andere, deren Beruf die Zukunft ist, bieten ihre Dienste feil, die nicht zu knapp in Anspruch genommen werden.

Nun soll es hier keineswegs darum gehen, die zumeist auf jahrelangen Studien beruhende Arbeit ernsthafter Astrologen und Handleser in Zweifel zu ziehen, zumal jeder weiß, der sich ein wenig intensiver mit diesen Themen befasst hat, das es sich bei diesen Varianten der Zukunftsschau um durchaus ernstzunehmende Abbildungssysteme unserer Wirklichkeit handelt. Am Beispiel der Astrologie soll dies verdeutlicht werden. Die Astrologie geht von der Grunderkenntnis aus, dass unser Universum ein geschlossenes System ist, und in seiner Gesamtheit den gleichen Gesetzmäßigkeiten gehorcht. Bei der Betrachtung eines beliebigen Teiles dieses geschlossenen Systems muss es daher möglich sein, auf das Verhalten anderer Teile desselben Systems zu schließen. Viel einfacher als diese komplizierte Erklärung ist der alte hermetische Grundsatz „Wie oben, so unten", welcher im Grunde dasselbe besagt. Das Horoskop zeigt bei entsprechender Berechnung mit großer Genauigkeit die Verteilung von „Wirklichkeitsbausteinen" an, aus denen sich das Leben eines jeden Menschen im Einzelnen zusammensetzt. Das Horoskop lässt auf diese Weise sichtbar werden, welche dieser „Bausteine" etwa als Talente, Neigungen und Veranlagungen mit in das Leben gebracht wurden, und welche es noch durch entsprechende Erfahrungen zu erwerben gilt. Es zeigt sogar die Art und Weise des Handelns oder Geschehens an, das die noch ausstehenden Erfahrungen erst ermöglicht. Im Horoskop sind also Beginn und Ende des jeweiligen Lebens vereint. Das Horoskop, das vom exakten Zeitpunkt der Geburt eines Menschen ausgehend erstellt wird, beinhaltet nach dieser Ansicht die „Lebensformel" der betreffenden Person. Für die Erstellung eines solchen Horoskops bedarf es umfassender Kenntnisse der Astrologie und langjähriger, gründlicher Studien. Die Geburtshoroskope, welche bereits seit der Antike in Europa gebräuchlich sind, unterscheiden sich in ihrer Qualität vollkommen von den dreizeiligen Machwerken so genannter Tageshoroskope in diversen Boulevardblättern.

Eine wirkliche Sicherheit und die Fähigkeit, das eigene Leben frei und dennoch im Einklang mit den allgegenwärtigen kosmischen Gesetzmäßigkeiten zu gestalten, kann nur aus der Erkenntnis von Wahrheiten erwachsen. Solche universellen Wahrheiten und Gesetzmäßigkeiten existieren auch heute, unabhängig von unserem „relativen" Zeitgeist, der das Vorhandensein dieser kosmischen Gesetze außer im Rahmen der Naturwissenschaften leugnet. Die Lehren von Astrologie und Chiromantie beruhen auf diesen universellen Wahrheiten. Wunder mögen in unserer Zeit zwar rar geworden sein – doch es gibt sie, ebenso wie wirkliche Weisheit im Sinn der Kenntnis vom wahren Wesen der Menschen und Dinge. Solche Weisheit ist für sich genommen bereits ein Wunder.

# EINLEITENDE WORTE ZUM GEBRAUCH DIESES BUCHES

Sie haben ein Buch über Prophezeiungen zur Hand genommen. Das zeigt Ihr Interesse an dieser Thematik. Da sich diese Publikation aber an ein bestimmtes Publikum wendet, sei dieses kurz umrissen, um beim Leser keine falschen Vorstellungen zu wecken.

**Ungeeignet** ist dieses Buch für alle Leser, die meinen, unsere Welt sei durch den heutigen Stand der Naturwissenschaften vollständig erklärbar, und sämtliche Phänomene, welche die Naturgesetze scheinbar verletzen, als Schwindel oder Aberglaube abtun, ohne sich eingehender mit ihnen auseinanderzusetzen.

Ein Ärgernis wird dieses Buch auch den Theologen und Gläubigen der großen Buchreligionen sein, die Prophezeiungen lediglich als Warnungen an die Zeitgenossen des Propheten verstehen, oder als den Versuch einer Sozialreform ohne jeden Bezug zur konkreten Zukunft deuten.

Ebenfalls ist dieses Buch ungeeignet für Hobby-Apokalyptiker, denen der momentane Zustand der Welt so wenig gefällt, dass sie als göttliche Strafe dafür den alsbaldigen Weltuntergang erwarten, welchen sie selbstverständlich als einzige Auserwählte überleben werden.

Schließlich ist dieses Buch auch keineswegs das Richtige für eine Leserschaft, die sich spannende, gruselige und schaurig-schöne, detailversessene Schilderungen von Kriegsgreueln und Kataklysmen erwartet. In diesem Buch wird nicht Furcht und Schrecken zur Unterhaltung angeboten. Wer so etwas sucht, ist mit diversen Fantasy-, Horror- und Science-Fiction-Schockern besser bedient.

**Gedacht** ist dieses Buch für mündige Leser, dies sich selbst ein Bild über die Thematik der altindischen Zukunftsdeutung machen wollen. Sie sind eingeladen, sich auf eine Suche durch die indische Geschichte und Mythologie auf den Spuren der sagenhaften Schöpfer der Palmblattbibliotheken zu begeben. Wer waren diese Wesen, die als „Rishis" bezeichnet wurden? Warum schufen sie vor Tausenden von Jahren ein System präziser Voraussagen über den Lebensverlauf zahlreicher Menschen? Haben die Rishis außer den individuellen Vorhersagen, die durch ihre Genauigkeit und die zahlreichen Details bestechen, auch Prophezeiungen hinterlassen, die sich auf die Zukunft der Menschheit beziehen? Lässt sich aus den Prophezeiungen der altindischen Palmblattbibliotheken eine „Geschichte der Zukunft" wenigstens teilweise herauslesen?

Nach der Beschreibung der Legenden über die indischen Palmblattbibliotheken werden meine eigenen, inzwischen mehr als zehnjährigen Erfahrungen mit diesen Orakeln dargestellt, bevor ab dem Kapitel *Palmblattprophezeiungen für unsere Zukunft* die Übersetzungen der betreffenden alt-tamilischen Texte Auskunft über die mögliche Zukunft Europas und der westlichen Welt in den nächsten 50 Jahren vorgestellt werden.

Das vorliegende Werk ist das Ergebnis jahrelanger Recherche und Übersetzung der einschlägigen alt-tamilischen Texte. Dennoch stellt es lediglich eine Art Notlösung dar. Die vollständige Übersetzung der Schriften ist keineswegs abgeschlossen, doch scheinen mir die Zeichen der Zeit immer dringlicher zu werden, so dass ich mich entschlossen habe, das Manuskript jetzt zu veröffentlichen. Vieles, das ich gern ausführlicher dargestellt hätte, wird nur angedeutet.

Chennai / Possendorf / Dresden, im März 2010

Thomas Ritter

# ALTINDISCHE LEGENDEN

Seit jeher haben Bibliotheken die Menschen fasziniert. Das ungeheure Wissen, aber auch die Fülle von Lebensweisheit, die in den mehr oder weniger umfangreichen Büchersammlungen im Laufe der Jahrhunderte zusammengetragen wurde, weckte und weckt die unterschiedlichsten Emotionen. Staunen, Begeisterung, Ehrfurcht und Wissbegier auf der einen Seite, Abscheu, Hass und den Willen zur Vernichtung auf der anderen.

Dort wo die drei Kontinente Afrika, Asien und Europa aufeinander treffen, wurde am Anfang des 3. Jhr. v. Chr. der große Plan geschmiedet eine Bibliothek zu bauen: Die Bibliotheca Alexandrina. Dieser große Speicher des Wissens wurde vor mehr als 1.600 Jahren von einem Feuer zerstört, das auch Alexandria verwüstete. Die Alexandrinische Bibliothek war für die Ausbreitung antiker Wissenschaften von entscheidender Bedeutung. Sie umfasste schätzungsweise 700.000 Buchrollen und darüber hinaus weitere 200.000 Rollen im Museion, der Forschungsstätte, welche der Bibliothek angegliedert war. Zu den Leitern der Bibliothek gehörten bekannte Gelehrte und Dichter, wie etwa Apollonios von Rhodos, Eratostenes, Aristophanes von Byzanz oder Aristarchos von Samothrake. Der erste Katalog mit Angaben zu Werken und Verfassern wurde von Kallimachos zusammengestellt.

Während des unseligen Zeitalters der Kreuzzüge, als Christen im Namen ihres sanften Heilands Andersgläubige abschlachteten, wurde im Jahr 1204 die reiche Stadt Konstantinopel am Bosporus durch den 4. Kreuzzug erobert und verwüstet. Dabei verwendeten die plündernden Sieger die Bücher und Folianten aus der berühmten kaiserlichen Bibliothek als Heizmaterial für die öffentlichen Badestuben.

Doch die planmäßige Vernichtung von Büchern und Bibliotheken ist nicht nur eine Ausgeburt des finsteren Mittelalters. Es ist erst reichlich sechzig Jahre her, als in Deutschland „entartete Literatur" öffentlich auf riesigen Scheiterhaufen unter dem Beifall der Masse verbrannt wurde. Vor zwanzig Jahren dann landeten die Bestände zahlreicher Bibliotheken der ehemaligen DDR auf diversen Mülldeponien. Neben den scheinbar auf einen Schlag überflüssig gewordenen Werken der Theoretiker und Praktiker eines real nie existierenden Sozialismus entledigte man sich vorsichtshalber mit deutscher Gründlichkeit auch der Bücher von Erich Kästner, Heinrich Heine, Kurt Tucholsky, Dostojewski, Tolstoi und Kafka, um nur einige Autoren zu nennen, deren Werke im wahrsten Sinne des Wortes auf dem „Müllhaufen der Geschichte“ endeten. Die verwaisten Regale der Bibliotheken wurden mit den Ergüssen einer Rosamunde Pilcher oder eines Herrn Konsalik aufgefüllt.

Wir können nur darüber spekulieren, welchen Weg die Entwicklung unserer Zivilisation genommen hätte, wenn das im Laufe der Jahrtausende angesammelte Wissen nicht immer wieder im Namen irgendeiner Religion oder Ideologie vernichtet worden wäre. Doch ein Teil des alten Wissens – wenn auch nur ein geringer – hat die Zeiten überdauert und konnte bis heute bewahrt werden. Als Beispiel dafür werden gern die Schriftrollen aus Quumran vom Toten Meer angeführt. Deren Entzifferung brachte zahlreiche neue Erkenntnisse über die frühe christliche Religion und Geschichte Palästinas.

Die wohl geheimnisvollsten und vielleicht auch ältesten Bibliotheken der Welt aber werden in Indien bis auf den heutigen Tag bewahrt. Auf Zehntausenden von schmalen, getrockneten Palmblättern sind dort naturwissenschaftliche, historische und religiöse Texte, aber auch Romane, Erzählungen und Gedichte niedergeschrieben. Doch dies ist nicht das eigentliche Geheimnis der Palmblattbibliotheken. Bei einem Teil der dort aufbewahrten Schriften soll es sich der Legende nach um die Lebensläufe von Menschen handeln, die irgendwann einmal eine solche Bibliothek aufsuchen, um dort nach ihrem Schicksal zu fragen.

Ich erfuhr zum ersten Mal im Jahr 1992 aus meinem Bekanntenkreis von den sagenhaften Palmblattbibliotheken. Die Informationen über diese Schicksalsbibliotheken waren äußerst vage. Da hatte also jemand von jemand anderem gehört, der die Geschichte auch nur wieder einem Dritten erfahren hatte, dass es in Indien solche merkwürdigen Orakel geben sollte. Die Berichte betonten jedoch übereinstimmend, dass die Texte auf uralten Palmblättern niedergeschrieben sein sollten. Palmblätter? Das weckte meine Neugier. Ich hatte mich zwar mit einigen altindischen Epen wie dem Mahabharata, dem Srimad Bhagavatham und dem Ramajana beschäftigt, doch war ich der Meinung gewesen, dass diese Texte jahrhundertelang nur mündlich weitergegeben worden waren. Aus welchem Grund sollten nun ausgerechnet Biographien und Angaben über das individuelle Schicksal von Menschen schriftlich überliefert sein? Wer hatte diese ominösen Palmblattbibliotheken überhaupt zusammengestellt? Welchen Zweck verfolgte der Schöpfer dieser Archive mit seinem Werk, dessen Schaffung mit Sicherheit einen immensen Arbeitsaufwand erfordert hatte? Ich spürte, dass mich dieses Thema in seinen Bann zog. Ich wollte unbedingt nach Indien und mir dort Gewissheit verschaffen.

So begannen zur Jahreswende 1992/1993 meine Recherchen. Der erste Weg führte in die Sächsische Landesbibliothek, die sich schon bei anderen diffizilen Themen als wahre Fundgrube erwiesen hatte. Diesmal aber stieß ich rasch an die Grenzen des umfangreichen Fundus. Im Handkatalog fand sich unter „Palmblattbibliotheken" und verwandten Stichworten kein Eintrag. Nun, dass die Sache so einfach werden würde, hatte ich auch nicht erwartet. Schließlich stammte die Kartei zum überwiegenden Teil noch aus Vor-Wende-Zeiten. Bei der Computerrecherche sah es allerdings nicht viel besser aus. Waren die sagenhaften Palmblattbibliotheken am Ende also doch nur ein Märchen aus dem Morgenland? Es sah ganz danach aus. Im Januar 1993 aber kam unverhofft der „Kollege Zufall" zu Hilfe. In einer Folge der Fernsehserie „Phantastische Phänomene" kündigte der Moderator Rainer Holbe an, sich in eine sagenumwobene Schicksalsbibliothek im südindischen Bundesstaat Tamil Nadu zu begeben. Es war eine der geheimnisvollen Palmblattbibliotheken, nach der ich gesucht hatte. Sie befand sich im Süden Indiens, in einem kleinen Ort mit dem komplizierten Namen Vaithisvarankoil. Der Schriftsteller Holger Kersten, dessen Buch „Jesus lebte in Indien" einige Jahre zuvor bereits für Aufsehen sorgte, hatte diese Bibliothek besucht und schilderte in der Fernsehsendung seine Erlebnisse.

Im Jahr 1984 kamen dem damaligen Religionslehrer Kersten Zweifel, an seinem Leben und auch an seinem Glauben. So begab er sich auf die Suche. Es sollte eine Suche nach „der Wahrheit" werden. Sein Weg führte ihn nach Indien. In Madras, der Hauptstadt des Bundesstaates Tamil Nadu, lernte er einen Musiker kennen, der in Deutschland studiert hatte, und seinem Gast eine Überraschung bereiten wollte. Holger Kersten wurde eingeladen, in der Palmblattbibliothek von Vaithisvarankoil im Buch seines Schicksals zu lesen. Er gab selbst zu, dass diese Einladung in ihm sehr widersprüchliche Gefühle auslöste. Aus eigener Erfahrung wusste er bereits, dass in der östlichen Spiritualität gewisse Dinge alltäglich sind, die hier im Westen bestenfalls ein mitleidiges Lächeln hervorrufen. In Indien werden paranormale Fähigkeiten als nichts Außergewöhnliches angesehen. Bei manchen Menschen sind sie von Geburt an vorhanden. Man kann diese Fähigkeiten aber auch durch langjährige spirituelle Übungen erlernen, etwa durch Yoga und Meditation. So kommt es, dass die Gabe der Bilokation, also die Fähigkeit, sich gleichzeitig an zwei Orten aufzuhalten, als ebenso natürlich angesehen wird wie Hellsichtigkeit, telepathische Fähigkeiten oder Materialisationsphänomene.

Sein skeptischer Intellekt hieß Holger Kersten dennoch, die Schicksalsbibliothek für Schwindel zu halten. Doch die in Indien sprichwörtliche Höflichkeit verbot es ihm, eine Einladung dorthin auszuschlagen, wenn er seinem Gastgeber keine Kränkung zufügen wollte. Außerdem war Holger Kersten neugierig. Die Neugier siegte. Holger Kersten machte sich auf den Weg nach Vaithisvarankoil. Dort empfing ihn Herr Poosamuthu, der Nadi-Reader – so werden die Palmblattleser in Indien genannt – mit großer Höflichkeit. In einer langen Zeremonie las Her Poosamuthu seinem europäischen Gast aus den Büchern des Schicksals vor. Von dieser Lesung war Holger Kersten tief beeindruckt. Viele Ereignisse in seiner Vergangenheit, über die der Palmblattleser sprach, hatten sich genauso zugetragen, wie es in dem offenbar uralten Palmblattmanuskript geschrieben stand. Deshalb zweifelte er auch nicht an der von Poosamuthu aus den Palmblättern herausgelesenen Zukunft, und nahm die Aussagen des Nadi-Readers sehr ernst.

Eine solche Palmblattbibliothek existierte also wirklich. Ich war bei der Recherche einen großen Schritt vorangekommen, eigentlich ganz ohne eigens Zutun. Doch „Zufall“ hat ja auch eine Menge mit „zufallen“ zu tun. Der Fernsehbeitrag hatte zwar nur einen Teil der anstehenden Fragen gelöst, doch nun konnte ich an ernsthaftere Reisevorbereitungen denken. Die Frage, wie man besten nach Vaithisvarankoil gelangt, sollte mir jener Mann beantworten, der selbst schon in dieser Palmblattbibliothek gewesen war. Bereits im Februar 1993 flatterte ein Antwortschreiben von Holger Kersten auf meinen langen Brief ins Haus. Der Schriftsteller bedankte sich für das Interesse und berichtete in kurzen Worten über die Geschichte der Palmblattbibliotheken, soweit sie ihm bekannt war.

Der Legende nach sollen die Palmblattbibliotheken vor etwa 5.000 Jahren von den sieben heiligen Rishis angefertigt worden sein. Diese Rishis hatten den Überlieferungen zufolge die Lebensläufe von etwa 80.000 Menschen aufgeschrieben, die in der Zukunft nach ihrem Schicksal fragen würden. Etwa zehn Prozent dieser Aufzeichnungen sollten sich auf Personen beziehen, die nicht aus Indien stammen. Im Verlauf der Jahrhunderte wurden von den ursprünglichen Texten mehrere Abschriften angefertigt, so dass der Überlieferung zufolge insgesamt 12 Palmblattbibliotheken entstanden sein sollen, die über den gesamten indischen Subkontinent verteilt waren. Die kurze Beschreibung der Geschichte dieser seltsamen Bibliotheken warf bei weitem mehr Fragen auf, als sie beantwortete. Wer oder was waren die Rishis? Welchen Grund sollten diese Wesen haben, die Biographien von ausgerechnet 80.000 Menschen aufzuschreiben? Wie hatten die Rishis diese ungeheuere Arbeitsleistung vollbracht? Doch Holger Kerstens Brief enthielt noch eine andere, interessante Neuigkeit. Seinem Brief lag die komplette Anschrift der Palmblattbibliothek von Vaithisvarankoil bei, außerdem noch die Adressen von drei weiteren Bibliotheken in Madras, Kanchipuram und Bangalore. Mit diesem Brief hatte Holger Kersten mir ein Tor geöffnet, um den Weg freizugeben in eine mir bislang unbekannte Welt, in eine Welt voll unvorstellbarer Wunder, Träume und Abenteuer. Er hatte das Tor nach Indien geöffnet.

Doch zunächst wollte ich noch ein wenig mehr über das Phänomen der Schicksalsbibliotheken in Erfahrung bringen. Auch hier hatte Holger Kersten einen nicht zu unterschätzenden Tippp gegeben. Ich sollte es mit dem Buch „Gottes Würfel – Schicksal oder Zufall“ des Publizisten Johannes von Buttlar versuchen, außerdem mit einer Ausgabe des Magazins „esotera“ aus dem Jahr 1992, in dem von Buttlar ebenfalls über die Palmblattbibliotheken geschrieben hatte. So ging es also zurück an den Computer in der Sächsischen Landesbibliothek. Neues Spiel – neues Glück! Der Computer meldete vier Zielinformationen, darunter auch das von Holger Kersten empfohlene Buch. Doch „Gottes Würfel“ waren gerade entliehen ...

Im Zeitschriftenkatalog suchte ich weiter. Es gab tatsächlich ein Magazin namens „esotera" und der Jahrgang 1992 war komplett vorhanden und nicht gerade zum Binden in der Druckerei. Schließlich hielt ich das Heft Nummer 8/92 der „esotera" in den Händen. Bereits auf dem Cover prangte eine Ankündigung des Artikels über die Palmblattbibliotheken – „Ein Blatt für jedes Leben". Johannes von Buttlar berichtete über die Erlebnisse eines gewissen Bartholomäus Schmidt, der nach dem Tod seiner Frau nach Indien gereist war, um in den Palmblattbibliotheken Antworten auf bestimmte Fragen zu suchen, die den Verlauf seines weiteren Lebens betrafen. Mich interessierten weniger seine Erlebnisse in Indien, dafür umso mehr die Informationen über die Palmblattbibliotheken. Bereits vor Jahrtausenden sollen indische Weise die Schicksale und Lebensläufe all jener Menschen auf etwa 46 cm langen und 6 cm breiten Palmblättern notiert haben, die dann eines Tages dort vorsprechen würden. Jeder Mensch, bis auf einige wenige Ausnahmen, die von Buttlar jedoch nicht näher benannte, könne in einer solchen Palmblattbibliothek nach seinem Schicksal fragen. Die Vergangenheit und die Zukunft des Ratsuchenden sollen auf beiden Seiten der hauchdünnen Palmblätter in den Versen der alt-tamilischen Sprache eingeritzt sein. Die Schriftzüge sind nur etwa einen Millimeter hoch und fallen einem ungeübten Betrachter kaum ins Auge. Auf den vergrößerten Abbildungen der Palmblätter wirkten die alt-tamilische Schriftzeichen eher wie wunderschön verschlungene Ornamente. In dieser auf dem Palmblatt kunstvoll eingeritzten Schrift sollen alle Einzelheiten aus dem Leben des jeweiligen Besuchers verzeichnet sein, ebenso Angaben aus den Leben seiner Eltern, Geschwister, seines Partners und seiner Kinder. Neben der Bezeichnung seines Berufes enthält das Palmblatt gegebenenfalls auch vorhandene körperliche Merkmale oder Gebrechen. Bei der Beschreibung werden heutige Begriffe teilweise auch durch sinnbildliche Umschreibungen ausgedrückt. So wurde beispielsweise der Beruf eines Lokführers als *„Führer eines Wagens, die mit Hilfe von Wasserdampf oder anderen Energien viele Personen über weite Strecken befördern kann"* umschrieben.

Auf dem Palmblatt sind sowohl der Name des Besuchers als auch die Namen der am Tage des Besuches in der Palmblattbibliothek noch lebenden Angehörigen verzeichnet. Bei der Beschreibung des Lebenslaufes fiel mir auf, dass der längst verstorbene Verfasser die Biographie so plastisch und bildhaft dargestellt hatte, als sei er selbst Zeuge dieses Lebens gewesen. In vielen Fällen enthält das Palmblatt auch das Datum, an dem der Klient in der Palmblattbibliothek erscheint, und den Namen desjenigen, der ihn dorthin einlädt. Nach von Buttlar wird der Ratsuchende in der Regel mit zwei Palmblättern konfrontiert. Auf dem ersten sind sein Name und Beruf verzeichnet sowie Einzelheiten aus seinem bisherigen Leben und vorangegangenen Inkarnationen. Wenn die auf dem ersten Palmblatt des jeweiligen Besuchers verzeichneten Details mit den Tatsachen der erlebten Wirklichkeit übereinstimmen, liest der Nadi-Reader aus einem zweiten Palmblatt die Zukunft des Klienten vor. Die künftigen Ereignisse bis hin zur Todesstunde des Ratsuchenden werden in zeitlichen Abschnitten von zweieinhalb bis fünf Jahren geschildert. Diese Art der Zukunftsschau soll den Indern als „Brighu Samitha" seit Jahrhunderten bekannt sein. Der Begriff geht auf einen indischen Weisen namens Brighu zurück. Es heißt, er habe nach jahrelanger Meditation aus Sorge um das Schicksal seiner Schüler diese Methode der Zukunftsschau entwickelt. Die Hüter der Palmblattbibliotheken kopieren auch heute noch die Texte auf neue Palmblätter, wenn die alten Vorlagen brüchig geworden sind. Solche Palmblattmanuskripte sollen bei guter Lagerung und Pflege etwa 800 Jahre überdauern können. Jener Bartholomäus Schmidt, über dessen Indienreise Johannes von Buttlar schrieb, fand eine Palmblattbibliothek in „einer herrschaftlichen Villa" im Stadtteil Chamarajpet von Bangalore, der Hauptstadt des indischen Bundesstaates Karnataka. Die Palmblattsammlung dort soll sich seit etwa 800 Jahren im Besitz der Familie Shastri befinden. Der Inhaber dieser Palmblattbibliothek namens Sri Jyotishacanya Ramakrishna Shastri, war etwa 40 Jahre alt, als Bartholomäus Schmidt ihn besuchte. Bereits seit früher Kindheit soll er von seinem 1984 verstorbenen Vater in den verschiedenen Aspekten der östlichen Spiritualität, positiver Gedankenkraft und vor allem dem „Shuka Nadi" unterrichtet worden. Das Wort *„Shuka"* steht in diesem Zusammenhang für göttliche Weisheit und der Begriff *„Nadi"* für einen bestimmten Moment der Zeit. Es handelt sich hierbei wohl um eine Art der geistigen, praktischen und psychologischen Lebensberatung, die in ihrer Urform mehr als 5.300 Jahre alt sein dürfte. Die auf den Palmblättern eingeritzten Texte wären danach Analysen der Schicksalswege bestimmter Individuen, die durch den Moment ihrer Geburt vorgegeben sind. Diese Lehre basierte auf den Fähigkeiten ihres Begründers, des Weisen Brighu, und sollte dazu dienen, in einen Bereich jenseits von Raum und Zeit vorzudringen, um von da aus die Zukunft zu beobachten. Von Buttlar vertrat die Meinung, dass ein solcher Vorstoß durch die Zeit bereits den Propheten der Bibel und in späteren Jahren auch dem berühmten Michel de Notre Dame, besser bekannt als Nostradamus, gelungen sei. Die Lehre vom Shuka Nadi befasst sich vor allem mit den Zielen, nach denen jeder Mensch in seinem Leben strebt. Shuka Nadi spricht dabei sowohl die geistigen als auch materiellen Möglichkeiten der Entwicklung an, um den Menschen bei der Erfüllung alltäglicher Pflichten und Entscheidungen behilflich zu sein, damit sie sich intensiver der geistigen Entwicklung widmen können. Gemäß der Lehre vom Shuka Nadi bestimmt also ein dynamisches Gleichgewicht alle menschlichen Bemühungen, das eigene Schicksal zu verändern. Dies bedeutet aber auch, dass unser Schicksal durchaus verändert werden kann, jedenfalls in gewissen Grenzen. Wäre das Gleichgewichtsprinzip hingegen statisch, so könnte man wirklich von einem vorbestimmten Schicksal sprechen. Durch das Nadi-Reading erfährt der Klient also vom „Plan" seines Lebens und wird außerdem auf bestimmte Möglichkeiten und Fähigkeiten hingewiesen, die er zur Realisierung seines Lebensplanes einsetzen kann. Die Palmblattlesung soll also dem Ratsuchenden helfen, aus seinem Leben das Beste zu machen. Dieses Anliegen schließt die gesamte Persönlichkeit des Klienten ein. Außerdem wird auf heilende Maßnahmen zur Korrektur von Gedankenprozesses hingewiesen, etwa in Form von Mantren. Bei diesen Mantren handelte es sich ursprünglich um Hymnen und Oppfersprüche aus den Sammlungen der Veden. Der Begriff „Veda" stammt aus dem Sanskrit und bedeutet „Wissen". Damit ist im Gegensatz zu unserem Schulwissen jedoch ein universelles Wissen gemeint, das zu jeder Zeit und an jedem Ort vollkommene Gültigkeit hat. So erscheint es nicht verwunderlich, dass Shuka Nadi die Förderung des Friedens und des Glücks im Leben der Individuen zum Ziel hat. Shuka Nadi soll die Welt vor Kriegen, Seuchen und Unruhen schützen, und die Völker dazu anhalten, ihre Traditionen und ihr kulturelles Erbe zu bewahren. Die Menschen sollen durch diese Lehre Mut zur Redlichkeit erlangen und durch kollektive Anstrengungen zur Entwicklung ihrer Spiritualität beitragen. Das vedische Wissen soll mit Hilfe dieser Lehre über die gesamte Erde verbreitet werden. Das waren hohe Ansprüche und es stand nur zu hoffen, dass die Hüter der Palmblattbibliotheken diesen Maßstäben auch gerecht werden konnten. Jener Bartholomäus Schmidt, von dem Johannes von Buttlar offenbar seine Informationen bezogen hatte, wusste nur Gutes über das erlebte Nadi-Reading zu berichten. Er hatte gegenüber dem Palmblattleser keine Angaben außer seinem Geburtsdatum gemacht und dennoch las ihm Shastri von den Palmblättern Einzelheiten seines Privatlebens und des beruflichen Werdeganges vor, die absolut richtig waren. In diesem Artikel war die Rede von 3.665 „Palmblattbänden" mit jeweils 365 Palmblättern, die in der Bibliothek von Bangalore lagern sollten und deren Tradition mehr als 5.000 Jahre zurückreichte. Das Palmblattlesen stellte bei den Shastris offenbar etwas wie eine Familientradition dar, die immer vom Vater auf den ältesten Sohn weitergegeben wurde. Die Geschichte von der Entstehung der Palmblattbibliotheken hatte Holger Kersten zwar ein wenig anders geschildert, doch es konnte möglich sein, dass es nicht nur einen Schöpfer dieser Orakelstätten gab, und jede Bibliothek auf ihre ganz eigene Tradition zurückblickte. Viel bedeutsamer war aber der Vergleich der Anschrift jener Palmblattbibliothek in Bangalore, die sowohl im Brief Holger Kerstens als auch in von Buttlars „esotera" – Artikel eine Rolle spielte. Zumindest die Anschrift stimmte überein, bei den Namen gab es jedoch einen beträchtlichen Unterschied. Während Johannes von Buttlar über den Nadi-Reader Sri Jyotishacanya Ramakrishna Shastri berichtete, hatte mich der Schriftsteller aus Freiburg an einen Palmblattleser namens Gunjur Sachidananda Murthy verwiesen. Sicherlich handelte es sich hier nicht um ein und dieselbe Person. Doch nach erneutem Studium des „esotera" Artikels klärte sich der Sachverhalt. Sri Ramakrishna Shastri, der Palmblattleser, war aus einem Trancezustand nicht mehr in sein irdisches Dasein zurückgekehrt. Dann musste Gunjur Sachidananda der Nachfolger des verstorbenen Sri Ramakrishna Shastri sein. Es war Zeit für eine kleine Bestandsaufnahme. Ich verfügte über die Adressen von vier Palmblattbibliotheken und wusste zumindest in großen Zügen über die Geschichte der Orakelstätten Bescheid. Mir ließ mir die Geschichte der Orakel keine Ruhe. Die sieben weisen Rishis und Brighu – irgendwo hatte ich schon einmal davon gelesen. War es Mahabharata oder Srimad Baghavatam gewesen, in der Baghavad Gita oder gar im Ramajana?

Ich zog die schwergewichtigen Bücher zu Rate. Das Mahabharata umfasst nicht weniger als 100.000 Doppelverse – mehr als achtmal soviel Text wie Homers Ilias und Odyssee zusammengenommen. Damit ist das indische Epos die umfangreichste Dichtung der Weltliteratur überhaupt. In der heute vorliegenden Form – darüber sind sich die Wissenschaftler einig – ist das Werk etwa 1.500 Jahre alt. Doch später sollte ich in Indien erleben, dass noch heute auf den Dörfern die Verse von Erzählern vorgetragen werden, denen die Zuhörer stundenlang, ja sogar oft tagelang gebannt lauschen. Dabei verstehen die meisten nur einzelne Wortbrocken und die Namen der Helden, denn das Mahabharata ist in der alten und heute fast ausgestorbenen Hochsprache Sanskrit abgefasst, die auch in Indien nur noch wenige Menschen beherrschen. Mahabharata bedeutet auf deutsch „Großes Epos vom Kampf der Nachkommen des Bharata". Deshalb gilt das Werk als ein Heldenepos. Doch dies allein erklärt noch nicht die überragende Rolle, die es auch im modernen Indien spielt. Mit dem Bericht über die kriegerischen Auseinandersetzungen sind zahllose Texte verwoben, in denen jeder Hindu sein Denken und Fühlen ausgesprochen findet, und auf die er sich zur Begründung seiner Meinung und Ansichten berufen kann. Ganz genau so wie sein Nachbar, obwohl der in vielen Dingen bestimmt eine ganz andere Meinung hat. Der international renommierte Indologe R. N. Dandekar, der selbst Hindu ist, äußerte sich dazu so:

*„Männer und Frauen Indiens, von einem Ende des Landes bis zum anderen, ob jung oder alt, ob reich oder arm, ob hochgestellt oder niedrig, ob einfach oder gebildet – sie alle beziehen noch heute ihre Belehrung, Unterhaltung, Anregung und Anleitung aus dem Mahabharata ... Es gibt in der Tat kein Gebiet des indischen Lebens, weder des öffentlichen noch des privaten, das von dem großen Epos nicht beeinflusst ist. Es dürfte keine Übertreibung sein, zu behaupten, dass das indische Volk zu denken und zu handeln gelernt hat in den Begriffen des Mahabharata."*

Eine umfassende Darstellung dieses großartigen Epos muss an dieser Stelle versagt bleiben, da sie den Rahmen der vorliegenden Arbeit sprengen würde. Das Mahabharata ist für jemanden, der sich nicht mit der indischen Mythologie auskennt, ein wenig schwierig zu lesen. Doch jeder Leser, der sich in diese nicht immer einfache Lektüre versenkt, wird irgendwann überwältigt sein von der Sprachgewalt der alten Erzähler, deren Worte die Helden längst vergangener Epochen wieder lebendig werden lassen, so dass sich der Leser schließlich als Zeuge der im Mahabharata geschilderten Ereignisse fühlt. Eine wichtige Rolle in dem monumentalen Werk spielen jene Wesen, die Rishis genannt werden. Im Mahabharata traten sie als Weise und Seher der Vorzeit auf. Den Sprachwissenschaftlern hat die Übersetzung dieses Begriffes offenbar von jeher Kopfzerbrechen bereitet. In der Tat ist es sehr schwierig zu definieren, was das Wort *„Rishi"* nun eigentlich wirklich bedeutet. Es mag sein, das dieser Begriff sprachlich zu der indoeuropäischen Wurzel zu zählen ist, die auch in unserem deutschen Verb *„rasen"* steckt. Diese Bedeutung des *„in geistiger Erregung"* sein, findet sich auch in dem vor allem im Rheinland so beliebten *„Rosenmontag"* wieder, der eigentlich der *„rasende Montag"* heißen müsste. Die rigwedischen Hymnen sind von diesen Sehern der Überlieferung zufolge in einer Art meditativen Trancezustand wahrgenommen worden. In ähnlicher Tradition finden wir auch jenen altgermanischen Gott, der altisländisch *„Odinn"*, althochdeutsch *„Wuotan"* heißt, und der auch der Gott der Runen und der Dichtkunst ist. *„Wuotan"* ist der *„Wütende"*. Dies bedeutet gleichzeitig auch der *„geistig Erregte"*. In der berühmten Geschichte von der „Wunschkuh" des Rishis Wasishta wird die Frage nach der Vormachtstellung zwischen den Kshatrijas – den Kriegern– und den Brahmanen – der Priesterkaste – recht eindeutig zugunsten der letzteren entschieden. König Wischwamitra von Kanjakubdscha muss erkennen, dass er selbst mit einem großen Heer und militärischer Gewalt gegen einen brahmanischen Rishi nichts auszurichten vermag. Wasishtas Wunschkuh bringt gewaltige, furchterregende Heerscharen hervor, ohne dabei einem Krieger Wischwamitras ein Haar zu krümmen – denn dies wäre eines Rishis unwürdig gewesen. Dennoch wird das ganze Heer des anmaßenden Königs in die Flucht geschlagen. Wischwamitra erkennt die Nichtswürdigkeit des irdischen Königtums. In tausendjährigem Bemühen gelingt es ihm, selbst ein königlicher Rishi zu werden, der nun mit soviel Macht ausgestattet ist, dass es selbst Gott Indra davor graust und der Gott ihm aus Angst, Wischwamitra könne ihm seinen Platz streitig machen, die Apsaras (die Meerentstiegene – eine Nereide) Menaka schenkte, die Wischwamitra verführt und ihn zum Vater der Schakuntala macht, deren Geschichte einen bedeutenden Platz im Mahabharata einnimmt.

In der Geschichte „Die Erschaffung des Rausches" zeigt sich, dass die Rishis selbst Götter nicht zu fürchten brauchen. Die Aschwins, die so genannten „Pferdehalter", sind die Helden dieser Legende. Bei den

Aschwins handelt es sich um Zwillingsbrüder, Söhne des Sonnengottes und einer Nymphe in Stutengestalt – vergleichbar dem Brüderpaar Castor und Pollux der griechischen Mythologie. Die Aschwins fahren in einem goldenen Wagen, der von edlen Pferden, in anderen Geschichten aber auch von Vögeln gezogen wird, vor der Göttin der Morgenröte einher. Sie sind ewig jung, von unsagbarer Schönheit und fähig, jede Gestalt anzunehmen. Ihre wichtigste Aufgabe besteht darin, als Ärzte der Götter zu wirken. Sie stehen als Diener jedoch außerhalb der großen Göttergruppen. Deshalb ist ihnen auch die Teilhabe am rituellen Soma-Trank verwehrt. Mit diesem Trank hat es eine besondere Bewandtnis. Noch heute wird er aus dem Saft der Soma-Pflanze – lat. *Sarcostema viminalis* oder *Asclepia acida* – gewonnen. Die Soma-Pflanzen müssen auf bestimmten Bergen bei Mondlicht geerntet werden. Ihre fleischigen Stengel werden zwischen Steinen gepresst, nachdem sie mit Wasser befeuchtet worden sind. Der auf diese Weise gewonnene Saft rinnt durch ein Seihtuch in ein tönernes Gefäß. Dort wird er mit zerlassener Butter – Ghrita genannt – und feinem Mehl vermischt und anschließend zur Gärung gebracht. Der auf diese Weise gewonnene Extrakt wird als Opfergabe ins Feuer gegossen oder von den Brahmanen getrunken. Das wohlschmeckende Gebräu hat eine stark berauschende Wirkung. So ist es nicht verwunderlich, dass Soma als Gott personifiziert wurde, dem viele Hymnen des Rigveda gewidmet sind. In späteren Zeiten symbolisierte Soma den Mond. Es hieß, dass die Einflüsse dieses Gestirns bei dem Getränk unter gewissen Umständen bestimmte Wirkungen verursachten, die Unsterblichkeit verliehen. Deshalb waren nicht alle berechtigt, vom Soma zu trinken. Auch den Aschwins war dies verboten. Als es ihnen jedoch durch ihre Heilkünste gelang, dem alternden Rishi Tschjawana seine Jugend zurückzugeben, da versprach der Rishi ihnen die Teilhabe am Soma-Trank. Davon wollte der mächtige Gott Indra nichts wissen. Er drohte, den Rishi mit seinem Donnerkeil zu vernichten. Doch Tschjawana erschuf ein furchterregendes Wesen – den Rausch – der sich nun seinerseits anschickte, Indra aufzufressen. Da blieb dem Götterkönig nichts übrig, als vor der Macht des Rishis zu kapitulieren. Die Aschwins erhielten den Soma-Trank. Doch auch Tschjawanas Macht war nicht groß genug, um den einmal geschaffenen Dämonen namens „*Rausch*" wieder in die Tiefen der Unendlichkeit zu verbannen. So verteilte der Rishi den Rausch auf die geistigen Getränke, die Frauen und die Jagd.

Es heißt, die Sieben Rishis seien in der ältesten Zeit als die Sterne des Großen Wagens an den Himmel gesetzt worden. Im Mahabharata nun werden diese Rishis gleichzeitig zu Pradschapatis – den Stammvätern der Menschheit – erklärt. Brighu ist einer dieser mythologischen Stammväter der Menschen. Wer aber nun annimmt, die Rishis seien die „ältesten Menschen", geht fehl. Das Mahabharata stellt die Rishis vielmehr als eine besondere Art von mythologischen Wesen neben den Göttern, den Dämonen und den Menschen dar. Nach ihrer Herkunft unterschied man göttliche Rishis, brahmanische Rishis und königliche Rishis. Ein Rishi konnte auch Asket und Muni sein – also ein Einsiedler, vor allem einer, der das Gelübde des Schweigens auf sich genommen hatte. Solche Asketen bezeichnete man als Munis. Die wahre Herkunft dieser mythologischen Wesen hat sich im Dunkel der Jahrtausende verloren. Auch das Mahabharata schweigt darüber. Die Rishis waren von Anbeginn da, Zeitgenossen der Götter und Dämonen das alten Indien. Doch sie haben neben ihren außerordentlichen spirituellen Eigenschaften auch menschliche, allzu menschliche Züge. Dies zeigen die zahlreichen Episoden des Mahabharata. Rishis sind einerseits edle Weise und Berater von Göttern und Königen, anderseits aber sind sie auch eitel, jähzornig und nachtragend. Fast scheint es, als seien die Rishis Angehörige einer sehr alten Zivilisation gewesen. Wesen eines früheren Zeitalters, deren Spuren sich am Beginn des heutigen „Eisernen Weltzeitalters", des „Kali-Yuga" im Dunkel der Geschichte verlieren. Ihre einzig erhaltene Hinterlassenschaft dürften jene Schätze ungeheuren Wissens zu sein, die seit Jahrtausenden in den Palmblattbibliotheken Indiens gehütet werden.

Abb. 1: Im Inneren der Palmblattbibliothek von Sri Ramani in Madras (heute Chennai)

Abb. 2: Palmblattbibliothek von Chengalpathu – Leser Sri Poojamoli (Hintergrund) und Übersetzer Swami Srinivasan (mit Palmblattmanuskript) bei der Arbeit

Abb. 3: Darstellung einer Vimana (Flugmaschine) auf einem Palmblattmanuskript (Sammlung Th. Ritter)

Abb. 4: Darstellung der menschlichen DNS auf einem Palmblatt (Sammlung Th. Ritter)

Abb. 5: Palmblattbuch über vedische Astrologie (Sammlung Th. Ritter)

Abb. 6: Darstellung der „Blume des Lebens" in einem Palmblattmanuskript (Sammlung Th. Ritter)

Abb. 7: Palmblätter mit individuellen Lebensläufen (Bibliothek von Chengalpathu)

Abb. 8: Teile eines illustrierten Manuskriptes des altindischen Epos Ramayana (Bibliothek Saraswati Mahal, Thanjavur)

Abb. 9: Darstellung eines „magischen Spiegels" – mit solchen Spiegeln soll es möglich gewesen sein, Geschehnisse in großer Ferne oder der Zukunft wahrzunehmen. Diese Spiegel sind auch aus anderen Kulturen (Mesoamerika, Japan) bekannt.

Abb. 10: Archiv der Palmblattbibliothek von Vaithisvarankoil

Abb. 11: Rishi Agasthya – mythischer Schöpfer der alt-tamilischen Sprache

Abb. 12: Sri Ekambaranatha Tempel in Kanichpuram – Aufbewahrungsort der ursprünglichen Aufzeichnungen der Rishis

Abb.1 (oben) und 2 (unten)

Abb. 3 (oben) und 4 (unten)

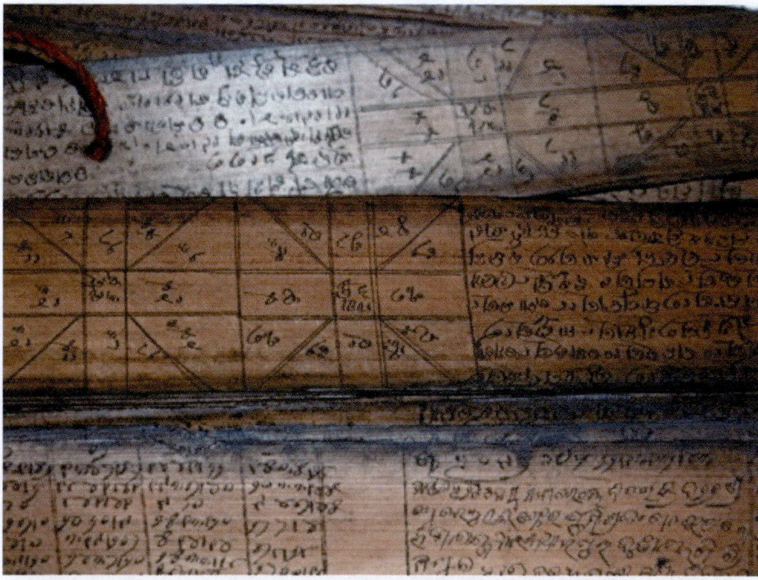

Abb. 5 (oben) und 6 (unten)

Abb. 7

Abb. 8

Abb. 9

Abb. 10

Abb. 11

Abb. 12

# EIGENE ERFAHRUNGEN MIT DEN PALMBLATTBIBLIOTHEKEN

Irgendwann hat man genügend Bücher gelesen, und alle verfügbaren Daten zu einem Thema ausgewertet. Wer dann von bloßen Studien zu wirklicher Forschung übergehen will, der muss sich früher oder später an den Ort der Geschehnisse begeben. Bei mir war dieser Punkt im Sommer des Jahres 1993 erreicht. Sämtliche erreichbare Literatur über die Palmblattbibliotheken hatte ich durchgearbeitet und mir von Indienreisenden manchen Rat geholt.

Am 28. Juli 1993 dann ging es endlich los. Um 17.17 Uhr startete ich an Bord einer Maschine der russischen Aeroflot vom Flughafen Berlin-Tegel bei strömenden Regen, mit 23 kg Gepäck und vielen guten Wünschen von Freunden und Verwandten. Mit einer TU 154 ging es zunächst nach Moskau. Dann setzte ich die Reise an Bord einer IL 62 M weiter in Richtung Süden fort, der größten und besten Maschine, welche Aeroflot zum damaligen Zeitpunkt zu bieten hatte. Das riesige Flugzeug war trotz seines enormen Fassungsvermögens völlig ausgebucht. Ganze Großfamilien reisten hier mit Kind und Kegel und jeder Menge „Handgepäck", das jedoch eher Schrankkoffern glich. Der Stop-over in Dubai kam da gerade recht, um der bedrängenden Enge der überfüllten Passagierkabine zu entfliehen. Dubai hat einen der schönsten Flughäfen, die ich auf meinen langen Reisen zu Gesicht bekamen. Allein schon der nächtliche Landeanflug auf die Stadt erweckte das Gefühl, auf einer Reise in das Reich von „Tausendundeiner Nacht" zu sein. Die Hauptstadt des kleinen, wohlhabenden Golfstaates hüllte sich in verschwenderische Lichterpracht. Sie glänzte unwirklich wie eine Fata Morgana in der großen, schweigenden Wüste des Hinterlandes. Eine Oase perfekt funktionierender Zivilisation, mit gewaltigem Energie-, Material- und Arbeitsaufwand der Ödnis abgetrotzt. Es war weit nach Mitternacht, als ich über die Gangway ins Freie trat. Doch ein glutheißer Hauch, der einem fast augenblicklich den Schweiß aus allen Poren treibt, sprang mich an. Der trockene Wind trug staubfeinen Sand mit sich. Ein Gruß der Todeswüste. Im Airport-Terminal dann erwartete mich eine belebende Dusche, gut gekühlte Erfrischungen und die Gaumenkitzel internationaler Küche. Nach diesem angenehmen Zwischenaufenthalt hob der russische Silbervogel mit aufgefüllten Tanks ab und nahm Kurs auf Südindien. Nach einem ruhigen Flug landete die Maschine gegen Mitternacht auf dem Internationalen Flughafen von Madras. Da sich fast alle der mir bekannten Palmblattbibliotheken in Südindien befinden, sollte die Hauptstadt des Bundesstaates Tamil Nadu der Ausgangspunkt meiner Reise durch Indien sein. Ich kam auf einem Flughafen an, der selbst in den Nachtstunden stets von Menschenmassen überquillt. In der großen Empfangshalle versuchten ein paar müde Ventilatoren, die stickig-schwüle Luft wenigstes etwas in Bewegung zu halten. In langen Schlangen stauten sich die Fluggäste vor den Schaltern der Passkontrolle. Ich war mittendrin in dieser lärmenden, schiebenden, drängelnden Masse. Der Schweiß brach mir aus allen Poren. Nach zehn Minuten klebten die Sachen feucht am Körper.

Nach einer überraschend unbürokratischen Passkontrolle stürzte ich mich wieder in das Getümmel der Flughafenhalle, um mich mit indischer Währung zu versorgen, die ich für die Fahrt in die Stadt brauchen würde. Nach einer halben Stunde hatte ich mich zu dem Schalter mit der leuchtenden Aufschrift „Foreign Currency Change" durchgekämpft. Fast eine weitere halbe Stunde dauerte es, bis ich die ersten Rupien eingewechselt hatte. Die verschlafenen Bankangestellten bemühten sich mit stoischer Gelassenheit, alle auf sie einstürmenden Kunden zugleich zu bedienen. So zurückhaltend Inder auch sonst sein mögen, beim Anblick des Bankschalters war von dieser Höflichkeit nichts mehr zu spüren. Schiebend, drängelnd und schimpfend versuchte jeder, der kleinen Öffnung des ansonsten vergitterten Schalters so nahe wie nur möglich zu kommen, um dann in einem günstigen Augenblick seine einzuwechselnden Geldscheine dem jeweiligen Angestellten möglichst dicht unter die Nase zu halten. Es dauerte eine Weile, bis ich die Regeln dieses Spieles durchschaut hatte.

Es sollte nicht die einzige Erfahrung mit dem indischen Alltag an diesem späten Abend sein. Die nächste lauerte bereits draußen vor den Toren des Airports. Man sollte eben niemals zu nachtschlafender Zeit in einer wildfremden Stadt ankommen, jedenfalls nicht, ohne bereits die feste Buchung eines Hotels in der Tasche zu haben und damit die Gewissheit eines Ortes, an dem man sein übermüdetes Haupt zur Ruhe betten kann. Da mich Mitreisende vor den Taxifahrern am Flughafen und ihren völlig überhöhten Preisen gewarnt hatten, entschloss ich mich, den bei weitem preiswerteren, auf den ersten Blick jedenfalls auch recht modernen Flughafenbus zu benutzen. Der Wagen wartete bereits vor dem Ausgang. und sollte auch sofort in Richtung Madras City starten, beteuerte der Fahrer dieses Gefährts. Das „sofort" hieß allerdings „sofort, wenn der Bus voll besetzt ist". Bis dahin vergingen aber noch fast zwei Stunden. Als der Bus dann doch endlich losfuhr, teilte mir der Schaffner mit einer für indische Busschaffner typischen Bestimmtheit mit, dass das Hotel „Broadlands", welches ich als Quartier ausersehen hatte, in Anbetracht der späten Stunde nun bereits geschlossen hatte. Er sei aber gern bereit, mir in einem anderen und natürlich viel besseren Hotel ein komfortables Zimmer zu beschaffen. Ich kannte die Landessitte noch nicht, sonst hätte ich dieses Angebot mit Sicherheit abgelehnt. Selbstverständlich hatte das Hotel „Broadlands" so wie jedes anständige indische Hotel durchgängig 24 Stunden geöffnet. Der „hilfsbereite" Schaffner verdiente sich mit seinen „Tipps" lediglich ein ordentliches Zubrot, das ihm von den Hotels, denen er auf diese Weise zu Kundschaft verhalf, natürlich gern bezahlt wurde. Eine solche Art des Kundenfanges ist in Indien durchaus üblich. Ich war in jener Nacht aber so müde und abgespannt, dass mir seine „Hilfe" durchaus willkommen war. Alles was ich wollte, war ein Zimmer und ein Bett, um endlich schlafen zu können.

Der Bus rollte durch stockdunkle, immer enger werdende Straßen, die vom Monsunregen aufgeweicht waren und sich in seifenglatte Rutschbahnen verwandelt hatten. Dieser Umstand schien jedoch den Fahrer ebenso wenig zu stören, wie die Tatsache, das außer ihm auch noch andere Busse, Trucks jeder Größe, Pkws, Motorräder, Fahrradfahrer, Ochsenkarren, Fußgänger, Hunde und Kühe unterwegs waren. Er schien ständig mit dem Gaspedal auf Kriegsfuß zu stehen und war nur zufrieden, wenn er bis zum Fahrzeugboden durchtreten konnte. Solche unwichtigen Accessoires wie Blinker oder Stopplichter funktionierten an seinem Vehikel gar nicht erst. Die Hupe, der Motor und die Bremsen taten es zum Glück. Ich sprach den Schaffner darauf an. Er hockte mit verschlungenen Gliedmaßen auf seinem Sitz und schien die Fahrt sichtlich zu genießen, während mich die Blattfederung des Busses im Verbund mit den durchgewetzten Sitzen bei jedem Schlagloch regelmäßig in Richtung Dach beförderte. Es gab viele Schlaglöcher in diesen Straßen.

Auf meine Frage antwortete der Schaffner mit einer wahren Schimpfkanonade, die sich im allgemeinen gegen die Korruption, die unfähige Politik und Wirtschaft und im besonderen gegen die indische Autoindustrie richtete:

„Ja sehen Sie, das ist Indien! Durch und durch korrupt. Die oben verdienen und wir müssen mit solchen Schlitten fahren! Unseren Hals riskieren! An dieser Scheißkarre hier funktioniert nichts außer dem Aschenbecher! Die Fenster lassen sich weder öffnen noch schließen!" Zum Beweis zerrte er an einem der Schiebefenster. Es bewegte sich keinen Zoll. Das Fenster stand halboffen, wie alle anderen im Bus auch und es regnete herein, da gerade wieder einmal ein Monsunregenguss vom tintenschwarzen Nachthimmel strömte.

„Sehen Sie, so ist das mit den indischen Autos. Angeblich das Modernste, was derzeit gebaut wird! Nichts geht an der Karre! Der linke Scheibenwischer ist gestern abgefallen. Die Straßen werden auch immer schlechter, Dafür erhöhen sie ständig die Benzinpreise. Scheiß Indien!"

Dabei saß ich in dieser Ausgeburt indischer Automobilbaukunst wenigstens noch einigermaßen im Trockenen. Als die Enge der Straßen den Fahrer dann doch noch zu einer moderateren Geschwindigkeit nötigte, erkannte ich im grellen Scheinwerferlicht draußen Menschen, die am Straßenrand Körper an Körper schliefen, bedeckt mit Folienfetzen, zerrissenen Decken oder alten, feuchten Zeitungen. Es waren hunderte. Jeder von ihnen hatte versucht, irgendein trockenes Plätzchen für die Nacht zu ergattern. Nicht allen war das gelungen. Eigentlich den wenigsten. Funzelnde Lichter schäbiger Tea-Shops und die offenen Feuer der Garküchen erhellten dürftig die gespenstisch anmutende Szenerie. An den Straßenecken lungerten finstere Gestalten herum, die aussahen, als seine sie soeben einem der gewalttätigen, kitschigen „Masala"-Streifen der indischen Filmindustrie entsprungen. Stinkende Dieselabgase quollen durch die Fenster herein, der Duft frisch zubereiteter würziger Speisen mischte sich mit dem Geruch von Holzfeuern, dem Fäkaliengestank offener Abwassergräben und den fiebrig schwülen Ausdünstungen der kleinen Flüsse, die Madras durchziehen. Ratten, groß wie Katzen, flohen vor dem gleißenden Licht der Scheinwerfer erschreckt pfeifend in die Finsternis, die sie ausgespieen hatte.

Nach mehreren Stopps an ein paar völlig heruntergekommenen Lodges kam ich schließlich weit nach Mitternacht müde im Hotel „Vee Yes“ an, das der geschäftstüchtige Schaffner für mich ausersehen hatte. Natürlich war hier noch ein Zimmer frei. Ich bezahlte den geforderten Preis, der nicht einmal unverschämt hoch war, sah zu, wie der Schaffner mit zufriedenem Grinsen seine Provision einstrich, und trollte mich auf das zugewiesene Zimmer. Nun lernte ich ein „Indian-Style“-Hotel kennen. Es gab hier keinen überflüssigen europäischen Luxus wie etwa eine Toilette. Diese wurde durch ein einfaches Loch im Boden ersetzt. Von solchen Nebensächlichkeiten wie Toilettenpapier war natürlich auch nicht die Rede. Dafür stand neben dem Toilettenloch eine wenig einladend ausschauende Kruke mit Wasser. Diese benutzte man im Verein mit der linken, „unreinen“ Hand zur Reinigung der rückwärtigen Körperteile anstelle des Toilettenpapiers. Die „Dusche“ hingegen war in Gestalt eines armdicken Wasserrohres präsent, aus dem ein ebenso starker Strahl eiskalten Wassers den reinlichen Gast begrüßte. Die Bettwäsche hingegen erweckte den Eindruck, als hätten sich mindestens schon drei, nicht eben auf Sauberkeit geeichte Zeitgenossen in den Laken gesuhlt. Ein rasches Wegziehen der Bettdecken zeigte aber, dass zumindest keine sofort sichtbaren Untermieter im Bett nisteten. Das genügte mir in dieser Nacht völlig. Einer erquickenden Nachtruhe schien also nichts mehr im Wege zu stehen. Doch ich sollte mich zu früh gefreut haben. Ich hatte mich in einer Gegend einquartiert, die jeder Reiseführer wohl als „aufstrebenden Stadtteil“ bezeichnen würde. Dies bedeutete nichts anderes, als dass direkt neben diesem Hotel noch eines entstehen sollte, welches sich im derzeitigen Stadium aber noch als Großbaustelle präsentierte. Die Jungs vom Bau schafften natürlich nicht bei der Tageshitze, sondern jetzt, in der Kühle der Nacht. Dieselmotoren grollten, Presslufthämmer donnerten, Kräne quietschten, dazwischen gellten die Rufe der Vorarbeiter. Flutlicht erleuchtete den Platz und auch das Zimmer fast taghell. Doch auch das konnte mich nun nicht mehr schrecken. Irgendwann forderte der Körper sein Recht und so schlief ich nach einiger Zeit schließlich ein.

Nicht lange sollte ich mich traumlos in Morpheus Armen wiegen. Um 6.00 Uhr in der Früh war die Nacht vorbei. Als Gast in diesem Hotel wurde man zu dieser Zeit mit lautstarken Gebetsmantras aus einem zimmereigenen Lautsprecher geweckt. Das Gerät hatte einen entscheidenden

Nachteil – es ließ sich nicht abzustellen. Doch es sollte noch besser kommen. Die Klingel an der Tür schrillte. Mit bleischweren Gliedern quälte ich mich aus dem Bett und ging zur Tür, riss sie unwirsch auf. Ein Hotelboy, schmal wie Fladenbrot davor, stand davor, beladen mit einem Tablett, auf dem sich Kannen und Tassen türmten.

„Tea, Coffee Sir?“ krähte er.

„Tee, und den bitte ohne Milch.“ Ein paar Rupien, eine Kanne mit zugehöriger Tasse wechselten den Besitzer.

Ich hatte noch nicht einmal das Tablett abgesetzt, als die Klingel erneut schrillte.

Die Tür wurde krachend aufgerissen.

„Ja, was gibt's denn?“

Der Boy, der jetzt draußen stand, war ein anderer als vorher. Er wedelte mit einem Packen Zeitungen.

„Newspaper, Sir?“

Im Namen aller Götter Indiens kaufte ich „The Indian Times“, die mit ihrem britischen Vorbild ungefähr soviel zu tun hat wie „BILD“ mit der „FAZ“.

Ich kam nicht einmal dazu, den Tee einzuschenken. Es schellte zum dritten Mal – der Schuhputzer war da.

„Boots, Sir, chappal (Sandalen), very, very polish!“ Was er damit sagen wollte, war wohl, dass er ein Schuhputzer der Spitzenklasse war und nicht etwa, dass er „sehr-sehr-polnische Sandalen“ mit sich herumschleppte. Nun war meine morgendliche Ruhe an ihrer Toleranzschwelle angelangt. Der Schuhputzer musste unverrichteter Dinge von dannen ziehen. Er war nicht der letzte, der versuchte, ein paar Rupien zu verdienen. Als mir aber eine halbe Stunde später ein paar gar nicht vertrauenerweckend wirkende Geldwechsler aufs Zimmer rücken wollten, wurde es doch zu bunt. Es war noch nicht 7.00 Uhr, als ich das „Vee Yes“ fluchtartig verließ, um nun doch noch ins Hotel „Broadlands“ umzuziehen, das mir als ruhig und sauber beschrieben worden war. In der Triplicane High Road angekommen, konnte ich feststellen, dass diese Beschreibung vollkommen zutraf. Das um die Jahrhundertwende im Kolonialstil erbaute Hotel ist noch heute der Treff für Tramps und Traveller in Madras. Dem verwöhnten Geschmack eines Pauschaltouristen des 21. Jahrhunderts dürfte es jedoch nicht entsprechen. Die Zimmer hatten keine Scheiben, sondern nur in einem freundlichen hellen Blau gestrichene Jalousien vor den Fenstern. Natürlich fehlten da auch die sonst obligatorischen Klimaanlagen, die stets mit lautem Getöse arktische Temperaturen verbreiten und schon so manchem Reisenden eine hässliche, weil schwere und sehr anhängliche Erkältung bescherten. Aus unerfindlichen Gründen scheinen nämlich die Hoteliers in den tropischen Breiten der Meinung zu sein, Europäer fühlten sich erst dann richtig wohl, wenn die Zimmertemperatur sich dem Gefrierpunkt nähert. Stattdessen kreisten unter den hohen Decken der Zimmer im Hotel Broadlands Ventilatoren und sorgten für ein angenehm laues Lüftchen. In den schattigen Innenhöfen wuchsen Palmen und blühten Orchideen. Hier saßen die Reisenden aus aller Herren Länder beisammen, plauderten, tauschten Erfahrungen aus, vertrauten ihre Erlebnisse dem Tagebuch an oder planten den Verlauf der weiteren Reiseroute.

Der Hotelmanager, der Tag und Nacht an der Rezeption zu verbringen schien, war auch an diesem Morgen schon auf den Beinen und begrüßte mich mit ausgesuchter Höflichkeit.

„Ein Zimmer? Aber natürlich!" Er winkte den Boys, die sich sofort auf mein Gepäck stürzten und den Rucksack in Richtung Zimmer zu schleifen begannen.

„Kommen Sie bitte, ich zeige Ihnen den Raum."

„Keine Formalitäten?" Nach dem Papierkrieg, den ich in der letzten Nacht auf dem Flughafen und im „Vee Yes" erlebt hatte, schien mir das Verhalten des Managers ein kleines Wunder zu sein.

„Sie können sich später eintragen. Ruhen Sie sich erst ein wenig aus. Sie sehen müde aus. Woher kommen Sie so früh?"

„Um die Wahrheit zu sagen, aus dem „Vee Yes"."

Der Manager schüttelte seine rechte Hand, als wolle er einen riesigen Schleimklumpen loswerden und brach in lautes Gelächter aus. „So. so, das „Vee Yes“ – da hat man Sie also auch abgeschleppt. Sie sind bestimmt zum ersten Mal in Indien.“ Das hatte er nicht raten müssen – die Greenhörner konnte man mir bestimmt ansehen.

Der Manager führte mich durch die verwinkelten Höfe und Arkaden des alten Hotels. Dann ging es steil treppauf.

„Das ist Ihr Zimmer“, sagte der Manager wenig später. Ein großer, heller, freundlicher Raum, ausgestattet mit altmodischen, aber gemütlichen Möbeln, empfing mich. Die durchgelegenen Matratzen des riesigen Bettes quietschten, als ich mich darauf niederließ, doch sie waren mit sauberen Laken bedeckt. Ledersessel, ein niedriger Tisch mit einer Platte aus dunklem Stein und ein großer hölzerner Schrank, aus dem es durchdringend nach Mottenkugeln roch, vervollständigten die Einrichtung des Raumes, der von Wandleuchten erhellt wurde, die bestimmt schon zu in den zwanziger Jahren ihren Dienst versehen hatten. Sonnenstrahlen fielen schräg durch die Jalousien. Staubteilchen tanzten im Licht. Eine tiefe Stille und ein großer Friede umfing mich hier. Weit, weit weg war das Getöse der lärmenden Straßen. Ich hatte meine Oase im Großstadtdschungel gefunden. Nach den Aufregungen der Nacht war ich so müde, dass ich nur noch duschen und dann schlafen wollte. Auf dem Weg zum „Bad“ musste ich eine winzige, von hohen Mauern umgebene Dachterrasse überqueren, über der sich ein strahlend blaues Himmelsviereck wölbte. Das „Bad“ selbst war beinahe so groß wie mein Zimmer. Die Dusche spendete kaltes oder warmes Wasser – je nach Tageszeit. Morgens, wenn noch die Kühle der Nacht zu spüren war, wurde ich mit einem quietschkalten Wasserstrahl begrüßt. Mittags dann, wenn die Sonnenglut den Vorratsbehälter oben auf dem Dach so richtig aufgeheizt hatte, war auch das Wasser entsprechend warm. Trinken sollte ich dieses Wasser auf gar keinen Fall, es nicht einmal zum Zähneputzen verwenden, riet mir der Manager. „Das Wasser kommt ungefiltert aus dem Grund. Wir Inder vertragen es recht gut. Aber Ihr Europäer habt einen sehr komischen Magen – für Euch taugt das bestimmt nicht.“ Ich hab mich während all meiner Indienreisen an diesen Rat gehalten und es nicht bereut. An diesem Morgen fiel ich nach der erfrischenden Dusche auf das Bett und schlief fast augenblicklich ein. Erst am späten Nachmittag erwachte ich angenehm erholt. Es wurde nun höchste Zeit, sich telefonisch in der Palmblattbibliothek des Nadi-Readers Sri Rami Gurup anzumelden. Nach dem

Ankleiden stieg ich über ein halbes Dutzend Treppen hinab zur Rezeption. Der Manager empfing mich wieder persönlich.

„Ein Ortsgespräch möchten Sie? Das macht dann sechs Rupien." Ich warf ein paar Münzen auf seinen Schreibtisch.

„Bitte geben Sie mir die Nummer. Ich erledige das schon für Sie", bot er mit asiatischer Höflichkeit an. In Anbetracht des Umstandes, dass ich nicht einmal wusste, ob der Nadi-Reader überhaupt des Englischen mächtig war, ließ ich mir gern helfen und kramte das kleine Notizbuch hervor, in dem die Adressen aller Palmblattbibliotheken notiert waren, die Holger Kersten benannt hatte.

„Hier – diese Nummer ist es: Nummer 22290595, in East Tambaram, der Herr nennt sich Sri Rami Gurup."

Der Manager kratzte sich nachdenklich hinterm Ohr und murmelte etwas Unverständliches in seinen sauber abgesägten Bart. Dann wählte er die angegebene Telefonnummer. Am anderen Ende meldete sich auch jemand. Nun entspann sich ein etwa zehnminütiger, meist lautstark schreiend ausgetragener Dialog, der im Wesentlichen wohl folgenden Inhalt hatte:

„Namaskaar, hier ist das Hotel Broadlands, der Manager ist am Apparat."

Am anderen Ende:" Wer ist da? Ich verstehe nicht!"

„Hier ist das Hotel Broadlands, der Hotelmanager!"

„Wer ist da?"

„He Mann, bist Du taub? Hotel Broadlands hier!"

„Ach, das Hotel Broadlands. Womit kann ich ihnen helfen?"

„Was ist los? Ich verstehe nicht!"

„Mensch, dieses Telefon ist ja das absolut Letzte!"

„Das stimmt, stimmt genau!"

„Was? Was haben Sie gerade gesagt? Ich verstehe nicht!!"

Und so weiter ... Ab und an krachte, zirpte und knirschte es zwischendurch fürchterlich in der Leitung, ganz so als habe der Manager Kontakt zu einem abgetauchten Unterseeboot aufgenommen. Schließlich schien der Manager zumindest eine Auskunft erhalten zu haben. Er angelte sich einen Stift, malte einige Zahlen auf einen winzigen Zettel und knallte schwitzend den Hörer auf die Gabel. Inder sind teilnahmsvolle Menschen. Wenn sie einem Hilfe nicht zuteil werden lassen können oder sich eine betrübliche Nachricht nicht mit ein paar wohlgesetzten Worten kaschieren lässt, dann umwölkt sich ihr Antlitz wie der Himmel über Indien vor dem Ausbruch eines schweren Monsunregens. Was der Manager mitzuteilen hatte, entsprach durchaus seinem traurigen Gesichtsausdruck.

„Sri Rami Gurup hat seine irdische Hülle verlassen. Er weilt nicht mehr auf dieser Welt."

„Wann ist das passiert? Ich meine, wann ist Sri Rami Gurup gestorben?"

„Oh, das war schon vor ein paar Jahren", antwortete der Manager, schon nicht mehr ganz so geknickt.

Vor ein paar Jahren ... Warum zum Teufel hatte mir Holger Kersten dann diese Adresse gegeben? Wusste er es nicht besser?

„Der Mann, mit dem ich eben gesprochen habe, hat mir gesagt, dass nun the younger enlightet Master – der jüngere erleuchtete Meister – aus den Palmblättern liest. Man nennt ihn Sri Ramani. Er ist aber zur Zeit nicht in der Stadt, sondern kehrt erst am 13. August von einer Reise zurück. Sie möchten bitte am Abend des 13. nochmals anrufen. Für den nächsten Tag bekommen Sie dann sicher einen Termin."

Mir fiel ein riesiger Stein – nein, ein ganzer Fels – vom Herzen. Der Knall muss meilenweit zu hören gewesen sein.

„Nun schauen Sie schon viel glücklicher aus", beschied mir der Manager. „Sie werden Sri Ramani sehen, ganz bestimmt. Nutzen Sie die Zeit bis dahin. Sehen Sie sich Madras an. Ist eine interessante Stadt! Fahren sie nach Pondy. Ein Auto kann ich Ihnen besorgen, no problem! Khaao, piio, majaa karo! Lassen Sie sich den Spaß am Leben nicht verderben, machen

Sie das Beste draus!" riet er mir noch und wandte sich dann mit einer entschuldigenden Geste soeben neu angekommenen Travellern zu.

Der indische Alltag hatte meinen europäischen Forscherdrang also ziemlich rasch gebremst. Jetzt ging mir auch auf, dass die Skepsis, mit der ich das Thema Palmblattbibliotheken von Anfang an behandelt hatte, nunmehr drohte, den ganzen, fein abgestimmten Zeitplan über den Haufen zu werfen. Ich hatte bewusst auf die durchaus bestehende Möglichkeit verzichtet, bereits telefonisch von Europa aus einen Termin mit dem Nadi-Reader zu vereinbaren und ließ auch nirgends etwas über den wirklichen Zweck der Reise verlauten. Man mag diese Vorsicht für übertrieben halten, doch ich wollte sicher sein, dass keinerlei Informationen eingezogen und eventuell auf verschlungenen Wegen an die Palmblattbibliotheken weitergegeben wurden.

Dass es in Madras eine Menge zu entdecken gab, daran zweifelte ich nicht. Der Tipp des Hotelmanagers war der beste, den ich in dieser Situation bekommen konnte. Es war an der Zeit, sich ein bisschen mit der fremden Welt vertraut zu machen.

Ich begann mit meiner Erkundung in der Umgebung des Hotels. Gleich hinter den riesigen alten Gebäuden und weitläufigen Dachterrassen des Broadlands stand auf einem weiten Platz eine recht modern anmutende Moschee. Ich hatte schon mitbekommen, dass sich das Hotel wohl an der Trennlinie zu einem moslemischen Viertel befand, denn die Gebete des Muezzin hallten zu den vorgeschriebenen Zeiten durch die Gassen. Natürlich verließ sich der Geistliche nicht mehr nur auf die Kraft seiner Stimmbänder. Tausendfach verstärkt durch moderne Lautsprecheranlagen verkündete er die Botschaft Mohammeds und pries seinen Gott:

„Allah il Allah! Es gibt keinen Gott außer Allah und Mohammed ist sein Prophet!"

Zu jedem Gebet versammelten sich Tausende Gläubige, die von ihren hinduistischen Nachbarn misstrauisch beäugt wurden. Die Stimmung erschien aufgeheizt, als ich mir einen Weg durch die unvorstellbaren Menschenmassen bahnte, die Gassen und Straßen bevölkerten. Wer hier eine Straße zwischen donnernden, stinkende Dieselabgase ausspeienden

Lkws, hupenden Bussen, knatternden Scootern, Rikshas, Tausenden Fahrrädern und Ochsengespannen überqueren will, hat das Gefühl, sich in einen reißenden Gebirgsbach gestürzt zu haben. Doch ziemlich rasch lernte ich, den heranbrausenden Gefährten mit fast derselben unbekümmerten Eleganz auszuweichen, wie es die Inder taten. So chaotisch der Verkehr auch wirken mochte, es gab bestimmte Regeln. So hat immer das größere Fahrzeug Vorfahrt. Wenn aber dennoch einmal ein Unfall geschieht, ist jedoch auch automatisch fast immer der Größere schuld.

Pausenlos wurde ich angesprochen. „Scooter Sir? Sightseeing, threehundred Rupies, very very cheap!“ – was wohl bedeuten sollte, dass die Stadtrundfahrt heute ein Sonderangebot war – für das Greenhorn aus dem Westen diesmal extra teuer. Ich lehnte dankend ab.

Tee-Shops, Buchläden, winzige Lebensmittelgeschäfte, ayurvedische Apotheken und Drogerien – jeder schien ausgerechnet an mich verkaufen zu wollen. Nach einer halben Stunde schwirrte der Kopf von so vielen Angeboten. Allmählich veränderte sich das Straßenbild. Ich erreichte die einfachen Viertel. Hier lebten kleine Handwerker, Rikshafahrer, Saisonarbeiter und Dienstboten. Die Behausungen bestanden zumeist nur aus geflochtenen Palmmatten auf einem Holzgestell und machten einen erbärmlichen Eindruck. Es sah hier aus, als hätte ein jahrelanger Guerillakrieg getobt. Schutt, Müllberge, verfallene und verrottende Häuser, wohin das Auge blickte. Dazwischen fraßen unzählige große und kleine ausgemergelte Kühe mit stoischer Ruhe von den Abfällen, ohne sich im Geringsten um die wild hupenden Fahrzeuge und die drängenden Menschenmassen zu kümmern.

Einige Straßenzüge weiter traf ich dann jene, die nicht einmal eine einfache Palmhütte ihr Eigen nennen konnten, sondern hier auf dem Bürgersteig lebten, unter den alles beherrschenden, kitschbunten, Werbeplakatwänden, die versprachen, dass nur Nokia die besten Handys liefert in einer Welt, die VISA spricht und in den Zahlenkolonnen des Investmenttrusts XY denkt. Dieser Gegensatz war so krass, dass er fast schon wieder lächerlich wirkte. In Indien stört sich niemand an derlei Dingen. Die Welt ist halt so in dieser Zeit, sagten mir Händler, Bauarbeiter und Rikshafahrer, wenn ich sie auf diese Zustände ansprach.

Herr Korand Singh war in den Vierzigern. Er trug den Turban und das stählerne Armband der Sikhs. Für ihn galten keine Kastenschranken. Er war so eine Art von Arzt in diesem Viertel.

„Es ist schon traurig, nicht wahr, aber was sollen wir dagegen tun?" antwortete er auf meine Fragen.

„Schließlich ist das hier das Eiserne Zeitalter, das Kali-Yuga, da zappeln die Menschen in hilflos in den Klauen der materiellen Welt. Der Zugang zu den höheren Sphären ist den meisten verschlossen. Suchen Sie den Zugang zu jenen anderen Welten, wenn Sie hier nicht glücklich sind, aber versuchen Sie nicht, gegen Dinge anzurennen, die Sie unmöglich ändern können."

Wer einmal wie ich bei Anbruch der Dämmerung durch die schadhaften, hoffnungslos verstopften, stinkenden Straßen von Egmore oder Triplicane gegangen ist, wird verstehen, was Korand Singh meinte. Pro Tag, so erzählte er, ziehen mindestens einhundert Großfamilien vom Land nach Madras. „Das klingt nicht so dramatisch, stimmt's? Aber Sie müssen sich vorstellen, dass zu einer Großfamilie zwischen 25 und 30 Personen gehören. Das sind 2.500 bis 3.000 Menschen, die pro Tag nach Madras kommen. Alle wollen Essen, Trinken, ein Dach über dem Kopf. Die Sie hier sehen, haben das noch nicht."

Wir saßen inzwischen in einem schäbigen Tea-Shop. Der mit Ingwer und Kardamom gewürzte Tee schmeckte auch aus den ungespülten Gläsern ganz köstlich. Korand Singh wies mit weit ausholender Bewegung hinüber zu den Obdachlosen.

„Das sind „pavement dwellers" – ihr Zuhause ist die Straße. Wohnraum ist knapp hier. Alles ist in Madras leichter zu bekommen als eine Wohnung. Glauben Sie nur nicht, dass seien alles Bettler. Die meisten von ihnen gehen einer geregelten und meist gar nicht so schlecht bezahlten Arbeit nach. Doch für eine Wohnung muss man in Madras lange sparen."

Als ich mich später von ihm verabschiedete, gab mir Korand Singh neben vielen guten Wünschen noch die Warnung mit auf den Weg, mich in diesen Vierteln möglichst nicht nach Einbruch der Dunkelheit auf den Straßen sehen zu lassen. Ganz mochte ich diese Warnung nun doch nicht glauben, aber es konnte nicht schaden, sich trotzdem auf dem Heimweg ins Broadlands zu machen. Ich schlenderte durch ein paar andere Gassen als auf dem Hinweg und wurde Zeuge eines seltsamen Schauspiels. Ein paar Frauen in abgerissenen Saris, barfuss, mit zerzausten Haaren und Gesichtern, die mindestens eine ungewaschene Woche lang nicht mit Wasser in Berührung gekommen waren, wühlten sich lauthals schwatzend durch die städtischen Müllhaufen. Einige der heiligen Kühe betrachteten die menschliche Konkurrenz mit stoischer Ruhe. Diese war offensichtlich gerade fündig geworden. Mindestens ein halbes Dutzend Fladenbrote kamen aus dem Müllhaufen zum Vorschein, angeknabbert zwar und von den Gästen des Restaurants mit dem hochtrabenden Namen „Maharadscha" zu dem der Müllhaufen gehörte, für nicht verzehrenswert befunden, außerdem etliche kleine grünliche Bananen und eine Sammlung von Plastikflaschen, Draht, Zeitungspapier und Blechteilen unbekannter Herkunft. Alle Funde wurden sorgsam begutachtet und entweder verworfen – das geschah aber nur mit recht wenigen – oder sorgsam in die mitgeführten Bastkörbe gelegt. Diese Bastkörbe wurden von den Frauen auf dem Kopf balanciert und Lakshmis genannt – nach Lakshmi, der Göttin für Glück und Wohlstand. Diese Körbe schluckten so ziemlich fast alles, was andere Mitmenschen bereits als unbrauchbar weggeworfen hatten. Nur ein paar kleine grüne Zitronen blieben auf dem Müllhaufen liegen, obwohl sie äußerlich jedenfalls keinen Makel aufwiesen. Auch auf die Gefahr hin, als aufdringlicher Westmensch zu wirken, fragte ich die Müllsammelnden Frauen, warum sie ausgerechnet die Zitronen verschmähten. Mit überraschend großer Freundlichkeit und viel Geduld machte sich der ganze Trupp daran, mir die Gründe für den Verzicht zu erklären. Früchte, vor allem aber Zitronen – in Indien ist meist die kleinere Variante, die Limone üblich – werden von Exorzisten und Magiern benutzt, um böse Geister darin zu bannen. Wird eine Person von solch einem Dämonen befallen, und davon gibt es ganze Menge, so treibt ein herbeigerufener Exorzist den Plagegeist aus und verwünscht ihn in eine Limone. Die wird dann nachts an einen Kreuzweg gelegt, in der Hoffnung, ein nichts ahnender Wandersmann möge sie mit dem Fuß berühren. In diesem Fall fährt der verwunschene Geist aus der Zitrone in den Pechvogel, der das Unglück hatte, auf die verwünschte Frucht zu treten. Es gibt nämlich kein Mittel, einen solchen Geist für immer zu vernichten. Man kann ihn lediglich auf die eben beschriebene Methode loswerden, wobei der Dämon dann lediglich an ein anderes Opfer weitergeben wird.

Aus diesem Grund ist der Stand des Exorzisten vor allem in den ländlichen Gebieten Indiens auch heute noch ein recht einträglicher Beruf. Mancher Magier hat es sogar zu einem kleinen Kugelbauch gebracht, der ja in allen materiell armen Ländern einen gewissen Stellenwert besitzt. So ist es kein Wunder, dass sich die Menschen in den Dörfern gelegentlich mehr davor fürchten, einen verwünschten Gegenstand zu berühren, als von einer Schlange gebissen zu werden. In allen ländlichen Gebieten Indiens – fernab der knochentrockenen Nüchternheit Neu Delhis und den Bürohochhäusern von Bangalore oder Bombay – wird auch heute noch immer Zauberei betrieben. Gelegentlich erreichen sogar Nachrichten von Menschenopfern, die zumeist der blutrünstigen Göttin Kali dargebracht werden sollen, die Öffentlichkeit. Zumeist wird in solchen Fällen ein kleines Mädchen zu Ehren der Göttin geopfert, um der Familie endlich den lang ersehnten männlichen Nachwuchs zu bescheren. Zwar können viele Fälle von „Besessenheit" auf Geistesstörungen zurückgeführt werden, einige aber bleiben rätselhaft. Im späteren Verlauf der Reise sollte ich in Bangalore am National Institute of Mental Health and Neurosciences (NIMHANS) Ärzte kennen lernen, die mir erklärten, dass bei den meisten Patienten, die von sich behaupten, ein „Dämon" veranlasse sie, dieses oder jenes zu tun, das wirkliche Problem im psychischen Bereich zu suchen sei. Doch die Mediziner versicherten mir auch, dass es Fälle gäbe, in denen tatsächlich eine fremde Energie vom Körper des Opfers Besitz ergriffen habe oder der Betreffende von jemandem verflucht worden sei. Dann würden nur aufwendige Exorzismen und Reinigungszeremonien helfen. Ein junger Arzt berichtete unter dem Siegel der Vertraulichkeit, dass er Ende der achtziger Jahre selbst schon einmal mit magischen Praktiken recht unangenehme Bekanntschaft schloss. Er stand damals erst ganz am Anfang seiner Karriere und hatte sich entschieden, in einem abgelegenen Landkrankenhaus im Distrikt Belgaum Dienst zu tun. Erzogen im Sinn wissenschaftlichen Denkens, hielt er nicht all zu viel von übersinnlichen Mächten. Doch das sollte sich jedoch ändern. Eines Tages wurde er zu einer Gebärenden in einem der Dörfer der Umgebung Belgaums gerufen, die sich in einer lebensgefährlichen Situation befand. Da der Krankenwagen anderweitig im Einsatz war, musste der Arzt sich mit dem Fahrrad auf den Weg machen und die holprigen Wege, die sengende Sonne und den Staub in Kauf nehmen. Er mochte etwa ein Drittel der Strecke bis zu seinem Ziel zurückgelegt haben, als er eine Gruppe von

Sannyasins in eng geschnürten Dhotis sah, die ihm mit langsamen, tanzenden Schritten entgegenkamen. Bis auf den Anführer der Gruppe verbargen die Männer ihre Gesichter hinter Masken. An Hand- und Fußgelenken trugen sie kleine Messingglöckchen, die rhythmisch zu den Tanzbewegungen klingelten. Mitglieder eines uralten Geheimbundes waren hier auf dem Weg zu einem Totenfest. Die Sitte will es, dass man die Begegnung mit solch einem Zug meidet. Lässt sie sich doch einmal nicht umgehen, so bleibt man am Wegesrand solange stehen, bis der Zug den vorüberdefiliert ist oder den Weg freigibt. Das alles war unserem jungen Arzt wohl nicht unbekannt, doch in diesem Moment hatte er anderes zu tun, als auch nur einen Gedanken auf die Tradition und die Macht alter Geheimbünde zu verwenden. Er dachte an jene Frau, die seiner Hilfe dringend bedurfte. Deshalb beeilte er sich, an den finster anmutenden Gesellen vorbei zukommen. Doch der Anführer hielt ihn an – er war ein Heiler und Magier, dessen Kräfte von den Bewohnern des Distriktes Belgaum landauf, landab gerühmt wurden. Verärgert über den unliebsamen Aufenthalt, beachtete der Arzt nicht die Mahnung des Fremden, die Sitte zu achten und eine kleine Weile zu verharren. Schließlich ergriff der Anführer das Handgelenk des Ungeduldigen und sagte: „Fahr los; aber Du wirst es bereuen!“

Der Arzt zuckte nur die Schultern und radelte davon. Das Murren der Tänzer des Geheimbundes begleitete ihn. Rechtzeitig brachte er der Gebärenden Hilfe und ohne Zweifel hatte er ihr das Leben gerettet. Doch seine Tat sollte wirklich noch ein unangenehmes Nachspiel für ihn haben. Zwei Tage waren vergangen und der Arzt hatte den Vorfall schon vergessen, als er eine zunehmende Erschlaffung seines rechten Armes verspürte. Bald vermochte er ihn überhaupt nicht mehr zu bewegen. Dazu entwickelte sich an dem gelähmten Arm ein stark nässender, bläschenförmiger Ausschlag. Eine Krankheit mit solch eigenartigen Symptomen war dem jungen Arzt noch nicht begegnet. Er konnte keinerlei Diagnose stellen und suchte deshalb einen befreundeten Kollegen in Bangalore auf. Auch diesem war die seltsame Krankheit noch nie begegnet. Als er aber von der Verwünschung der den Magier erfuhr, riet er dem jungen Arzt, unverzüglich den Zauberer aufzusuchen und ihn um Hilfe zu bitten. „Nehmen Sie das nicht auf die leichte Schulter“, meinte er beim Abschied. „Die Sache kann recht schlimme Folgen haben. Mit solchen Leuten ist nicht zu spaßen." Dem jungen Arzt blieb keine andere Wahl. Ziemlich widerwillig suchte er den Magier auf. Er erklärte ihm, dass er die Tabus des Geheimbundes nicht verletzen wollte, aber nicht anders handeln konnte, weil er seinem ärztlichen Gewissen folgen musste. Seine Worte überzeugten offenbar den Anführer des Geheimbundes. Der Zauberer fuhr mit langsamen streichelnden Bewegungen über den gelähmten Arm und gab ihm zum Schluss noch eine kleine Flasche, die mit einer klaren Flüssigkeit gefüllt war. „Nimm jeden Morgen ein paar Tropfen von dieser Medizin", riet er. „In einer Woche wird Dein Arm gesund sein."

Der Arzt gehorchte ohne Widerspruch. Er freute sich ungemein, als langsam die Kraft wieder in seinen Arm zurückkehrte. Nach einer Woche konnte er seinen Arm wieder wie gewohnt gebrauchen und der Ausschlag war verschwunden. Die Bläschen trockneten ein und heilten unter Narbenbildung ab. Der junge Mediziner war natürlich an der Zusammensetzung der Arznei interessiert, die ihm so rasch seine Gesundheit zurückgegeben hatte. Die klare Flüssigkeit hatte zwar keinen besonderen Geschmack – doch musste sie ja einen Wirkstoff enthalten, der eine so schnelle Heilung ermöglicht hatte. Er schickte den verbliebenen Rest an ein Institut in Delhi. Das Ergebnis der Analyse war ein völlig anderes als erwartet. Die „Medizin" bestand aus purem Wasser, sonst nichts, und hatte nach dem Urteil der Analytiker noch nicht einmal Trinkwasserqualität. Für die Dombari-Frauen aus der Triplicane High Road sind solche Vorfälle Alltäglichkeiten. Auch sie könnten eines Tages einen verfluchten Gegenstand im Müll finden. Jeder Beruf hat halt sein Risiko. Die kastenlosen Dombaris sammeln und ernähren sich von Müll. Als außerhalb der 4 Hauptkasten Geborene müssen sie seit Jahrhunderten „niedrige" Arbeiten verrichten. Offiziell ist das Kastensystem in Indien zwar abgeschafft, doch geht auch heute noch von ihm eine nicht zu unterschätzende Macht aus. Dies trifft vor allem auf die ländlichen Gegenden des Subkontinentes zu. Mahatma Gandhi war es zu seiner Zeit ein großes Anliegen, die „Unberührbaren" aus ihrer gesellschaftlichen Isolation herauszuführen. Er setzte sich daher für die Wiedereinführung der Bezeichnung „Harjians" ein. Für ihn waren die Unberührbaren wieder die „Kinder Gottes". Seit der Unabhängigkeit Indiens bemühte sich die Regierung, die Kastenlosen bevorzugt zu fördern und handelte sich damit sehr viel Missmut von Angehörigen der hohen Kasten ein. So kam es, dass auch der Begriff

„Harjian", seine ursprünglich wohlwollende Bedeutung allmählich verlor. Seit ein paar Jahren ist die Verwendung dieses Synonyms sogar im offiziellen Schriftverkehr des Bundesstaates Madhiyar Pradesh verboten. Kein Wunder, denn inoffiziell existieren die Kastenschranken weiter und funktionieren offensichtlich besser denn je.

Der Hotelmanager vom „Broadlands" fragte interessiert nach meinen Erlebnissen in den Straßen von Madras. Dann hatte er noch einen guten Tipp. „Besuchen Sie doch morgen einmal das Hauptquartier der theosophischen Gesellschaft hier in Madras. Eine Rikscha wird Sie hinbringen. Es ist nicht weit. Vielleicht finden Sie dort weitere Informationen über die Rishis."

Am nächsten Morgen weckte mich der Ruf des Muezzins aus traumlosem Schlaf. Nach dem kurzen Frühstück brach ich zum Hauptquartier der theosophischen Gesellschaft auf, dass im Stadtteil Adhyar liegt. Mein Rikschafahrer stürzte sich mit indischer Gelassenheit und wahrer Meisterschaft in die morgendliche Rush-our von Madras. Nebenher fand er sogar noch Zeit, von seiner Familie zu erzählen. Es gibt nichts interessanteres als eine solche Fahrt mit der Motorrikscha quer durch eine indische Großstadt. In dem nach allen Seiten offenen und nur durch ein Spritzdach gegen die übelsten Witterungseinflüsse geschützten Gefährt befindet man sich mitten im Alltag. Diese Art der Fortbewegung erfordert lediglich ein wenig Vertrauen in die Fähigkeiten des jeweiligen Fahrers. Die Stille in dem riesigen Park, der das Hauptquartier der Theosophen in Madras umgibt, hatte nach dem morgendlichen Straßenlärm etwas beinahe Unwirkliches an sich. Ich streifte stundenlang durch das Gelände, in dem weit verstreut die einzelnen Gebäude liegen, während die Sonne höher stieg und die morgendliche Wärme allmählich zur mittäglichen Hitze wurde. In der Ferne rauschte die Brandung der Coromandelsee am sonnendurchglühten Strand im stets gleichen Rhythmus wie seit urewigen Tagen. Hier im Park spendeten riesige Banyanbäume angenehmen Schatten. In diesen gewaltigen Bäumen so heißt es, wohnt die Göttin Shalabhanjika, die den Reichtum der Natur symbolisiert. Zur Verehrung dieser Göttin tragen indische Frauen Perlenketten aus den Samen des Banyanbaumes. An diesem Ort in Madras gründete vor mehr als einem Jahrhundert Madame Helena Petrowna Blavatsky gemeinsam mit dem amerikanischen Oberst Henry Stee Olcott die Theosophische Gesellschaft. Diese

Glaubensgemeinschaft verstand sich als Grundstein für eine von Madame Blavatsky angestrebte Weltreligion. Die Begründerin der Theosophie wird in der Literatur entweder als eine der größten Mystikerinnen des 19. Jahrhunderts oder aber als schamloser Scharlatan angesehen. Niemand kann ihr jedoch Mangel an Imaginationskraft vorwerfen, denn auf diesem Gebiet hatte sie recht bemerkenswerte Fähigkeiten. Im Jahr 1831 angeblich als Tochter einer russischen Prinzessin geboren, gehörte Madame Blavatsky mit Sicherheit zu den außergewöhnlichsten Frauen ihrer Zeit. Auf den Stufen ihrer Karriereleiter – sie arbeitete als Zirkusreiterin ebenso wie als spiritistisches Medium – erwarb sie beachtliche Kenntnisse der westlichen Magie, aber auch der östlichen Philosophie. Einer der herausragendsten und sympathischsten Wesenszüge Madame Blavatskys war ihr ungehemmter, mit einem guten Schuss Abenteuerlust gepaarter Wissensdrang. Auf der Suche nach dem alten, verloren gegangenen und geheimen Wissen reiste sie mehr als ein Vierteljahrhundert lang durch das Abend- und das Morgenland, besuchte in Ägypten die Pyramiden und drang schwerbewaffnet ins Herz des Schwarzen Kontinents vor. Zu Zeiten, da Tibet für Europäer als „Verbotenes Land" galt, ließ sie sich dort von tibetischen Mönchen und indischen Weisen unterrichten. Doch Madame Blavatsky hatte auch keine Furcht, für eine Sache zu kämpfen, wenn sie von deren Richtigkeit überzeugt war. So focht sie unter anderem in dem von Garibaldi aufgestellten Freikorps für die Einheit Italiens. Ihre Suche nach Wahrheit und Weisheit fand Erfüllung in einer unzugänglichen Gegend Tibets, bei Wesenheiten, die Madame Blavatsky als „Mahathmas" – die Große Seelen – bezeichnete. Diese Mahathmas regierten nach ihrer Auffassung in Wirklichkeit die Welt, indem sie „okkulte Kraftströme" in alle Himmelsrichtungen aussenden.

In der Bibliothek des Hauptquartiers der Theosophischen Gesellschaft studierte ich die gewichtige Biographie Madame Blavatskys und die voluminösen Bände ihres Meisterwerkes – der „Geheimlehre". Diese nicht immer ganz leicht verständliche Schrift soll ihr von den Mahathmas in einer Art Trancezustand offenbart worden sein. Madame Blavatsky will ihr Buch deshalb auch nicht als eigenes Werk, sondern als Transkription eines viel älteren, prähistorischen Manuskriptes, nämlich des so genannten „Buches von Dzyan" verstanden wissen. Dieser ursprüngliche Text, so gab Madame Blavatsky an, sollte einst von den Bewohnern des legendären versunkenen Kontinentes Atlantis aufgezeichnet worden sein. In der „Geheimlehre und dem nachfolgenden Buch „Die entschleierte Isis" fasst sie die Ergebnisse ihrer Suche nach Wahrheit und Weisheit zusammen. Madame Blavatsky kam letztlich zu dem Schluss, dass es für die Enthüllung der unvergänglichen Wahrheit zahlreiche Wege gibt, die jedoch alle im transzendenten Bereich liegen. Die Schwellen der gewöhnlichen Wahrnehmung müssen zur Erkenntnis dieser Wahrheit überschritten werden. Aus diesen Gründen war sie auch zu der Überzeugung gelangt, dass jede ritualisierte Religion nur den Versuch darstellen kann, die universelle Wahrheit zu begreifen. Basierend auf dieser Erkenntnis unternahm sie den Versuch, die Grundlagen einer Weltreligion zu schaffen, in der alle bekannten Glaubensrichtungen – seien sie nun animistischer, polytheistischer oder monotheistischer Natur – ihren Platz finden sollten. So entstand die Theosophische Gesellschaft. In der „Großen Halle" des Hauptquartiers der Theosophen in Madras sind deshalb auch Buddha, Christus, Moses, der Guru Nanak, Konfuzius, Zarathustra und viele andere Religions- und Glaubensstifter verewigt. Lediglich für Mohammed, den Propheten Allahs, existiert keine Statue. Getreu den Regeln des Islam, der jedwede Abbildung Gottes, der Menschen und Tiere untersagt, ist hier nur eine Sure aus dem Koran in eine marmorne Tafel graviert.

Bei dem Studium der Schriften Madame Blavatskys fiel mir auf, dass zwischen den von ihr beschriebenen Weisheitslehrern, den „Mahathmas" des verborgenen Reiches im Himalaja, und den Rishis der altindischen Epen verblüffende Ähnlichkeit besteht. Die von Madame Blavatsky beschriebenen Mahathmas vermögen ebenso wie die Rishis in einer Art von kosmischem Gedächtnis, der Akasha-Chronik, zu lesen und dadurch vollkommene Kenntnis von Vergangenheit und Zukunft der Erde, ja des gesamten Universums zu erlangen. Ebenso wie Brighu, Agasthya, Vaishishta und die anderen Rishis sind auch die Mahathmas eine Gruppe unsterblicher Wesen, die weder der menschlichen Rasse, noch transzendenten Gottheiten zugeordnet werden können. Beide Gruppen werden darüber hinaus als Hüter einer universellen Wahrheit beschrieben, die das Geheimnis der Schöpfung beinhalten soll. In den alten Texten war auch die Rede davon, dass es sich bei dem Aufenthaltsort der Mahathmas um einen unterirdischen Bereich mit der Bezeichnung „Agartha" handeln soll. Ich kannte die Bedeutung dieses Begriffes noch nicht, doch war mir aus indischen Legenden um die Rishis der Name eines Ortes geläufig, welcher ein ganz ähnliches Reich beschrieb. „Kalapa" sollte das verborgene Tal im Gebirge sein, ein Ort, an dem die Rishis in zeitloser Harmonie weilten. Die Tibeter und die Bewohner Ladhaks kennen Kalapa unter dem Namen Shambhala.

Die Herrscher von Agartha, so hieß es in den Beschreibungen der Blavatsky, tragen den Titel „Rigden-Jyepo". Dies lässt sich mit „König der Welt" übersetzen. Der jeweilige Dalai Lama, so wurde in den Büchern behauptet, gilt als Botschafter Agarthas und als Hüter des Wissens um den Zugang zu diesem verborgenen Reich. Selbst in den offiziellen Beschreibungen des Tourismusbüros von Lhasa werden Legenden erwähnt, denen zufolge sich unter dem Pottala von Lhasa, dem Palast des Dalai Lama, geheime unterirdische Gänge befinden sollen, die den Zugang nach Agartha bilden. Einige Theosophen und in jüngerer Zeit der ebenso renommierte wie umstrittene Forscher Dr. Raymond Bernard behaupten, dass sich in Madame Blavatskys persönlichem Besitz auch eine Karte befunden haben soll, die Zugänge nach Agartha durch Höhlensysteme zeigte. Der Verbleib dieses Dokuments ist allerdings ungeklärt. Der Reisende und Schriftsteller Ferdinand Ossendowsky, dessen geistige Nähe zur Theosophie nicht geleugnet werden kann, schrieb bereits 1924 in seinem Buch „Menschen, Tiere und Götter" über Agartha:

***„Das Land unter der Erde ist ein gewaltiges Königreich. Zu ihm gehören Millionen von Menschen. Sein Herrscher ist der König der Welt. Dieser kennt alle Kräfte der Welt und vermag in den Seelen der Menschen und in dem großen Buch ihres Geschickes zu lesen. Dieses Königreich ist Agartha. Alle unterirdischen Völker und unter der Erde befindlichen Räume werden von Herrschern regiert, die dem König der Welt untertan sind. In den Höhlen unter der Erde herrscht ein besonderes Licht, dem es zu verdanken ist, dass dort Getreide und Pflanzen gedeihen und die Menschen ein langes, von Krankheiten freies Leben führen können. Die Hauptstadt Agarthas ist von Städten umgeben, die von Hohepriestern und den Männern der Wissenschaft bewohnt sind. Wenn die wahnsinnige Menschheit der oberen Erde einen Krieg gegen das unterirdische Königreich beginnen sollte, so wäre dieses imstande, die ganze Oberfläche in die Luft zu sprengen und sie in eine Einöde zu verwandeln. Die Bewohner von Agartha***

*können Meere trocken legen, Kontinente in Ozeane verwandeln und Berge zu Wüstenstaub werden lassen."*

Auch diese Beschreibung der Bewohner des unterirdischen Reiches wies einige Parallelen zu den spirituellen Eigenschaften der Rishis auf. Sofern die Palmblattbibliotheken wirklich existierten, wäre es sehr lohnend, auch den weiteren Weg der Schöpfer dieser vorzeitlichen Datenbanken zu verfolgen.

Zu meiner großen Überraschung fanden sich in dem umfangreichen Katalog der Bibliothek der Theosophischen Gesellschaft auch eine ganze Anzahl von Büchern über die Kunst des Palmblattlesens. Die Titel sind unter dem Stichwort Nadi-Reading, dem in Indien heute gängigen Begriff für eine Palmblattlesung, aufgeführt. Zu meinem Bedauern waren die meisten Schriften jedoch in Tamil oder Sanskrit abgefasst. Der mitgeführten „Kauderwelsch"-Sprachführer reichte zur Entschlüsselung der komplizierten Texte natürlich nicht aus. Bei weitem ergiebiger zeigten sich die wenigen in Englisch verfassten Bücher. Doch zu ihrem vollen Verständnis waren Kenntnisse der indischen Astrologie notwendig, die mein Wissen bei weitem überstiegen. Neben den auch in den westlichen astrologischen Systemen verwandten Planetenbezeichnungen, Häusern und Aszendenten spielten die als „Kethu" und „Rahu" bezeichneten Mondknoten offensichtlich eine sehr bedeutende Rolle. Außerdem wurden die notwendigen Berechnungen nicht wie im Westen mit Konstanten, sondern mit Variablen, die aus ständigen genauen astronomischen Beobachtungen resultieren, vorgenommen. Neben einem dreizehnten „Haus", dem des „Schlangenträgers", wurden darüber hinaus noch zwei weitere Planeten berücksichtigt. Die Massen dieser beiden Planeten existieren tatsächlich in unserem Sonnensystem, wenn derzeit auch nur in Form des Asteroidengürtels zwischen Mars und Jupiter sowie des nach seinem Entdecker so genannten „Kuiper-Gürtels" nahe des erdenfernsten Planeten Pluto. Obwohl ich mehrere Tage in der Bibliothek der Theosophen verbrachten, reichte die Zeit nur, um den Schleier, hinter dem sich die indische Astrologie und die vielfältigen anderen Varianten der Zukunftsschau verbargen, ein klein wenig zu lüften. Über den Ursprung des Nadi-Readings konnte ich in diesen Schriften einiges in Erfahrung bringen. Die Verfasser der theosophischen Bücher vertraten überwiegend die Meinung, dass es sich bei der Kunst des Palmblattlesens um eine uralte, sehr spezielle Art der vedischen Astrologie handelte, von der in unserer Zeit allerdings nur noch über den gesamten indischen Subkontinent verstreute Fragmente übrig geblieben sind. Die Grundlage des Nadi-Readings ist demnach die Lehre des Shuka-Nadi. „Nadi" wurde die Methode genannt, weil ursprünglich die Voraussagen durch das Studium des Pulses des jeweiligen Klienten getroffen wurden, ganz ähnlich, wie ayurvedische Ärzte noch heute bei ihren Patienten ein Pulsdiagnose vornehmen. Die Autoren bescheinigten dem System des Shuka-Nadi eine außerordentliche Präzision und sehr detaillierte Voraussagen. Als einzige Voraussetzung dafür wurde die möglichst genaue Angabe des jeweiligen Geburtsdatums und der Geburtszeit genannt. Die Lehre des Shuka-Nadi beruhte nach diesen Ausführungen offenbar auf der Wahrnehmung von Vergangenheit und Zukunft jenseits unseres herkömmlichen Raum-Zeit-Verständnisses. Darauf aufbauend, sollte das Shuka-Nadi eine lebensberatende Funktion ausfüllen, das heißt, es sollte helfen, die eigentliche Bestimmung seiner derzeitigen Inkarnation zu finden. Diese Sichtweise erschien durchaus vernünftig. Spektakulär wurde es erst, als ich las, dass dieses System einer offenbar wissenschaftlich begründbaren Zukunftsschau ursprünglich auf den versunkenen Kontinenten Atlantis und Mu praktiziert worden sei. Das geheimnisvolle Mu hatte einstmals 64 Millionen Einwohner und bereits vor 50.000 Jahren eine der unseren in vielen Belangen überlegene Kultur erreicht, bevor es im Verlauf einer gigantischen Naturkatastrophe im Pazifik versank. Die Überlebenden der untergegangenen Hochkulturen hätten die Methode des Shuka Nadi nach Indien gebracht und sie den „ältesten Weisen" der frühen Indus- und Harappa-Kulturen tradiert. Der sagenhafte Kontinent Mu ist nachweislich das geistige Kind des französischen Arztes Augustus le Plogeon (1826 – 1908). Er gehörte zu den ersten Amateurarchäologen, die Mayakultstätten der mexikanischen Halbinsel Yucatan ausgruben. Dabei entdeckte le Plongeon den so genannten Troana Codex, einen der wenigen erhaltenen Maya-Texte. Er übersetzte das Manuskript und gab eine recht außergewöhnliche Darstellung des geheimnisumwobenen Kontinentes Mu. Nach le Plogeons Auffassung beherrschte Mu den pazifischen Raum, bis es durch ein Erdbeben zerstört wurde. Der französische Arzt behauptete auch, im Besitz von Beweisen zu sein, die belegten, dass die Bewohner von Mu nicht nur die Urahnen der Maya, sondern auch der Ägypter gewesen sind. Ein Amerikaner, James Churchward, griff die Forschungsergebnisse Le Plongeons auf und brachte sie in Zusammenhang mit seinen eigenen Untersuchungen in Indien am Ende der siebziger Jahre des 19. Jahrhunderts. Damals entdeckte Churchward in einer Tempelanlage Südindiens, die er nicht näher bezeichnete, eine große Sammlung von Stein- und Metalltafeln. Diese Tafeln waren mit altertümlichen Schriftzeichen einer fast vergessenen Sprache bedeckt. Churchward benötigte mehr als zwei Jahre, um unter Anleitung eines Tempelpriesters diese Schrift zu entschlüsseln, bei der es sich nach seinen Angaben um die ursprüngliche Sprache der Menschheit handeln soll. Er bezeichnete die Schöpfer dieser uralten Schrift als „Nacaal". Aus den Texten ging hervor, dass es sich bei diesem Volk um die Überlebenden einer untergegangenen Hochkultur handelte, die von einem im Pazifik versunkenen Kontinent stammte. Diesen Kontinent nannte Churchward ebenfalls Mu – den Mutterkontinent der Menschheit. Die Naacal hatten nach Churchwards Untersuchungen Kolonien in weiten Teilen der heute bekannten Welt eingerichtet. Sie verließen den sinkenden Kontinent vor etwa 12.000 Jahren und wanderten vor allem in das Gebiet des heutigen Burma ein. Bei der Expansion ihres neuen Reiches erreichten die Nacaal schließlich auch Indien. Dort gingen sie in den frühen Indus- und Harrappa-Kulturen auf, an die sie ihr Wissen zumindest teilweise weitergaben. Um Überreste dieses Wissens handelte es sich wohl auch bei den von James Churchward aufgefundenen „Nacaal-Tafeln". Sie waren tatsächlich bruchstückhafte Überlieferungen der Geschichte jener sagenhaften prähistorischen Hochkultur. Churchward erwähnte jedoch auch in seinen Berichten, dass weitere Tafeln dieser einzigartigen Sammlung mit ergänzenden Texten an den *„sieben heiligen Rishi-Stätten"* Indiens aufbewahrt wurden. Bei diesen heiligen Stätten, über die Churchward nur am Rande berichtet, da er zu den dortigen Archiven keinen Zutritt erhielt, könnte es sich um die sieben heiligen Städte der Hindus handeln, deren bekannteste Varanasi ist, das die Engländer Benares nannten. Zu den Heiligen Städten gehören aber auch Vrindaban, der Geburtsort Krishnas, und im Süden Indiens Kanchipuram, die *„Stadt der Tausend Tempel"*. War James Churchward möglicherweise in den Archiven der Tempel von Kanchipuram auf die Spuren der Großen Alten aus der Vorzeit gestoßen? Nach Churchwards Ansicht stammten Brighu, Agasthya und die anderen Rishis aus einer vormenschlichen Hochkultur, einer Welt vor unserer Zeit. Die Bestätigungen für seine Hypothese fand Churchward nicht nur in den Forschungsergebnissen von le Plongeon, sondern auch in den Untersuchungen seines Freundes und Kollegen William Niven, der in Mittelamerika ebenfalls bei Ausgrabungen beschriftete Tafeln der Nacaal zutage förderte. Diese sensationellen Funde erzählten von der Entstehung des Universums und der Erde, vom Ursprung des Lebens auf diesem Planeten und den verschiedenen „Weltzeitaltern", in denen bereits vor Entstehung der heutigen Menschheit verschiedene Hochkulturen existierten, deren letzte die der Nacaal war. Die Thesen von Churchward, le Plongeon und William Niven haben bis heute nicht vermocht, sich gegen die etablierte Geschichtsforschung durchzusetzen. Bemerkenswert aber ist in jedem Fall, dass diese Forscher aus einer Quelle bestätigt werden, die ihnen allen noch nicht zugänglich war. Denn auch die Hopi-Indianer Nordamerikas, welche die wohl ältesten Überlieferungen der Menschheitsgeschichte ihr Eigen nennen dürfen, sprechen in diesen Legenden von einer Zeit vor Entstehung der heutigen Menschheit. Sie bezeichnen diese Epoche als die „Dritte Welt", woraus sich leicht ersehen lässt, dass vor dieser bereits zwei andere Welten existiert haben müssen. Die Hopi berichten, dass in der Ersten Welt der Gott Taiowa die Menschen erschuf und diese Welt durch Feuer vernichtete, als seine Geschöpfe degenerierten. Nur die Vorfahren der Hopi überlebten die Zerstörung, da sie ausersehen waren, die Kunde von diesen Geschehnissen zu bewahren. Auch die Zweite Welt ging nach Äonen durch Eis zugrunde. Wiederum überlebten die Ahnen der Hopi und kamen in die Dritte Welt, den dritten Erdteil, auf jenen Kontinent, den James Churchward Mu – das Mutterland – nannte. Die Hopi kannten diese Dritte Welt unter dem Namen Kasskara. Auch dieser Begriff bedeutet in der Sprache der Hopi noch heute „Mutterland". Ebenso bezeichneten die Hopi Kasskara auch als „Land der Sonne". In der Dritten Welt – genauso wie in den Welten zuvor – standen die Hopi in Kontakt zu Wesenheiten, die sie Kachinas nannten. Nach ihren Überlieferungen waren die Kachinas keine Gottheiten oder Geistwesen, sondern menschenähnliche Lebensformen, die zu den Hopi aus dem Weltenraum gekommen waren. Die eigentliche Heimat dieser Sternenwanderer soll ein Planetensystem in einem weit entfernten Teil des Universums sein. Dieser Ursprung der Kachinas wird von den Hopi *Toonaotakha* genannt – *„der Bund der zwölf Planeten"*. Die Legenden der Hopi aus der Dritten Welt berichten, dass die Kachinas als Hüter der universellen Gesetze und als Lehrer und Berater der jungen Menschheit auf die Erde kamen – ganz so, wie die Aufgaben der Rishis in den altindischen Epen benannt wurden. Gleich den Rishis waren auch die Kachinas körperliche Wesen, die für ihre ausgedehnten Reisen materielle Flugmaschinen benötigten. Ähnlich den Vimanas des alten Indien hatten auch die Flugwagen der Kachinas unterschiedliche Größe und verschiedene Namen. Da gab es beispielsweise *Paatoowa* – den „Fliegenden Schild", der vorwiegend für Transportaufgaben eingesetzt wurde. Als *Inioma* hingegen wurde eine Flugscheibenkonstruktion bezeichnet, die über hervorragende Manövriereigenschaften verfügt haben soll. Diese Flugmaschinen sollen eine in den alten Berichten nicht näher definierte magnetische Antriebskraft für ihre Fortbewegung genutzt haben. Das Wissen um die Bauweise dieser Maschinen hüteten die Kachinas, ganz genau so wie im antiken Indien die Rishis als Konstrukteure der Vimanas. Die Flugwagen der Kachinas spielen in den Überlieferungen der Hopi vom Untergang Kasskaras eine entscheidende Rolle. Der gewaltige Kontinent Kasskara versank nach einem mit furchtbaren Naturkatastrophen einhergehenden Polsprung. Die Ursache dieses Polsprunges soll neben kosmologischen Ursachen – dem nahen Vorbeigang eines großen Himmelskörpers, des „Todessterns", den auch die Sumerer kannten – eine kriegerische Auseinandersetzung der Bewohner Kasskaras mit der Bevölkerung eines anderen Inselkontinentes – Talawaitichqua, „das Land im Norden" genannt – gewesen sein. Bei diesen Kämpfen, die offenbar mit großer Härte ausgetragen wurden, griffen die Armeen Talawaitichquas das Kernland von Kasskara auch mit einer Art geophysikalischer Waffe an, die in der Lage war, Erdbeben und Vulkanausbrüche hervorzurufen. Der Einsatz des Waffensystems schlug jedoch auch auf Talawaitichqua zurück, das infolge der ausgelösten Kataklysmen noch viel rascher in den Tiefen des Meeres versank als Kasskara. Die Kunde von diesem Land, das einen Krieg begonnen hatte durch ihn vollkommen vernichtet worden war, fand später auch Eingang in den hellenistischen Kulturkreis. Der antike Wissenschaftler und Philosoph Platon schrieb als erster Europäer den Bericht vom versunkenen Kontinent Atlantis nieder. Doch auch Kasskara – das sagenhafte Mu James Churchwards – war dem Untergang geweiht. Mit Hilfe der Kachinas jedoch soll den überlebenden Bewohnern des Kontinentes die Flucht in eine neue Heimat gelungen sein. Östlich von Kasskara nämlich erhob sich infolge der geologischen Veränderungen neues Land aus dem Meer. Dorthin wurden die Vorfahren der Hopi aus Kasskara an Bord der „Fliegenden Schilde" aber auch in eilig konstruierten Wasserfahrzeugen gebracht. Die

Hopi nannten den neuen Kontinent die „Vierte Welt" – heute findet er sich unter der Bezeichnung Südamerika auf jeder Erdkarte.

Doch bei weitem nicht alle Menschen und Kachinas, die den Untergang Kasskaras überlebten, gelangten in die „Vierte Welt" der Hopi. Einige landeten auf dem heutigen Hawaii – die Erinnerung daran lebte bis in unsere Tage weiter in den Legenden der „Kahunas", der Wissenden von Hawaii – denn „Kahuna" ging aus dem Wort Kachina hervor. Andere Überlebende wurden an die asiatische Küste verschlagen. Sie landeten auf Inseln, die zu Japan gehören. Noch heute erzählen die Ureinwohner dort die gleichen Legenden wie die Hopi in Amerika. Von Japan aus wanderten die Überlebenden dann auf das asiatische Festland ein und erreichten Burma, dessen ursprüngliche Hochkultur in den Berichten der Hopi als Kolonie von Kasskara bezeichnet wurde. Hier hatten die geheimnisvollen „Nacaal" Churchwards und die Bibliotheken aus steinernen Tafeln ihren Ursprung. Es handelte sich offenbar um einen Teil der Überlebenden von Kasskara, die in der Hoffnung auf eine neue Heimat westwärts wanderten. Dabei versuchten sie, soweit es ihnen möglich war, die Erinnerung an ihre eigenen Ursprünge zu bewahren. Einstmals soll in den Archiven von Kasskara ein Wissen von wahrhaft universellem Charakter gehütet worden sein. Das Wissen der Rishis, der Kachinas, die Weisheit der Lenker der Welt, der Großen Alten, die vollkommene Kenntnis vom Ursprung auch unserer Zivilisation und von ihrem kommenden Schicksal. Vieles ging von diesem Wissen im Lauf der Jahrtausende verloren. Dennoch konnte James Churchward mit Recht behaupten, dass zu seiner Zeit immer noch sensationelle Informationen über die wirkliche Geschichte der Menschheit in den Archiven und Bibliotheken der indischen Tempel bewahrt wurden, eingemeißelt in steinerne Tafeln oder niedergeschrieben auf den getrockneten Blättern der Stechpalme, die vor allem im Süden Indiens das Pergament und später auch das Papier ersetzte. Bedeutende Teile dieser aus Kasskara überlieferten Bibliotheken sollen die individuellen Schicksale von hunderttausenden, vielleicht sogar Millionen von Menschen beinhalten. Ich war sicher, dass es sich bei diesen heiligen Stätten, von denen die theosophischen Autoren schrieben, um jene Palmblattbibliotheken handelte, die auch ich aufsuchen wollte.

Dann war es soweit. Am späten Nachmittag des 13. August 1993 rief ich nochmals in der Palmblattbibliothek an, um den Termin für das Nadi-

Reading zu vereinbaren. Gleich beim ersten Versuch war der Palmblattleser war persönlich am Apparat.

„You are from wich country?" wollte er wissen.

„From Germany, ich komme aus Deutschland."

„Oh, gutten Tack, main Herrrr", meinte Sri Ramani darauf.

Das verschlug mir es erst einmal die Sprache. Doch dann siegte die Neugier und ich wollte wissen, woher Sri Ramani des Deutschen mächtig sei. Dabei stellte sich allerdings recht bald heraus, dass die Deutschkenntnisse des Palmblattlesers nur wenig über einige Begrüßungsformeln und allgemeine Floskeln hinausgingen. Dafür aber sprach er ein ganz ausgezeichnetes Englisch, so dass die Konversation keinerlei Schwierigkeiten bereitete. Sri Ramani erzählte, dass er gelegentlich auch Deutschland, die Schweiz und Österreich bereise, um dort Seminare oder Vorträge abzuhalten.

„Wann wäre denn ein Nadi-Reading für uns möglich?" erkundigte ich mich nach einer ganzen Weile scheinbar nebenbei. Inzwischen kreiste das Gespräch um ganz andere Dinge, Fragen nach dem Woher und Wohin, belanglose Allgemeinplätze – auch in Indien ist es eine Frage der Höflichkeit, den Gesprächspartner mit einem Anliegen nicht sofort und nicht direkt zu konfrontieren.

„Kommen Sie doch morgen früh, so gegen neun Uhr vorbei", schlug Sri Ramani vor. „Ich freue mich, Sie zu sehen."

Am nächsten Morgen war ich schon zeitig auf den Beinen, denn der Hotelmanager hatte mir erklärt, dass die Fahrt zur Palmblattbibliothek im Stadtteil East Tambaram mit der Rikscha mindestens eine Stunde dauern würde. Nachdem sich mein Fahrer mit seiner Rikscha durch das morgendliche Gewühl im Straßendschungel von Madras gekämpft hatte, erreichten wir nach einigen Stopps und noch mehr Fragen nach dem Weg, die mit größter Zuverlässigkeit natürlich falsch beantwortet wurden, da die Befragten den Weg ebenso wenig kannten wie mein Rikschapilot, wie durch ein kleines Wunder gegen 9.00 Uhr dennoch die idyllisch und weitab vom üblichen Straßenlärm gelegene Palmblattbibliothek Sri Ramanis. Eigentlich ist seine Bibliothek zugleich auch ein kleiner Ashram, bestehend aus mehreren Wohn- und Wirtschaftsgebäuden sowie einer mit Palmstroh gedeckten, hellen und luftigen Empfangshalle, in der auch während der größten Mittagshitze aufgrund der traditionellen und dem Klima angepassten Bauweise immer eine angenehme Kühle herrscht. Besonders aber fiel mir die recht große Baustelle in der Nähe von Sri Ramanis Ashram auf. Ich erfuhr später, dass er dort für seine immer zahlreicher werdende Anhängerschaft mit beachtlichem Aufwand ein modernes Gästehaus errichten ließ, dass zwischenzeitlich fertig gestellt worden ist. Wer es wünscht, kann inzwischen gegen einen kleinen Obolus seine Zeit in Madras in unmittelbarer Nähe Sri Ramanis und der Palmblattbibliothek verbringen. Ich war der einzige Ausländer inmitten zahlreicher Inder, die in Sri Ramanis Palmblattbibliothek offenbar ebenfalls den Rat oder zumindest den Segen des Rishis zu erhalten hofften. Bereits am Eingang der Bibliothek erwartete die Besucher ein dienstbarer Geist. Er bat mich zunächst, die Schuhe ausziehen. In jedem traditionellen indischen Haushalt und selbstverständlich in jedem Tempel oder an heiligen Plätzen bleiben die Schuhe vor der Schwelle zurück. Sie werden als unrein angesehen und sind buchstäblich „das Unterste". Wirft der unzufriedene europäische Zuschauer eines missratenen Theaterstückes mit faulen Tomaten, so schleudert der Inder seine abgetragenen Latschen. Aus diesen Gründen hockt man sich im Indien auch traditionell im Schneidersitz nieder. Dann zeigen nämlich die Fußsohlen auf niemanden und insbesondere nicht auf den Hausaltar oder andere heilige Plätze, denn diese würden dadurch entweiht. Eingedenk dieser für einen Europäer komplizierten Verhaltensmaßregeln war ich froh, zunächst im Vorraum der eigentlichen Empfangshalle auf dem mit Bambusmatten ausgelegten Boden Platz nehmen zu dürfen, um ein wenig die ungewohnte Sitzhaltung zu üben. Die umfangreiche Ausrüstung – Fotoapparat, Diktiergerät, Kassetten und Akkus – erleichterte diese Übung nicht gerade. Doch von meinem Sitzplatz aus hatte ich eine recht gute Sicht auf das Geschehen um den Palmblattleser. Der Raum war über und über mit Statuen und Bildern hinduistischer Gottheiten und der Rishis geschmückt. Die Statuen versanken buchstäblich in einem Meer aus Blüten, das sie bedeckte. Diese Blumen und zahlreiche brennende Räucherstäbchen verbreiteten überaus angenehme Düfte. Es war in eine Oase der Stille und des Friedens inmitten des hektischen indischen Alltags. Hier gingen die Uhren anders. Die Zeit der Menschen spielte in diesen Räumen keine Rolle. An der Stirnseite des Raumes saß neben den blütenbekränzten Bildern eines Rishis und seiner Gefährtin – später sollte ich erfahren, dass das Gemälde Sri Kakabhujanda Maharishi zeigte, den Schöpfer der Palmblattbibliothek von Madras – ein Mann in den mittleren Jahren, gehüllt in einen safrangelben Dhoti – das traditionelle indische Wickelgewand – auf einem Tigerfell. Das musste Sri Ramani sein. Er war für indische Verhältnisse ungewöhnlich groß und kräftig gebaut. Ebenso war seine helle Haut ein untrügliches Zeichen dafür, dass Sri Ramani wie seine Ahnen der Brahmanenkaste entstammte. Er trug eine Brille und hatte sein schon etwas schütteres Haupthaar straff nach hinten gekämmt. Auf seiner Stirn waren mit weißer Asche drei Querstreifen gezogen. Diese Zeichen symbolisieren die Dreiheit der Gottheit Shiva und stehen für deren asketisches Streben nach dem Auslöschen der drei Unreinheiten – der Selbstsucht, dem eigennütziges Handeln und dem Maya, den Täuschungen der materiellen Welt.

Mit den Segnungen dieser materiellen Welt schien Sri Ramani jedoch auch gut umgehen zu können. Neben ihm am Boden lag ein modernes Funktelefon, von dem er ab und an Gebrauch machte. Als ich ankam, hielt Sri Ramani gerade eine Puja – eine zeremonielle Anbetung der Rishis – mit seinen Anhängern ab. Er sang mit lauter, wohltönender Stimme die Bhajans, die religiösen Hymnen aus den alten Schriften. Danach verteilte er an die Anwesenden Früchte und Süßigkeiten, die auf einem Altar vor den Abbildern Kakabhujanda Maharishis, Shivas und Parvatis gelegen hatten. Solche Gaben werden als Prasad bezeichnet. Das sind Speisen, von denen symbolisch die Gottheit gekostet hat und die dadurch geheiligt wurden. Sie gelten als die Reste des Mahles der Gottheit, und werden nach Abschluss der Zeremonie an die Gläubigen verteilt. Manchmal, so wie im Venkateshewara-Tempel von Tirumala, werden diese Speisen auch verkauft. Auch Vibuthi, heilige Asche, die aus dem Opferfeuer entsteht, gab Sri Ramani seinen Anhängern mit, als Mittel gegen Krankheiten und als Elixier zur inneren Wandlung. Danach verließen die meisten Anwesenden den Raum unter allen Anzeichen der höchsten Ehrerbietung. Für diese Menschen war Sri Ramani nicht nur der Hüter des Palmblattorakels, sondern auch ihr Guru, ein spiritueller Lehrer, der sie auf ihrem eigenen geistigen Entwicklungsweg anleitete und begleitete. Der Meister aus Madras hat inzwischen auch in Europa, vor allem in Deutschland,

Österreich und der Schweiz eine recht beachtliche Anzahl von Anhängern.

Die Zeremonie hatte in etwa eine halbe Stunde gedauert. Danach bat winkte mich Sri Ramani zu sich heran. Ich nahm zu seinen Füßen auf einem kleinen Teppich Platz und schilderte ihm mein Anliegen. Als ich jedoch fragte, wie viel die Zeremonie des Nadi-Readings kosten sollte, wehrte Sri Ramani ab und erklärte, dass er die Readings als heilige Aufgabe ansieht.

„Verstehen Sie, ich verlange dafür kein Geld. Wenn Sie etwas geben möchten, dann ist das Ihre Entscheidung. Das Geld wird auf jeden Fall denen zukommen, die es brauchen. Den armen Leuten da draußen in Tambaram. Glauben Sie mir, von diesen gibt es hier mehr als genug", sagte er mit einem traurigen Lächeln.

Dann schob er mir einen Bogen Papier hin, auf dem ich zunächst meinen Namen und das Geburtsdatum notieren sollte. Das Orakelhafte der Zeremonie begann in dem Augenblick, als ich dann neun polierte Muscheln gleich einem Würfelspiel über einem Mandala werfen musste, dass in einen kleinen Teppich gestickt war. Danach suchte Sri Ramani die im Zentrum des Mandalas liegenden Muscheln heraus. Ihre Zahl, verbunden mit dem beiden anderen Daten, bildete die Information für das Auffinden meines persönlichen Palmblattes unter Tausenden von Palmblattmanuskripten, die in Bündeln von mehreren hundert Palmblättern jeweils zwischen zwei schmalen, lackierten Holzbrettchen auf Kordeln aufgefädelt waren. In einem kleinen Schrein neben Sri Ramanis Platz lagen mindestens ein halbes hundert dieser Palmblattbündel.

„In diesen Manuskripten sind die Palmblätter für all jene Menschen enthalten, die heute zu einem Nadi-Reading kommen können. Jeden Morgen bringe ich aus der Bibliothek die Manuskripte für den neuen Tag hierher. Manchmal sind es nur einige wenige Palmblattbündel, manchmal so viele wie heute," erklärte Sri Ramani.

Er schaffte es tatsächlich in wenigen Minuten, ein Palmblattbuch aus der großen Anzahl der Manuskripte auszusortieren, das mein persönliches Palmblatt enthalten sollt. Bei diesem Palmblattbuch löste Sri Ramani bedächtig die Kordel, fächerte die Palmblätter auf und begann darin zu blättern, ganz so, wie Sie in einem Buch oder dem umfangreichen Katalog einer Bibliothek blättern würden.

Schließlich schnalzte er überrascht mit der Zunge und nickte dann befriedigt.

„Ich hab Ihre Palmblätter gefunden", sagte Sri Ramani. „Eine sehr interessante Information, auch für mich." Er wiegte bedeutungsvoll den Kopf.

„Dürfte ich das Reading mitschneiden?"

„Ich mache Ihnen einen anderen Vorschlag", antwortete Sri Ramani. „Ich werde die alten Texte gleich schriftlich ins Englische übersetzen, da ich mich dabei besser auf die korrekte Interpretation der einzelnen Begriffe und Kalenderdaten konzentrieren kann. Die Übersetzung wird in zwei Abschnitten geschehen. Zunächst übersetze ich ihnen die Texte, die den Lebensabschnitt von ihrer Geburt bis zum heutige Tag betreffen. Anschließend werde ich Ihnen all das aufschreiben, was Sri Kaka Bujanda Maharishi zu ihrer Zukunft bis zum Tag ihres Todes gesagt hat. Bei manchen Aussagen kann es aber so sein, dass sie sowohl Ihre Vergangenheit als auch ihre Zukunft betreffen. Haben sie bitte ein wenig Geduld. Die Übersetzung wird mindestens eine halbe Stunde dauern, vielleicht auch länger. Bleiben Sie ruhig hier sitzen. Sie können mir zuschauen oder meditieren oder sich einfach umsehen."

In der nächsten Stunde schien Sri Ramani meine Anwesenheit vergessen zu haben. Er konzentrierte sich vollkommen auf die Palmblatt-Texte und beschrieb mit seinen klaren, energischen und sicheren Schriftzügen ein Blatt Papier um das andere. Sein Stift schien nur so über das Papier zu fliegen. Ab und an wurde Sri Ramani über sein Handy angerufen. Doch auch während er die Anrufer kurz abfertigte – es klang jedes Mal so, als sollten sie es später nochmals versuchen – unterbrach er die Übersetzung nicht. Es war faszinierend, den Palmblattleser gleichzeitig ein Telefonat führen zu sehen, während sein Schreibstift mit unverminderter Geschwindigkeit über das Papier flitzte. Selbst wenn er mir die fertig beschriebenen Bögen reichte, geschah das in einer Art distanzierter Abwesenheit. Nur einmal, als er mir das erste beschriebene Blatt überreichte, fragte er kurz: „Können Sie es lesen?"

Seine Schrift war problemlos zu entziffern. „Das ist der Lebensabschnitt vor ihrer Geburt bis zum heutigen Tag."

Ich vertiefte mich in die Übersetzung des Textes. Diese Übersetzung habe ich im Nachfolgenden kursiv wiedergegeben. Die Anmerkungen zu den einzelnen im Text des Palmblattes geschilderten Fakten sind in Klammern gesetzt. In Bezug auf die kalendarischen Daten gibt es einen Unterschied, der recht oft zu erheblichen Missverständnissen führt. Wenn ein Europäer sagt, er sei dreißig Jahre alt, so bedeutet dies, dass er den dreißigsten Geburtstag schon hinter sich hat und sich im einunddreißigsten Lebensjahr befindet. Wenn ein Inder hingegen behauptet, er sei im dreißigsten Lebensjahr, so bedeutet dies, dass er nach europäischem Verständnis erst 29 Jahre alt ist, da in Indien immer das Lebensjahr angegeben wird, in dem sich die betreffende Person gerade befindet.

*„Dieses Palmblatt sagt, dass du dich zurzeit in deinem 26. Lebensjahr befindest. Du bist geboren worden am 30. Juni des Jahres 1968, nach westlicher Zeitrechnung. Diese Information bekommst du am 14. August 1993 nach westlicher Zeitrechnung. Dein Name ist Thomas und du stehst unter dem Schutz Kakabhujanda Maharishis, der dir hiermit seinen allumfassenden Segen erteilt.*

*In deiner letzten Inkarnation hast du zahlreichen Menschen geholfen und große Werke an anderen getan. Diese Aufgabe wirst du in der jetzigen Inkarnation weiterführen und vollenden.* (Das kann möglich gewesen sein, wenn man von der Wiedergeburt überzeugt ist, war aber nicht beweisbar).

*In diesem Leben bist du in der Nähe einer Stadt geboren worden, der im letzten großen Krieg in Europa großes Unrecht geschah und die fast völlig zerstört wurde durch Feuer, das vom Himmel fiel. Die Stadt wurde 23 Jahre vor deiner Geburt vernichtet. Sie ist heute wieder aufgebaut, wird jedoch niemals wieder so sein wie vor jener Nacht, in der das Feuer vom Himmel von ihren Feinden auf sie geworfen wurde.* (Ich wurde im Jahr 1968 in Freital bei Dresden geboren. In der Nacht des 13. Februar 1945 sank Dresden bei einem von alliierten Bomberverbänden geflogenen Terrorangriff in Schutt und Asche. Der Wiederaufbau in den darauf folgenden Jahren veränderte das Gesicht der Stadt vollkommen. Das „alte Dresden" ist heute nur noch auf Fotografien lebendig).

*Die Mutter deiner Mutter sah aus der Entfernung den Himmel über dieser Stadt leuchten, als das vernichtende Feuer die Stadt verzehrte.* (In der Tat erlebte Alma Ritter, meine Großmutter mütterlicherseits, als junge Frau den Angriff im Jahr 1945 auf Dresden von ihrem nur elf Kilometer entfernten Wohnort Possendorf aus mit).

*Der Vater deiner Mutter war zu dieser Zeit in großer Gefahr für sein Leben. Nur sein gutes Karma bewahrte ihn vor einem Tod im Feuer.*(Wie das mit dem Karma war, entzieht sich meiner Beurteilung. Tatsächlich war mein Großvater Alfred Ritter als Unteroffizier der deutschen Wehrmacht während des Rückzuges an der Ostfront schwer verwundet worden. Zur damaligen Zeit lag er im Lazarett in Dresden. Nur wenige Stunden vor dem alliierten Bomberangriff wurde er wegen Überlastung des Krankenhauses in Dresden in ein anderes Lazarett nach Altenberg verlegt. Nur dieser Umstand rettete ihm in seinem damaligen Zustand das Leben, denn das Dresdner Lazarett wurde bereits während des ersten Angriffs vollkommen zerstört).

*Deine eigene Geburt ist von einem Geheimnis umgeben. Deine Mutter war nie verheiratet. So bist du in einer Familie ohne Vater aufgewachsen. Du kennst Deinen Vater nicht. Drei Wochen vor der Reise nach Indien bist du zum ersten Mal dem Mann begegnet, der als dein Vater gilt. Dieser Mann wird die irdische Welt verlassen, wenn du 26 Jahre und fünf Monate alt sein wirst, im November des Jahres 1994 nach dem westlichen Kalender.* (Diese Aussagen sind eingetroffen. Man beachte die Angabe, dass die kalendarischen Daten in den derzeit gültigen gregorianischen Kalender umgerechnet wurden).

*Du bist in der Nähe deines Geburtsortes zur Schule gegangen, und zwar in dem Ort, in dem Deine Mutter lebt. Deine Familie hat dort seit zwei Generationen ein Haus.*(Ich besuchte zehn Jahre lang in Possendorf die Schule. Meine Familie besitzt dort im Ortsteil Rundteil ein Grundstück mit einem eigenen Haus, das im Jahr 1938 von Alfred Ritter erworben wurde).

*Die Mutter deiner Mutter verließ die irdische Welt, als du 16 Jahre und sechs Monate alt warst. Dies geschah im Monat Dezember 1984 nach dem westlichen Kalender.* (Alma Ritter verstarb am 12. Dezember 1984).

*Die Mutter deiner Mutter und ihr Mann sind Seelenpartner. Sie wird auf ihn warten, bis auch er die Welt der Materie verlässt. Dies wird geschehen fast 12 Jahre nachdem die Mutter deiner Mutter ihre irdische Hülle abgestreift hat, wenn*

*Du 28 Jahre und vier Monate alt sein wirst, im Monat Oktober des Jahres 1996 nach eurem westlichen Kalender. Du wirst von deinem Großvater Abschied nehmen, doch du wirst nicht bei ihm sein, wenn er seinen Körper verlässt. Du wirst zu dieser Zeit in einem anderen Land weilen, westlich von deiner Heimat, einer Gegend zwischen Bergen und dem Meer, die dir viel bedeutet.*(Alfred Ritter starb nach kurzer, schwerer Krankheit in der dritten Oktoberwoche des Jahres 1996. Zu dieser Zeit begleitete ich eine Reisegruppe in den Süden Frankreichs, in das Land der Katharer, dem ich mich geistig sehr verbunden fühle. Mein Großvater war vor Beginn meiner Reise wegen seines sich verschlechternden Gesundheitszustandes in ein Krankenhaus eingeliefert worden. Eingedenk der Aussagen des Palmblattes hatte ich mich vor Reiseantritt von ihm verabschiedet).

*Deine Mutter hat zwei Ausbildungen, eine Ausbildung im technischen Bereich und eine Ausbildung, die mit Finanzen zu tun hat. Deine Mutter ist während eines großen Teiles ihres Arbeitslebens im Bereich der Planung und Organisation, aber auch beratend tätig gewesen und hatte dabei stets auch mit der Öffentlichkeit Kontakt. Sie hat hart gearbeitet und es in ihrem Beruf sehr weit gebracht. Sie wird aber nicht mehr allzu lange in diesem Unternehmen arbeiten. Noch bevor der Vater deiner Mutter diese Welt verlässt, wird sich für deine Mutter eine gute Gelegenheit bieten, ihren Beruf aufzugeben. Nach dem Tod ihres Vaters wird sie allein in ihrem Haus leben. Sie ist ein Leben lang für ihre Eltern und für dich da gewesen, so dass sie diese Zeit nunmehr für sich braucht. Dennoch werdet ihr auch künftig eine gute und enge Beziehung zueinander haben. Deine Mutter wird durch deine Hilfe einen spirituellen Weg für sich entdecken, und Erkenntnis der Wahrheit des Lebens hinter dem Maya durch ein Leben im Einklang mit der Natur erlangen* .(Meine Mutter Ursula Ritter absolvierte eine Lehre als Bankkauffrau und später ein Fernstudium der Energiewirtschaft. In den sechziger Jahren wechselte sie aus ihrem Dienst bei der Deutschen Notenbank zum Energiekombinat Dresden. In diesem Unternehmen arbeitete sie mehr als fünfzehn Jahre lang als Assistentin der Unternehmensleitung und bekleidete danach eine Position im Bereich der Öffentlichkeitsarbeit. Im Zuge der deutschen Vereinigung kam es zu einschneidenden Umstrukturierungen im Bereich des Unternehmens, die nicht ihre Zustimmung fanden. Im Jahr 1995 bot sich für sie eine vorteilhafte Gelegenheit, das Unternehmen zu verlassen. Seitdem widmet sie sich mit großer Begeisterung ihrem Gartengrundstück, holt lange versäumte Reisen nach und hat durch gute Bücher einen eigenen Draht zur geistigen Welt gefunden).

*Du selbst hast eine höhere Schule in deinem Geburtsort besucht, um die Berechtigung für ein Studium zu erlangen. Zugleich erlerntest du in einem Betrieb einen Beruf. Dieser Beruf hat mit der Erzeugung und Formung von Eisen und Stahl besonders ausgesuchter Qualität zu tun. Es ist ein schwerer Beruf, in dem Du nur kurze Zeit gearbeitet hast. Dieser Abschnitt deines Lebens dauerte von deinem 17. bis zu deinem 20. Lebensjahr.* (In den Jahren 1985 bis 1988 absolvierte ich eine Berufsausbildung mit Abitur im Edelstahlwerk Freital, einem Unternehmen in meinem Geburtsort. Ich erlernte den Beruf eines Walzwerkers und legte zugleich mein Abitur ab).

*In der Zeit von deinem 20. bis zu deinem 23. Lebensjahr dientest du in der Armee. Dort warst du in einer Abteilung tätig, die für den Schutz und die Übermittlung geheimer Nachrichten zuständig war. Diese besondere Tätigkeit war nur wenigen Soldaten vorbehalten und für dich sehr interessant. Du hast dort eine gute Karriere gemacht Du warst in deiner Heimat eingesetzt.* (Ich wurde am 01. September 1988 zum Wehrdienst in die NVA einberufen, und diente im Chiffrierdienst, einer zahlenmäßig kleinen Geheimabteilung, die der militärischen Abwehr unterstellt war. Ich wurde innerhalb von nur eineinhalb Jahren vom Rekruten bis zum Feldwebel befördert, und war ausschließlich an den Standorten Freital und Dresden eingesetzt).

*In die Zeit deines Militärdienstes fiel eine große Veränderung in deinem Leben. Die erste Veränderung betraf deine Heimat. Obwohl du nicht umgezogen bist, lebtest du auf einmal in einem anderen Land. In diesem Land wurde noch dieselbe Sprache gesprochen, wie in dem Land in dem du geboren wurdest, denn es war, als wenn zwei Teile eines Ganzen wieder zusammengefügt worden sind. Dies geschah in deinem 23. Lebensjahr, im Jahr 1990 nach der westlichen Zeitrechnung. Dieses neue Land hatte jedoch vollkommen andere Gesetze als jenes, in dem du bis dahin aufgewachsen warst, so dass mit einem Mal alles falsch schien, was du gelernt hattest und glaubtest. Das war auch der Grund, warum du die Armee verlassen hast, um zu studieren.* (Anders lässt sich die so genannte „Wieder"-Vereinigung Deutschlands mit all ihren Verwirrungen, Wünschen, Hoffnungen und Ängsten wohl nicht beschreiben).

*Nachdem du aus der Armee entlassen wurdest, hast du ein Studium an einer Universität in deiner Heimat begonnen. Du hast die Gesetze des Landes studiert, in dem Du jetzt lebst und machst das auch zurzeit noch.* (Im März 1991 begann ich, an der Technischen Universität Dresden Rechtswissenschaft zu studieren).

*Je mehr du dich mit dem Studium der Gesetze und ihrer Anwendung beschäftigt hast, desto klarer erkanntest du, dass dies nicht deine wirkliche Aufgabe sein kann. Du bist der Überzeugung, dass Gesetze klar, einfach und gerecht sein müssen. Du hast jedoch beim Studium dieser Gesetze bemerkt, dass sie unklar und mehrdeutig sind, dass sie Verwirrung stiften auch bei denen, die sie anwenden sollen, und so die Gerechtigkeit verdunkelt wird. Deshalb wirst du das Studium auch beenden, ohne die Laufbahn eines Gesetzeskundigen einzuschlagen. Diese Erfahrung war für dich dennoch wichtig, da sie deinen Verstand schärfte und dir das Maya der materiellen Welt vor Augen führte. Du wirst noch ein anderes Studium aufnehmen, in dem du dich mit Ereignissen aus der Vergangenheit beschäftigst, da dich dies sehr interessiert. Dieses Studium ist für dich eine weitere Art, das Maya zu durchdringen und die wirklichen Zusammenhänge hinter dem Schleier der Materie zu erkennen.* (Besser hätte auch ich die Gründe für mein sich mehrendes Unbehagen diesem Studiengang gegenüber nicht ausdrücken können, den ich 1996 mit einem Fachrichtungswechsel beendete. Ich studierte anschließend acht Semester Geschichte).

*Du hast jedoch andere Talente und Fähigkeiten, die du entwickeln musst, um deine Bestimmung zu finden und ihr gerecht zu werden. Seit deinem 10. Lebensjahr bist du viel gereist. Du bist gern unterwegs und auf Reisen, weil du dabei andere Menschen und Kulturen kennen lernst, die dein Leben bereichern.* (Ich reiste bereits seit seiner Kindheit, soweit es die Grenzen des „Eisernen Vorhanges“ erlaubten).

*Seit Deinem 23. Lebensjahr bist du oft auf Reisen in Teilen der Welt, die du bis dahin nicht bereisen konntest. Die erste Reise führte in ein Land im Südosten Europas, in dem viele verschiedene kleine Völker gemeinsam leben. Zwischen diesen Völkern hat es Streit gegeben. Dort herrscht jetzt Krieg. Dieser Zustand wir noch Jahre andauern.* (Ich war oft seit 1990 in West- und Südeuropa unterwegs. Die Reise im Jahr 1990 hatte mich nach Jugoslawien am Vorabend des Balkankrieges geführt).

*Schon vor dieser Reise hast du dich mit dem Schreiben beschäftigt. Nach der Reise hast du ein kleines Buch geschrieben, das sich mit dem Zweck der Reise beschäftigt. Du hast über ein weibliches Wesen geschrieben, das in der Religion des Westens eine bedeutende Rolle spielt. Doch deine Ansichten, die du dazu aufgeschrieben hast, sind sehr ungewöhnlich. Sie kommen aber in vielen Dingen der Wirklichkeit nahe. Ein Mann, der dir ein Freund ist, hat dieses Buch gedruckt. Du hast schon vorher mit ihm in ähnlichen Dingen zusammengearbeitet.* (Ich veröffentlichte im Jahr 1992 sein Buch „Das Rätsel der Marienerscheinungen" im CTT-Verlag Suhl, nachdem er bereits für die zur damaligen Zeit ebenfalls in diesem Verlag erscheinenden Zeitschriften CHEOPS und SETI geschrieben hatte. In dem Buch wird die These aufgestellt, dass die so genannten Marienerscheinungen Manipulationen einer fremden Intelligenz darstellen könnten. Mit dem Verleger und Lektor Thomas Mehner verbindet mich eine langjährige Freundschaft).

*Du bist nach Indien gekommen, weil du auch über die Palmblattbibliotheken schreiben willst. Diese Reise wird dein Leben verändern und dein spirituelles Erwachen beschleunigen.*

Sri Ramani blickte kurz auf und fragte: „Trifft zu, was das Palmblatt über ihre Vergangenheit aussagt?"

Ich konnte nur nicken.

Sri Ramani reichte mir lächelnd weitere, eng beschriebene Bögen.

„Dann lesen Sie jetzt bitte das."

*Nach der Rückkehr von dieser Reise beginnt eine Zeit der Wandlungen in deinem Leben.* (Das Erlebnis der Indienreise wandelte letztlich vollkommen mein Lebensgefühl. Es rückte die materiellen Dinge wieder an den Platz, der ihnen zukam – und das ist gewiss nicht der bedeutendste in unserem Leben – und schaffte Freiraum, sich verstärkt mit geistigen, philosophischen und spirituellen Fragen zu beschäftigen).

*Du wirst auch über all das, was du erlebt hast, zu vielen anderen Menschen sprechen. Du wirst ihnen von Dir und deinen Reisen erzählen. Dies ist ein Teil Deines Lebensweges. Dadurch wirst du deine eigentliche Aufgabe in diesem Leben erkennen und lösen.* (Seit meiner ersten Rückkehr aus Indien habe ich zahlreiche Vorträge über diese und andere Reisen gehalten. Inzwischen sind es mehr als zwanzig Themen geworden, zu denen ich regelmäßig Vorträge halte).

*Ab deinem 27. Lebensjahr, dem Jahr 1994 nach westlichem Kalender, wirst du bewusst beginnen, an deinem neuen Lebensweg zu arbeiten und dabei sehr viel auf Reisen sein. Die Zeit bis dahin benötigst du, um dir über dich und deine Aufgaben Klarheit zu verschaffen. Von deinem 28. Lebensjahr an wirst du beginnen, andere Menschen auf Reisen zu begleiten und ihnen andere Länder zu zeigen, gleich einem Fremdenführer. In deinem 28. Lebensjahr wirst du erneut nach Indien zurückkehren, aber nicht an diesen Ort. Hierher wirst du erst einige Jahre später zurückkehren.* (Im Jahr 1994 führte mich eine Reise auf den Spuren der Katharer und Templer in den Süden Frankreichs. Das Weltbild der im 13. Jahrhundert ausgerotteten Sekte der Katharer hatte eine große Ähnlichkeit mit östlichem Gedankengut, obgleich es völlig eigenständig im mittelalterlichen Südfrankreich entstanden war. Die spirituellen Ideen der Katharer üben auf mich eine starke Anziehungskraft aus. Daraus wuchs die Idee, dieses Wissen auch anderen Menschen direkt zugänglich zu machen. So organisierte ich ab August 1995, zunächst im Freundes- und Bekanntenkreis, Reisen nach Indien und Südfrankreich. Tatsächlich aber besuchte ich die Palmblattbibliothek von Sri Ramani erst wieder im September 1997).

*Du wirst bis zu deinem 47. Lebensjahr in der Hauptsache mit dem Reisen und dem Schreiben von Büchern und Artikeln beschäftigt sein. Du wirst nicht nur über deine Reisen, sondern auch über Dinge aus der Geschichte schreiben, um den Menschen zu zeigen, dass sie auch zurückschauen müssen, wenn sie wissen wollen, wohin ihr Weg sie führen wird. Du wirst auch über Dinge schreiben, die in deinem Land geschehen und wirst in deinen Büchern Vorstellungen von der Zukunft deines Landes entwerfen. Dies wird dir auch mächtige Gegner einbringen, denen du widerstehen musst.* (Ich schreibe weiterhin Artikel für grenzwissenschaftliche und historische Magazine. Inzwischen sind mehr als 10 Bücher erschienen, die ich entweder allein verfasst habe, oder an denen ich als Mitautor beteiligt war. Außerdem habe ich an insgesamt vier Anthologien mitgewirkt. Weitere Schriften zu historischen und zeitgeschichtlichen Themen sind zum Zeitpunkt der Drucklegung dieses Buches in Vorbereitung).

*Du wirst in diesem Zeitraum mit vielen Menschen, die auf einer spirituellen Suche sind, zusammen sein und du wirst dadurch deine Aufgabe, die du aus deinem vorangegangenen Leben mitgebracht hast, vollenden. Du bist für diese Menschen wie ein Lehrer oder Prediger, der ihnen Gutes zu sagen hat. Deine wahre Kraft aber ist das Wort, durch das du andere heilen und ihnen helfen kannst.* (Durch meine Reisen und die von mir bearbeiteten Themen ergeben sich eine Menge interessanter Kontakte zu ganz überwiegend geistig und spirituell orientierten Menschen, die, jeder für sich, auf ihrem ganz eigenen „Weg" sind. Ich bin auf den Reisen und bei meinen Vorträgen stets bemüht, all jenen, die sich meiner Begleitung anvertraut haben, stets ein geistiger Helfer auf einem Stück ihres Lebensweges zu sein).

*Nach deinem 47. Lebensjahr wirst du nicht mehr so oft wegen anderer reisen, du wirst es vielmehr wegen deiner Bücher und deiner eigenen Suche tun. Die Zeit der großen Reisen endet etwa in deinem 70. Lebensjahr. Du wirst bis dahin alle Kontinente dieser Welt bereist haben. Bis zum Ende deines Lebens wirst du an einem Buch über die Kunst des Lebens schreiben. Damit wirst du dein Wissen über diese und die anderen Welten denen weitergeben, die nach dir kommen. Du wirst über achtzig Jahre alt werden. Dann ist deine Aufgabe in diesem Leben erfüllt und du wirst zu dem Ursprung zurückkehren, der dich hierher sandte. Die göttliche Gnade und der Segen Sri Kaka Bujanda Maharishis werden mit dir sein.*

*Om shanti.*

Man mag sich ausmalen, wie beeindruckend diese überaus präzisen Aussagen wirkten. In dem Zusammenhang will ich aber auch nicht verschweigen, dass die Texte dieses Palmblattes, insbesondere was die Prognosen für die Zukunft betrifft, gekürzt wiedergegeben worden sind. Ich möchte mir, bei aller gebotenen Objektivität, eine bestimmte Privatsphäre erhalten und weder mich selbst, noch meine Familie zum Gegenstand von Spekulationen machen.

Sri Ramani sah meine ehrliche Verblüffung nach dem Abschluss der Lesung. Obwohl ihm die Anspannung nach der langen Arbeit anzusehen war, wirkte er doch auch ein wenig amüsiert. Zum Abschluss der Zeremonie markierte er mit Vibuthi, der heiligen Asche, die Tikha – das Dritte Auge – auf meiner Stirn, als Zeichen des besonderen Segens Sri Kaka Bujanda Maharishis. Außerdem erlaubte mir Sri Ramani, ihn selbst, die Palmblattbücher und die Bibliothek zu fotografieren. Danach überreichte er mir eine kleine Broschüre mit dem Titel „Narbhavee", die zum nächsten Dankopferfest für Sri Kaka Bujanda Maharishi einlud. Ich war nun von der Echtheit des Nadi-Readings zumindest in diesem Fall überzeugt. Mit zahlreichen Fotos hatte ich meinen Aufenthalt in der Palmblattbibliothek dokumentiert und war im Besitz der englischen Übersetzung meines Palmblattes.

# DOCH GENÜGTE DAS ALS BEWEIS?

Es gab nur einen Beweis – die Palmblätter selbst. So wagte ich in diesem Augenblick das scheinbar Unmögliche. Ich bat Sri Ramani um mein Palmblätter; bat darum, es mitnehmen zu dürfen nach Europa. Solch einer Bitte war wohl noch niemals stattgegeben worden. Sri Ramani wirkte keineswegs überrascht, sondern im Gegenteil ganz so, als habe er eben die Bestätigung einer Voraussage erfahren. Er bat mich, zunächst noch einmal im Vorraum auf dem Teppich Platz zu nehmen. Ich folgte seinem Wunsch, nicht ohne ihm zuvor jedoch einen großzügig bemessenen Betrag als Dank für die umfangreiche Lesung zu überreichen. Er legte die Geldscheine mit einem freundlichen Lächeln beiseite. Den Grund für Sri Ramanis Bitte erfuhr ich nach wenigen Augenblicken. Ich hatte das unglaubliche Glück, ein Nadi-Reading für Einheimische miterleben zu dürfen. Jeder, der sich mit diesen ungewöhnlichen Orakel intensiver beschäftigt, wird früher oder später feststellen müssen, dass die Palmblattbibliotheken von den Weisen der Vorzeit nicht geschaffen worden sind, um die Neugier westlicher Touristen zu befriedigen, sondern vor allem, um den Menschen des indischen Kulturkreises, in dem diese Bibliotheken eingebettet sind, eine Hilfe in krisenhaften Lebenssituationen zu sein. In einer solchen Krise befanden sich offensichtlich auch die Angehörigen der Familien, die nunmehr von Sri Ramani ein Nadi-Reading begehrten. Die teilweise in Englisch geführte Unterhaltung bestätigte, dass es hier um ein wirklich ernsthaftes Problem ging. Da war ein junger Mann, dem seine Aufregung und sogar Angst deutlich anzusehen waren. Er hatte für Hindu-Verhältnisse ja auch etwas äußerst Ungewöhnliches, wenn nicht sogar Anstößiges getan. Er hatte sich nämlich verliebt. In den traditionellen Hindu-Familien ist es jedoch auch heute noch Brauch, dass die Eltern die Hochzeit des Sohnes oder der Tochter arrangieren. Eine Heirat ist in Indien weniger der Bund zweier Liebender als vielmehr die gesellschaftliche Verbindung zweier Familien, die zum gegenseitigen Vorteil geschlossen wird. Für die Familie des Mädchens ist die Hochzeit mit erheblichen finanziellen Aufwendungen verbunden, da an die Familie des Bräutigams eine „Morgengabe" in Form von Geld und Wertgegenständen zu entrichten ist. Dazu gehören im modernen Indien auch Autos, Computer oder

Videogeräte. Bei Hochzeiten unter Angehörigen des Brahmanen-Standes können so leicht fünf- oder auch sechsstellige Summen zusammenkommen – wohlgemerkt nicht in indischen Rupien, sondern in harten Euro. Manche Familie verschuldet sich hoffnungslos bei den auch in Indien allgegenwärtigen Kredithaien, nur, um eine standesgemäße Heirat des Mädchens zu ermöglichen. Die zukünftigen Eheleute werden einander üblicherweise bereits im Kindesalter versprochen. Vor allem auf dem Lande kann es auch heute noch vorkommen, dass Braut und Bräutigam sich am Tag der Hochzeit zum ersten Male sehen. Auch bei dem jungen Brahmanen hier mochte die Vorbereitung der Hochzeit so ähnlich vonstatten gegangen sein. Doch dann war er bei seinem Studium einem jungen Mädchen begegnet, in das er sich bis über beide Ohren verliebte. Obwohl die schönen Töchter Indiens eigentlich als chronisch schüchtern gelten, erwiderte das Mädchen die Gefühle des jungen Mannes, und auch ihre Familie war offensichtlich einverstanden mit dieser Beziehung. Nicht so jedoch die Eltern des jungen Brahmanen und natürlich noch weniger diejenigen der sitzen gelassenen Braut. Um diese delikate Situation ohne den eigentlich unvermeidlichen Streit zu schlichten, sollte nunmehr die Palmblattbibliothek Auskunft über das weitere Schicksal des jungen Brahmanen und seiner neuen Liebe geben. Dazu hatten sich die Vertreter aller Beteiligten an diesem Tag hier in East Tambaram im Haus Sri Ramanis versammelt.

Die Zeremonie begann wiederum mit dem Werfen der Muscheln über dem Mandala. Diesmal benötigte der Palmblattleser etwas mehr Zeit, um das betreffende Palmblatt aufzufinden. Er übersetzte den Text des Palmblattes dann auch nicht schriftlich, sondern las es den Anwesenden in einer Art Sprechgesang vor. Dabei übertrug er den Inhalt der Texte aus der Hochsprache des Alttamil simultan in die heutige lokale Umgangssprache. Bei dieser Zeremonie versetzte sich Sri Ramani in eine Art von leichter Trance. Das Ergebnis dieses Nadi-Readings war deutlich am Gesicht des ungehorsamen jungen Bräutigams abzulesen. Er strahlte. Ganz offensichtlich durfte er seine Angebetete heiraten, ohne das einer der Beteiligten sein Gesicht verlor oder er sich gar ein ungutes Karma auflud, das es dann im nächsten Leben abzutragen gilt. Als Ausgleich für die geplatzte Hochzeit jedoch musste die Familie des jungen Mannes an die Eltern der sitzen gelassenen Braut eine Entschädigung in Form einer bestimmten Geldsumme zahlen, wobei eine Anzahlung sofort zu entrichten war. Wieder geschah etwas Außergewöhnliches. Sri Ramani überreichte das Geld, welches ich ihm für das Nadi-Reading gegeben hatte, mit höflicher Geste an den jungen Brahmanen, der es seinerseits ehrerbietig an den Vater seiner ehemaligen Braut übergab. Das Familienoberhaupt wiegte gnädig den Kopf zu Zeichen der Bestätigung, dass diese Entschuldigung angenommen war, und künftig kein Zwist das Verhältnis der Familien trüben würde. Nach dem sich die Inder mit ausgesuchter Höflichkeit von Sri Ramani verabschiedet hatten, bat er mich nochmals zu sich. Er erweckte tatsächlich den Eindruck, als würde er gerade aus einer Trance erwachen, denn er wirkte noch ein wenig benommen. Ich brachte nochmals meine Bitte vor, und das Unglaubliche geschah. Sri Ramani öffnete erneut die zu Bündeln zusammengeschnürten Palmblattmanuskripte und las nochmals ein wenig in dem für mich bestimmten Text nach, so als suche er eine ganz bestimmte Stelle. Dann entnahm er dem Palmblattbuch jenes Blatt, auf dem mein Schicksal geschrieben stand und überreichte es mir mit einem freundlichen Lächeln.

„In diesem Palmblatt steht geschrieben, dass es für Sie bestimmt ist, und dass ich es Ihnen übergeben soll, da Sie das Palmblatt für Ihre Arbeit in Zukunft brauchen werden“, sagte Sri Ramani. „Das ist der Wille Kaka Bujanda Maharishis.“

„Ich habe noch etwas Zeit“, fuhr er fort. „Wenn Sie Fragen oder Zweifel haben, können wir jetzt darüber reden.“

„In welcher Sprache ist der Text auf den Palmblättern abgefasst? Ist das Alt-Tamil, oder ist es eine andere Sprache?“

„Es ist Alt-Tamil. Sie müssen wissen, dass auch heute noch bei uns zwischen zwei Sprachvarianten unterschieden wird. Im Tamilischen gibt es zum einen die Umgangssprache, in der wir uns tagtäglich unterhalten. Dann gibt es noch eine Hochsprache, in der die Zeitungen und Bücher hier in Tamil Nadu verfasst werden. Auch bei Kommentaren im Fernsehen oder im Rundfunk wird diese Hochsprache benutzt. Mancher meiner Landleute, der sich in der Umgangssprache ganz ungezwungen unterhält, hat schon Schwierigkeiten, die Zeitung richtig zu lesen, wenn dort die Hochsprache gebraucht wird. Das Alt-Tamil ist Vorläufer dieser

Hochsprache. Es braucht lange Jahre und gründliche Studien, um es wirklich zu verstehen."

„Lesen Sie die Texte auf den Palmblätter vor oder interpretieren Sie diese Texte?"

„Das ist nicht so ganz einfach zu erklären. Ich rezitiere die Texte und ich schreibe die Interpretation dieser Texte auf Englisch nieder."

Das hatte ich nicht ganz genau verstanden und hakte deshalb nach.

„Der englische Text ist also eine Interpretation des Textes auf dem Palmblatt?"

„Richtig. Der Text ist insofern eine Interpretation, als die alt-tamilische Sprache sehr blumig ist, also mit vielen Umschreibungen eines Gegenstandes oder auch der Charaktereigenschaften einer Person arbeitet. Meine Aufgabe ist es dann, für diese Umschreibung in der viel kürzeren und sehr präzisen englischen Sprache den entsprechenden Begriff zu finden, der genau das ausdrückt, was der alt-tamilische Text meint. Das kann man dann schon als Interpretation bezeichnen. Es ist nicht immer ganz einfach."

„Was steht denn nun wirklich auf den Palmblättern?"

„Auf den Palmblättern steht, was ich ihnen aufgeschrieben habe. Ihre Vergangenheit und Ihre Zukunft bis zum Tag ihres Todes und manches über die Zukunft der Menschheit und ihrer Nation. Es existieren auch andere Palmblätter, die nur Aussagen über die Zukunft der Menschheit oder bestimmter Nationen beinhalten. Wieder andere Texte beschreiben auch wissenschaftliche Dinge oder technische Erfindungen."

„Wie ist dann die wörtliche alt-tamilische Version dieser Prophezeiungen? Gibt es da einen Unterschied zwischen dem Text auf dem Palmblatt und Ihrer Interpretation?"

„Ich rezitiere den Text, und ich interpretiere, was geschrieben ist. Zum Beispiel habe ich für Sie aufgeschrieben, dass Sie die Gesetze Ihres Landes studieren, was ja wohl auch zutrifft. Nun in Alt-Tamil steht auf dem Blatt: *Er liest in großen Sälen in den Büchern, in denen Menschen von dem geschrieben haben, was Recht und was Unrecht sein soll. Er liest diese Bücher, weil er verste-*

*hen soll, was das Geschriebene bedeutet, um es selbst in späteren Tagen zu gebrauchen.* Ich bin überzeugt, dass dieser Text einst von Sri Kaka Bujanda Maharishi geschrieben wurde. Man braucht den Segen des Rishis, um ihn zu lesen."

„Was hat diese Zeremonie mit den Muscheln zu bedeuten?"

„Diese 9 Muscheln symbolisieren die 9 Planeten der vedischen Astrologie. Die Anzahl der geworfenen Muscheln im Zentrum des Mandalas und die Art ihrer Lage zueinander, das zeigt mir an, ob das Palmblatt zu dieser Person gehört oder nicht. Das muss ich ja zunächst herausfinden, bevor ich mit der Lesung beginnen kann."

„Ist diese Methode mit den Muscheln die traditionelle Methode wie einer Person ihr Palmblatt zugeordnet wird? Gibt es auch andere Arten der Zuordnung?"

„Da gibt es eine Menge von traditionellen Verfahren, wissen Sie, ich kann nur für mich sprechen."

„Vorhin bei der Palmblattlesung haben Sie sich in Trance versetzt. Was passiert da mit Ihnen?"

„Ich denke, es ist eine große göttliche Gabe, die ich erhalten habe. Wenn jemand, der zu mir kommt und ein Nadi-Reading wünscht, die Muscheln wirft, dann bekomme ich aus der Anzahl und Lage der Muscheln einen Hinweis. Ich kann eigentlich nicht genau sagen wie. Es gibt nur ein Blatt, und ich bekomme diesen Hinweis durch die Muscheln. Mit dem Geburtsdatum und diesem Fingerzeig suche ich aus dem Buch dann das betreffende Palmblatt aus. Wenn ich das Palmblatt lese, so wie vorhin, dann bin nicht ich es, der da liest. Durch mich wirkt die Kraft des Rishis, seine Weisheit. Ich bin nur eine Werkzeug."

„Wie sind Sie für das Palmblattlesen ausgebildet worden?"

„Das ist schon eine ganze Zeit her. Ich traf meinen Guru gegen Ende des Jahres 1962 im Himalaja und war sechs Monate mit ihm zusammen. Ich bekam von ihm den Auftrag, das zu tun. Er lehrte mich das Palmblattlesen, und er gab mir die Kräfte, es zu tun. Nun lese ich in den heiligen Manuskripten."

„Können sie mir sagen, wie der Guru hieß?“

„Mein Guru war Yogi Ramsuratkumar. Doch durch ihn sprach Kaka Bujanda Maharishi zu mir. Der Urheber meiner Palmblattschriften ist Sri Kaka Bhujanda. Das bedeutet: „der im Hause der Krähe ist“. Sein Symbol ist auch die weiße Krähe. Er ist ein großer Weiser, ein Maharishi – kein Mensch. Er lebt ewig in den Reinen Ländern.“

„Gab es eine besondere Einweihung von Ihrem Guru?“

„Nun, er gab an mich die Kraft Sri Kaka Bujandas weiter. Er legte seinen Daumen auf meine Stirn und meinen Bauchnabel und rezitierte ein Mantra. Er gab auch andere Kräfte an mich weiter, so die Fähigkeiten, zu heilen und anderen Menschen gute Kräfte zu geben.“

Ich bedankte mich bei Sri Ramani für dieses Gespräch und verließ sehr zufrieden die Palmblattbibliothek von East Tambaram. Nun hatte ich die Möglichkeit, das Palmblattmanuskript einer wissenschaftlichen Untersuchung zugänglich zu machen. Ich konnte damals noch nicht ahnen, welche schwierige Aufgabe ich damit in Angriff nehmen würde. Einerseits sollte das Alter des Palmblattes bestimmt werden. In meinem Besitz befand sich keinesfalls die Urschrift des Palmblattmanuskriptes, da ein solches getrocknetes Palmblatt nur selten länger als 800 Jahre hält, bevor es brüchig wird und schließlich zerfällt. Dennoch wollte ich herausfinden, wann der Text meines Palmblattes zum letzten mal von einem älteren Manuskript kopiert worden war. Noch wichtiger, aber auch bei weitem aufwendiger, würde die inhaltliche Analyse des Textes sein, die nur jemand vornehmen konnte, der selbst die alt-tamilische Sprache beherrschte. Nach der Rückkehr von dieser Reise begann ich unverzüglich, beide Vorhaben zu verwirklichen. Zunächst ließ ich von einem professionellen Fotostudio detaillierte Vergrößerungen des Textes auf dem Palmblatt anfertigen, um den Wissenschaftlern, die mit der Übersetzung beauftragt werden sollten, die Arbeit zu erleichtern. Dann galt es, eine möglichst exakte Methode die Altersbestimmung des Palmblattes selbst zu finden. Für eine solche Datierung kam die so genannte C-14-Methode in Frage, da es sich bei dem Palmblatt um organisches Material handelt. Nachfolgend will ich zum besseren Verständnis diese Datierungsmethode erläutern. Mitte der 60er Jahre begann man die Radiocarbon- oder $^{14}C$-Methode (umgangssprachlich C 14-Methode genannt) für die exakte Datierung archäologischer Funde zu nutzen. Der amerikanische Chemiker und Physiker Willard Frank Libby (1908 – 1980) entwickelte die Radiocarbon-Methode zur Datierung abgestorbener organischer Stoffe wie Knochen, Holz oder Samen, die in prähistorischen Erdschichten oder Gräbern erhalten blieben. Dafür erhielt Libby 1960 den Nobelpreis für Chemie. Die von Libby entwickelte und nicht unumstrittene Methode funktioniert folgendermaßen: In unserer Erdatmosphäre werden in etwa 15 Kilometer Höhe durch kosmische Strahlungen energiereiche Neutronen erzeugt. Trifft nun ein Neutron (n) auf ein Stickstoffatom (N), so wird durch Kernreaktion bei Abgabe eines Protons (p) ein radioaktives Kohlenstoffatom mit dem Atomgewicht 14 ($^{14}C$) gebildet, das mit dem Luftsauerstoff ($O_2$) zu Kohlendioxid ($^{14}CO_2$) oxidiert. Diese radioaktiven Kohlendioxidmoleküle werden in der gesamten Erdatmosphäre, im Wasser der Meere und in der Biosphäre gleichmäßig verteilt. Dabei stellt sich ein weltweit konstantes Verhältnis zwischen der Menge des radioaktiven und des normalen Kohlenstoffs mit dem Atomgewicht 12 ($^{12}C$) ein, und zwar kommt auf eine Billion normaler $^{12}CO_2$-Moleküle nur ein einziges mit dem radioaktiven Kohlenstoff $^{14}C$. Das Verhältnis der beiden Kohlenstoffisotopen ist deshalb konstant, weil ebensoviel $^{14}C$ ständig neu gebildet wird, wie solches durch Radioaktivität zerfällt. An dem konstanten Verhältnis von $^{14}C$ zu $^{12}C$ hat auch die gesamte belebte Natur Anteil. Durch Photosynthese gelangt die Mischung der beiden Kohlenstoffisotope auch in die Pflanzen. Tiere und Menschen nehmen sie dann mit ihrer pflanzlichen Nahrung auf. Stirbt aber ein Lebewesen, so wird naturgemäß die Zufuhr von neuen $^{14}C$ unterbrochen. Das vorhandene 14C zerfällt jedoch aufgrund seiner Radioaktivität weiter mit einer Halbwertzeit von 5.730 Jahren. Dies bedeutet, dass nach diesem Zeitraum in den Resten des Lebewesens nur noch die Hälfte des ursprünglich vorhandenen radioaktiven Kohlenstoffes enthalten ist. Nach weiteren 5.730 Jahre ist in den Überresten dann nur noch ein Viertel des radioaktiven Kohlenstoffs enthalten und so setzt sich dieser Prozess immer weiter fort. Um das Alter organischer Reste zu berechnen, muss man also das derzeitige Verhältnis von $^{14}C$ zu $^{12}C$ bestimmen und kann so unter Berücksichtigung der Halbwertzeit auf die Zeit schließen, die seit dem Tode des lebenden Gewebes vergangen sind. Die Strahlungsimpulse, die durch den radioaktiven Zerfall entstehen, werden gezählt. Aus der Halbwertzeit des $^{14}C$ ergibt sich, dass nur solche Proben sinnvoll gemessen werden können, die nicht älter als 40.000 Jahre sind, weil sonst die Zahl der Strahlungsimpulse für eine statistische Berechnung zu klein wäre. Während des letzten Jahrzehnts wurde die $^{14}C$-Methode noch wesentlich verbessert, aber dennoch ist die ursprüngliche Radiocarbon-Chronologie keineswegs überholt. Dies bestätigten mir auch die Wissenschaftler des Institutes für Ionenstrahlphysik des Kernforschungszentrums in Rossendorf. Sie ermöglichten kompetent und unbürokratisch die Altersbestimmung meines Palmblattes. Besonders Herrn Dr. Friedrich und Herrn Dr. Heise, zwei führenden Mitarbeitern des Institutes für Ionenstrahlphysik verdanke ich die unkomplizierte Abwicklung meines nicht alltäglichen Anliegens. Das Institut ist vorwiegend mit Werkstoffanalysen befasst und arbeitet in diesem Zusammenhang des Öfteren auch mit den Staatlichen Kunstsammlungen Sachsens zusammen. Dies geschieht etwa dann, wenn es darum geht, die für eine Restaurierung historischer Gemälde erforderlichen Farbkomponenten und die Zusammensetzung der Originalfarben zu bestimmen. Doch auch Altersbestimmungen archäologischer Funde gehören zu den ständigen Aufgaben des Instituts für Ionenstrahlphysik.

Bereits im Frühsommer 1994 wurden die für eine Altersbestimmung notwendigen Proben dem Palmblatt entnommen und der für die Versuchsreihen erforderlichen Aufbereitung zugeführt. Da bei einer Analyse mittels der C-14-Methode mit kleinsten Mengen des zu untersuchenden Materials gearbeitet wird – in der Regel mit wenigen Milligramm der Substanz – genügte in diesem Fall die Entnahme einer Materialprobe vom Rand des Palmblattes. Dabei wurde der Text des Palmblattmanuskriptes nicht in Mitleidenschaft gezogen. Die eigentlichen Untersuchungen der Proben konnten erst im Winter des Jahres 1994 vorgenommen werden. Technische Probleme mit der Versuchsstrecke des Institutes, die erst 1994 eingerichtet worden war, hatten diese Verzögerung verursacht. Bei der Analyse des Palmblattmanuskriptes ergaben sich weitere unvorhergesehene Schwierigkeiten. Sie hingen mit der Art zusammen, in der die Texte auf dem Palmblatt hergestellt worden waren. Die nur wenige Millimeter großen Buchstaben wurden nicht mit Tinte oder einer anderen Substanz auf das etwa 35 cm lange und fünf Zentimeter breite Palmblatt geschrieben, sondern waren mit feinen Nadeln oder Griffeln aus Bronze und später aus Stahl buchstäblich in das Trägermaterial eingeritzt worden. Über diese filigranen Gravuren stäubte man anschließend Graphitmehl oder dunkle Asche. Die eingeritzten Zeichen füllten sich dabei mit dem Material. So wurde die Schrift schließlich sichtbar. Diese Herstellungsweise bedingte auch die spätere Lagerung der Palmblätter – gepresst in Bündeln zwischen schmalen hölzernen Platten – da die Schriftzeichen vor dauerhaftem Lichteinfall geschützt werden müssen, weil sie ansonsten rasch ausbleichen und die Schrift unleserlich wird. Anderseits verursachte diese Art der Textherstellung die erwähnten Probleme bei der Altersbestimmung. Da bei der Niederschrift der Manuskripte auch kohlenstoffhaltiges Material – das Graphitmehl bzw. die dunkle Asche – verwendet worden war, bestand bei einer Verunreinigung der Proben die Möglichkeit gravierender Verfälschungen der Ergebnisse einer C-14-Analyse. Das Untersuchungsmaterial musste deshalb einem aufwendigen Reinigungsprozess unterzogen werden, um solche Beeinflussungen der Messergebnisse auszuschließen. Nach langen Wochen des Wartens lag im März 1995 dann das endgültige Ergebnis der Altersuntersuchungen vor. Demnach war mein Palmblatt mindestens 350 Jahre alt. Eine gewisse Streuung der Ergebnisse hatte sich bei den Analysen nicht vermeiden lassen, so dass das Alter des Palmblattes zwischen 350 und 400 Jahren angesetzt werden kann. Damit war ein interessantes Ergebnis zumindest in Bezug auf die Trägersubstanz erreicht. Die Analyse von Rossendorf bedeutete nichts anderes, als dass mein Palmblatt vor mindestens 350 Jahren von jemandem mit dem Text, den Sri Ramani übersetzt hatte, beschrieben worden waren.

Wie aber verhielt es sich nun mit diesem Text? Handelte es sich wirklich um meinen Lebenslauf, verfasst in der blumigen Sprache des Alttamil? Zur Klärung dieser Frage wandte ich mich zunächst an den Lehrstuhl für Indologie an der Freien Universität Berlin. Dabei deutete ich gegenüber den Wissenschaftlern in keiner Weise an, dass ich den Inhalt des Palmblattmanuskriptes bereits kannte. Ich teilte lediglich mit, dass es sich möglicherweise um alt-tamilische Schriften handeln könne, deren Übersetzung ich wünschte. Die Mitarbeiter der Freien Universität Berlin bedauerten jedoch, mir nicht helfen zu können. Ihrer Meinung nach war in dieser Sache weniger die klassische Indologie, sondern vielmehr die vergleichende Philologie gefragt. Als führender Experte für die Beantwortung der Frage nach dem Inhalt des Textes wurde Professor Jaroslav Vacek, der Prorektor der Karls-Universität Prag, empfohlen. Im August 1994 nahm ich erstmals Kontakt zu dem tschechischen Wissenschaftler auf. Dieser Kontakt gestaltete der sich trotz einer unvermeidliche Sprachbarriere sehr intensiv und führte letztlich dazu, dass ich im November des Jahres 1997 einen Vortrag über die Palmblattbibliotheken im Großen Auditorium der Karls-Universität Prag halten durfte. Professor Vacek und seine Mitarbeiter gingen trotz ihrer zahlreichen weiteren Verpflichtungen mit großem Eifer an die Arbeit, da auch sie die Aufgabe der Übersetzung des alttamilischen Textes außerordentlich reizte. Es war in der Tat eine nicht geringe Herausforderung, der sich die tschechischen Experten stellten. Professor Vacek ließ mich durch seinen Assistenten, Herrn Jan Dvorak, bereits unmittelbar nach Beginn der Arbeiten wissen, dass es sich bei dem zu untersuchenden Schriftstück um einen sehr komplexen Text handelte, dessen Inhalt stark von den kalendarischen Angaben eines den Philologen unbekannten Kalendersystems geprägt war. Dies erschwerte die Übersetzung außerordentlich. Im November des Jahres 1994 erklärte Professor Vacek, dass die Übersetzung des Textes auf dem Palmblatt, soweit er diese bewerkstelligen konnte, nunmehr abgeschlossen war. Die tschechischen Philologen kamen bei ihren Forschungen zu dem Ergebnis, dass der Text kein Auszug aus einem vedischen Epos war, und ebenso wenig lediglich allgemeine yogische Lebensregeln enthielt, wie andere, bereits von westlichen Wissenschaftlern übersetzte Palmblattmanuskripte. Vielmehr handelte es sich nach der Auffassung von Professor Vacek und seinen Mitarbeitern bei diesem Text um den individuellen Lebenslauf einer bestimmten Person. Professor Vacek schloss aufgrund der übersetzten Textstellen, dass es sich um die Lebensbeschreibung einer Person handelte, die in der Gegenwart lebte. Die Textstellen, deren Übersetzung den tschechischen Wissenschaftlern gelungen war, stimmten fast wortwörtlich, jedenfalls aber inhaltlich, mit den Aussagen des Nadi-Readings bei Sri Ramani überein. Dennoch ergaben die Übersetzungen insgesamt noch kein schlüssiges Bild, da die Translation der kalendarischen Angaben trotz aller Bemühungen nicht gelungen war.

„Diese Daten sind kein Kalender im herkömmlichen Sinn, so wie etwa der gültige gregorianische Kalender", erläuterte Professor Vacek. „Es handelt sich vielmehr um Beschreibungen bestimmter astronomischer Konstellationen, denen wiederum signifikante astrologische Bedeutungen beigemessen werden. Deren Inhalt übersteigt meine Kenntnisse aber bei weitem, wie ich gern zugebe. Die Astrologie ist nun einmal nicht meine Fachrichtung." bedauerte der Prorektor der Karls-Universität. „Aber es gibt da jemanden unter meinen Kollegen", fuhr er fort, „der Ihnen möglicherweise helfen kann. Ein Privatdozent aus Eppelheim. Er lehrt an der Universität Göttingen. Seine Name ist Dhamotharan."

Versehen mit den besten Empfehlungen Professor Vaceks, sandte ich das Material an Dr. Dhamotharan. Zwei Tage später bereits rief er an, um zu bestätigen, dass die Unterlagen bei ihm eingegangen waren und er bereits angefangen hatte, sie zu sichten. Eine seiner ersten Fragen verblüffte mich vollkommen.

„Aus welcher Palmblattbibliothek haben sie denn das Original des Textes, den ich Ihnen übersetzen soll?" wollte Dr. Dhamotharan wissen. Ich erzählte ihm von meiner Indienreise. Im Gespräch stellte sich bald heraus, dass Dr. Dhamotharan selbst Tamile war, der sich als so genannter „Muttersprachler" mit der Erforschung seiner eigenen Sprache und deren Wurzeln befasste. Daher war es auch für ihn eine interessante Erfahrung, den Text auf dem Palmblatt aus der Hochsprache des Alttamil zu übertragen. Bereits nach wenigen Wochen vermochte Dr. Dhamotharan die Ergebnisse seiner tschechischen Kollegen zu bestätigen und in gewisser Hinsicht zu präzisieren, was die Einordnung der kalendarischen Daten betraf. Doch auch bei seiner Übersetzung traten im Bereich der Zeitangaben einige Abweichungen von den Daten auf, die Sri Ramani so exakt übersetzt hatte. Auch Dr. Dhamotharan bestätigte mir, dass die zeitliche Einordnung der Ereignisse den Schlüssel zum Verständnis der Kunst des Nadi-Readings darstellte. „Wissen Sie, die Palmblattleser erhalten nicht umsonst eine so langwierige und überaus umfassende Ausbildung im Studium der alten Texte und darüber hinaus auch noch geheime Einweihungen. Es braucht schon eine ganze Menge an Übung und Kenntnissen, um diese Texte so übersetzen zu können, wie dies Ihr Palmblattleser in Madras getan hat. Wenn es nur darauf ankäme, die Bedeutung der einzelnen Namen oder Begriffe abzustufen und entsprechend einzuordnen, dann könnte sich Indien vor Palmblattlesern kaum noch retten. Doch es bedarf für ein korrektes Nadi-Reading auch des Verständnisses der alten astrologischen Systeme. Sie sind der Schlüssel, der erst eine genaue zeitlich Einordnung der Ereignisse ermöglicht. Die indische Astrologie ist in ihrer Art einzig, und ihre Angaben sind überaus exakt. Seit über 1.500 Jahren wird sie nachweislich praktiziert, und auch heute noch gilt die Astrologie in meiner Heimat als Wissenschaft. Entstanden ist sie aus der Verschmelzung von zwei überaus bedeutenden Traditionen. Da war zum einen die 'Wissenschaft der göttlichen Astronomie' – Jjoti genannt – und zum anderen die Astrologielehre des antiken Griechenland, die sich bis nach Indien verbreitet hatte. Im Grunde nämlich sind sich westliche und indische Astrologie ziemlich ähnlich. Beide Systeme arbeiten mit den Tierkreiszeichen. Der Einfluss der Planeten spielt hier wie da eine besondere Rolle. Jedoch erkannten meine Landleute sehr rasch beim Studium der westlichen Quellen, dass dort ein fundamentaler Denkfehler liegen musste. Die in der Antike in Europa weit verbreitete Vorstellung von der Erde als flache Scheibe bot nämlich keine Erklärung für die Tatsache, dass sich in Indien die Sternbilder nun einmal anders darstellten als im alten Griechenland. So setzte bei uns viel früher die Idee einer runden Erde durch. Aber es gibt noch einen viel wichtigeren Unterschied zwischen dem westlichen und dem indischen System der Astrologie. Im Gegensatz zur modernen westlichen Astrologie wird in Indien als Grundlage aller Berechnungen die 'Sternzeit' benutzt. Sie errechnet sich auf der Grundlage der Sternenpositionen am Himmel. Ich bin überzeugt, dass auch die zeitliche Einordnung der Ereignisse, die in Ihrem Palmblatt beschrieben sind, auf der Grundlage der Sternzeit erfolgte."

Da sich Dr. Dhamotharan selbst zu wenig mit den komplizierten Berechnungen der hinduistischen Astrologie auskannte, das Problem der kalendarischen Berechnungen aber unbedingt zu lösen gedachte, machte er den Vorschlag, einen Hinu-Astrologen zu Rate zu ziehen.

„Ich muss demnächst sowieso wieder einmal in meine Heimat reisen", erklärte er. „da werde ich dann einen wirklich kompetenten Astrologen aufsuchen. Wissen Sie, der Bruder meiner Mutter hat eine Tochter und deren Mann hat einen Bruder, welcher ein ganz ausgezeichneter Astrologe ist. Ich denke, ihn kann ich in dieser Sache um Rat bitten."

Die Indienreise Dr. Dhamotarans musste noch einige Male verschoben werden. Doch im Sommer 1995 besuchte er wieder einmal seine Familie, und nahm dies zum Anlass, mit dem Astrologen in Kontakt zu treten, von dem er mir erzählt hatte. Versehen mit zahlreichen Hinweisen für die korrekte Interpretation und Umrechnung der auf dem Palmblatt in

„Sternzeit" angegebenen Daten machte sich Dr. Dhamotaran nach seiner Rückkehr erneut an die Übersetzung des Textes. Das Ergebnis seiner Übersetzung stimmte diesmal auch in Bezug auf die kalendarischen Angaben mit den Informationen überein, die ich von Sri Ramani zu meiner Biographie erhalten hatte. Mit aller gebotenen Zurückhaltung möchte ich dies als einen Beweis für die Authentizität der Palmblattbibliotheken und ihrer Entstehungsgeschichte werten, da zumindest vor 350 Jahren jemand meinen Lebenslauf jedenfalls insoweit kannte, als er ihn von einem älteren Manuskript kopierte, welches wiederum von einer noch älteren Vorlage kopiert worden sein muss – und so weiter bis zurück zu der Urschrift, welche die legendären Rishis verfassten.

Zum besseren Verständnis des Weltbildes, das die Entstehung und die Überlieferung der Palmblattbibliotheken erst möglich machte, sollen an dieser Stelle die Lehren von Karma und Wiedergeburt als zwei zentrale Themen des hinduistischen Weltbildes behandelt werden, bevor ich über meine Erfahrungen in weiteren Palmblattbibliotheken berichte.

Seit dem Beginn der überlieferten Geschichte hat der feste Glaube an die Wiedergeburt und an ein Weiterleben nach dem körperlichen Tod einen zentralen Platz in allen Weltreligionen eingenommen. Selbst im frühen Christentum war der Glaube an die Wiedergeburt noch verbreitet. Dieser Glaube überlebte in seinen verschiedensten Ausformungen bis ins Hochmittelalter. Origenes, einer der einflussreichsten Kirchenväter, schrieb noch im dritten Jahrhundert u. Z.:

*„Jede Seele kommt gestärkt durch die Siege und geschwächt durch die Niederlagen aus vergangenen Leben in diese Welt."*

Die Amtskirche hat den Glauben an die Reinkarnation spätestens mit ihrer Entscheidung auf dem Konzil von Nizza abgelehnt. Die Spuren dieses Gedankengutes lassen sich aber selbst noch während der Renaissance nachweisen, als die Beschäftigung mit der Antike das alte Wissen auch unter westlichen Philosophen und Forschern wieder aufleben ließ. Gegen Ende des 19. Jahrhunderts keimte im Abendland ein immer stärkeres Interesse an den östlichen Religionen auf. Zahlreiche Wahrheits- und Sinnsucher – unter ihnen die Theosophen der bereits erwähnten Madame Blavatsky – begannen, sich mit dem Wissen der Hindus und Buddhisten um die Wiedergeburt zu beschäftigen. In der heutigen, materiell geprägten Zeit haben die meisten Menschen allenfalls nur eine äußerst vage Ahnung von einem Leben nach dem Tod und überhaupt keine Vorstellung, wie ein solches Leben nach dem Tod beschaffen sein könnte. Meist wird die Tatsache der weiteren Existenz eines unzerstörbaren Teiles des Selbst nach dem Tod des vergänglichen Körpers mit einer faktischen und „objektiven“ Unbeweisbarkeit geleugnet, so dass „man eben nicht glauben kann, wofür es keine Beweise gibt“. Abgesehen von der Tatsache, dass es zumeist die Lügner und Denkschwachen sind, die angesichts neuer Herausforderungen nach der großen Objektivität schreien, sind Fälle von tatsächlicher Wiedergeburt in Indien bereits wissenschaftlich erfasst und dokumentiert worden.

In Bangalore existiert das National Institute of Mental Health and Neurosciences, das in der Abteilung für Klinische Psychologie eigens einen Lehrstuhl zur wissenschaftlichen Erforschung der Reinkarnation eingerichtet hat. Dort wurden in den letzten Jahren durch Dr. Satwant Pascricha mehr als 250 Fälle zum Thema Reinkarnation. Dabei wurden in 77 % der Fälle die Angaben der untersuchten Personen über ihre früheren Leben bestätigt. Diese Zahl liegt deutlich über einer bloßen statistischen Zufallswahrscheinlichkeit. Die Befragten erinnerten sich ab dem Alter von 3 Jahren an ihren alten Namen und ihren ehemaligen Beruf, den früheren Wohnort, ihre einstige Familie und zahlreiche andere Dinge, von denen sie nach menschlichem Ermessen keine Kenntnis haben konnten. Interessant ist dabei auch, dass 49 % dieses Personenkreises in ihrem vorangegangenen Leben eines gewaltsamen Todes gestorben waren. Angesichts dieser Forschungsergebnisse erscheint es absurd, dass die abendländische Geisteswissenschaft dem Gedanken der Wiedergeburt immer noch ablehnend gegenübersteht. Anders als im Westen sind in Indien die Wissenschaft und die Religion keine ausgeprägten Gegensätze. Sie werden vielmehr als zwei verschiedene, einander ergänzende Wege auf der Suche nach Wahrheit und Erleuchtung betrachtet. In der hinduistischen Wissenschaft hängt das Verständnis der äußeren Wirklichkeit untrennbar mit dem Verständnis des Göttlichen zusammen. Dieser Tradition zufolge ist das All älter selbst als die Götter. Wichtig an dieser hinduistischen Weltsicht und insbesondere an ihrer Auffassung von Raum und Zeit ist die Annahme, dass die Außenwelt nur ein Produkt des kreativen Spiels des *Maja* ist. Dieser Begriff lässt sich am ehesten mit „Illusion“ übersetzen.

Dabei ist die Welt an sich keine Illusion, wohl aber unsere Wahrnehmung. Scheinbar besteht die Welt aus den verschiedensten Dingen. Strukturen und Ereignissen, die in Wirklichkeit jedoch alle eins sind. Die Unterteilung, welche unsere Wahrnehmung suggeriert, ist nur eine Erfindung des Gehirns – Sie existiert nicht wirklich. Die Welt, wie wir sie erleben, ist daher auch alles andere als fest und real sondern in Wirklichkeit nur Schein. Das All hat viele Wirklichkeitsebenen, und ist in ständiger Veränderung begriffen. Dabei spielt das Wesen der Zeit eine besondere Rolle. Die Zeit wird von den Hindus als ewiges Rad angesehen, das sich durch Zyklen – Kalpa genannt – aus Schöpfung (Sarga) und Zerstörung (Pralaja) bewegt. Zusammen mit der Illusion des Maja kettet die Zeit die Seele an das sterbliche Leben in Unwissenheit und Leid im ewigen Kreislauf der Wiedergeburten (Samsara). Als Mokscha wird die Erlösung vom Rad der Zeit und von dem Kreislauf des Samsara bezeichnet. Das Ziel aller religiösen Strömungen Indiens ist es daher, die Zeit zu transzendieren, sie letztlich zu überwinden. Fortgeschrittene Asketen bezeichnen die Inder daher oft als *Kala-Atrita*, was „die Zeit Überwindender" bedeutet. Eine gewisse Entsprechung dieser Weltsicht findet sich in den Lehren der Katharer (vom griechischen katharoi – die Reinen), einer mittelalterlichen Glaubensgemeinschaft, die in Südfrankreich zu Hause war, und von der katholischen Kirche als ketzerisch verfolgt und in einem grausamen Vernichtungsfeldzug in den Jahren 1209 bis 1244 ausgerottet wurde. Auch für die Katharer befand sich die wahre Heimat der Menschen in einem „Reich des reinen Geistes jenseits der Sterne". Hier auf der Erde fühlten sie sich „wie in einem Gefängnis, dass ein ungeschickter Baumeister aus minderwertigem Material gefertigt hat". Der Tod war für sie wie das Ablegen eines alten Kleides, dessen man sich entledigt, wie der Schmetterling die Larvenhülle abstößt, um im Frühling aufzugehen. Auch den Katharern war die Idee der Wiedergeburt vertraut. Jene Seelen, die sich in der Welt der Materie heimisch fühlen, dürfen hienieden bleiben, solange sie wollen, wandernd von einem Körper zum anderen, bis auch sie Sehnsucht nach dem Lichtreich verspüren. Wie die indischen Weisen in alter Zeit und auch die Katharer in Abendland bereits wussten, ist es früher oder später die Aufgabe eines jeden menschlichen Wesens, Befreiung – Mokscha – aus den Fesseln von Raum und Zeit zu suchen. Mokscha aber, so lehren bereits die Upanishaden, kann nur dann erlangt werden, wenn das Karma der Erdenleben abgetragen ist. Wie ist dieser Begriff nun am besten zu definieren? Karma kann als die reale, treibende Kraft der Wiedergeburt betrachtet werden. Hier im Westen wird Karma oft als „Schicksal", „Schuld" oder „Vorherbestimmung" angesehen, und damit gründlich missverstanden. Man sollte es viel eher als das unfehlbare Gesetz von Ursache und Wirkung im gesamten Universum bezeichnen. Jede Wirkung hat eine Ursache, jede Ursache zieht eine Wirkung nach sich. Der Begriff Karma ist ein Sanskritwort und bedeutet „Handlung" oder wörtlich übersetzt „das, was bewirkt ist und bewirkt". Es ist also ein „Wirken" oder eine „Tat", und es zeigt sowohl die Kraft, die in den Handlungen verborgen liegt, als auch die Ergebnisse, die aus diesen Handlungen resultieren. Deshalb darf eine Handlung nie isoliert von höheren Zusammenhängen betrachtet werden. Es sind viele Arten von Karma zu unterscheiden, so beispielsweise universelles Karma, nationales Karma und natürlich das individuelle Karma. Alle Arten des Karma sind auf komplexe Weise miteinander verbunden, gleichsam verwoben und ineinander verzweigt. Einfach gesagt, bedeutet „Karma", dass alles, was wir tun (unsere Handlungen, unsere Worte und Gedanken) entsprechende Ergebnisse hervorbringt. Über kurz oder lang, nämlich immer dann, wenn sich die passenden Umstände ergeben, holen uns die Ergebnisse unserer Handlungen ein. Meist haben wir diese dann aber schon lange vergessen. So kann es durchaus sein, dass sich die Auswirkungen einmal gesetzter Ursachen erst in einem späteren Leben manifestieren. Nicht immer können wir die jeweilige Ursache ausmachen, weil jeder Vorgang eine komplizierte Mischung verschiedener karmischer Verzweigungen ist. Meist nimmt der Betroffene dann an, dass bestimmte Ereignisse „zufällig" geschehen. Wenn sie gut ablaufen, dann haben wir eben „Glück gehabt". Dies ist nichts weiter als ein über Jahrhunderte hinweg im Abendland kultivierter fataler Irrtum, denn nichts in dieser Welt existiert ohne eine Ursache und ohne sein Gegenteil. Die Gegensätze sind es aber, die einander ergänzen. Karma ist also nicht ein fatalistisches sich Fügen in ein vorbestimmtes Schicksal. Karma begründet unsere Fähigkeiten und Talente. Es gibt uns die Möglichkeit, uns zu verändern und damit auch die Welt in der wir leben, besser gesagt, unsere Wahrnehmung der wirklichen Welt zu verändern und zu schärfen. Was immer uns jetzt widerfährt, es spiegelt unser vergangenes Karma wieder. Unter einem solchen Blickwinkel erscheinen dann Leiden und Schwierigkeiten nicht länger mehr als persönliches Versagen oder als unabwendbare Katastrophe, und vor allem erscheinen sie nicht als eine Art von Strafe. Dies führt dazu, dass man nicht mehr in Schuldgefühlen und Selbsthass schwelgen muss, sondern sich und sein Leben so akzeptieren kann, wie es sich darbietet. So eine Haltung sollte aber nicht dazu führen, dass man sich aus der Verantwortung für sein Leben stiehlt, denn eine solche Verantwortung entsteht nun einmal aus diesem Verständnis von Karma. In der Tat ist es verführerisch, die Lehre vom Karma als Flucht vor eigener Verantwortung zu nutzen. So erlebte ich in Indien, dass manche Zeitgenossen das Karma als Ausrede dafür benutzten, um beispielsweise nach einem Verkehrsunfall niemandem hilfreich beistehen zu müssen. Es sei ja das „Karma" der in den Unfall Verwickelten, dieses Leid zu erfahren. Im „aufgeklärten" Westen hingegen durfte ich des Öfteren eine andere Variante derselben Ausrede kennen lernen, die besonders sensibel und vorsichtig daherkam. Derjenige behauptete, jemandem zu helfen, bedeute, sich in einen Entwicklungsprozess einzumischen, den aber der Betroffene selbst durchleben und klären müsse.

Doch schon Albert Einstein wusste:

*„Der Mensch ist ein Teil des Ganzen, das wir Universum nennen, ein in Raum und Zeit begrenzter Teil. Er erfährt sich selbst, seine Gedanken und Gefühle als abgetrennt von allen anderen – eine Art optische Täuschung des Bewusstseins. Diese Täuschung ist für uns eine Art Gefängnis, das uns auf unsere eigenen Vorlieben und auf die Zuneigung zu wenigen uns Nahestehenden Beschränkt. Unser Ziel muss es sein, uns aus diesem Gefängnis zu befreien, indem wir den Horizont unseres Mitgefühls erweitern, bis er alle lebenden Wesen und die gesamte Natur in all ihrer Schönheit umfasst."* (Ideas and Opinions, Übers. v. Sonja Bargmann, New York, 1954)

Das Gesetz des Karma fordert vom Einzelnen die Übernahme der vollen Verantwortung für sein Schicksal, für all seine Gedanken, Gefühle, Worte und Taten. Dies ist ein Schritt, den viele Zeitgenossen nicht bereit sind zu gehen. Die meisten schreckt vordergründig die karmische Gesetzmäßigkeit von Ursache und Wirkung, die vor allem unserer westlichen Zivilisation widerstrebt, da wir mit einem Mal nicht mehr selbst Herr unseres so gepriesenen „freien Willens" sein sollen. Eine Regel der Karmalehre besagt, dass etwa fünfundsiebzig Prozent von allen Ereignissen in diesem Lebens durch karmische Entwicklungen zumindest in großen Zügen vorherbestimmt sind. Um es bildlich auszudrücken – Jeder Mensch steuert ein Schicksalsschiff über die Weltmeere das Leben. Durch das Karma sind ihm bestimmte Voraussetzungen – also Talente oder Lebensumstände – mitgegeben und diese sollte er nutzen, um den Zielhafen zu erreichen. Dieser Zielhafen in hinduistischer Tradition ist es, das Maja der Wahrnehmung zu erkennen und die Grenzen von Raum und Zeit zu transzendieren, um letztlich zur göttlichen Urquelle des Seines zurückzukehren. Mit dem freien Willen kann jeder entweder seine Voraussetzungen nutzen, um auf der bestmöglichen Route diesen Hafen erreichen oder die Gaben ungenutzt lassen und mit seinem Schiff auf einer der zahlreichen Untiefen stranden, die das Leben nun einmal bereithält.

Fünfundzwanzig Prozent freier Wille sind wohl für die im Verlauf des Lebens zu treffenden wirklich wichtigen Entscheidungen vollkommen ausreichend, obwohl es manchmal so aussieht, dass für manche sogar diese von der Karmalehre zugestandenen fünfundzwanzig Prozent zuviel sind. Die Ablehnung der Lehren von Karma und Reinkarnation machten sich die drei großen Religionen der Alten Welt im Lauf der Jahrhunderte zu Eigen. Dadurch wurde der Einzelne immer mehr von seiner Eigenverantwortung freigesprochen, und die Schuld an widrigen Lebensumständen dem Staat, der Gesellschaft, diversen Krankheitserregern, neuerdings auch der Umweltzerstörung oder einfach dem „Zufall" zugeschrieben. Das ist nichts anderes als Selbstbetrug. Doch Karma ist auch ein Gesetz des Ausgleichs, das heißt, ein Mensch wird so lange mit demselben Problemtypus konfrontiert, bis er durch sein Handeln das Problem gelöst hat. Ob allerdings mit den vorstehend beschriebenen Verdrängungsmechanismen eine Lösung der Probleme unserer Zeit gefunden werden kann, wage ich zu bezweifeln. Theoretisch funktioniert das Karma-"Denkmodell" zwar in vielen Köpfen, doch die praktische Umsetzung fällt sehr schwer. Denn der erste Schritt dazu ist die Ehrlichkeit zu sich selbst und damit verbunden die Übernahme der Verantwortung für alle Handlungen. Dabei stehen Verantwortung und Sinnhaftigkeit eng beisammen. Sie bedingen sich gegenseitig. In unserer Zeit leiden viele Menschen an dem Verlust der Sinnhaftigkeit des Lebens, da sie nicht bereit sind, Verantwortung für ihr Leben zu übernehmen. Wenn hier nun ständig von den Wirkungen die Rede ist, für die wir Ursache in vergangenen Leben gefunden haben, warum „erinnern" wir uns dann nicht an unsere vorherigen Leben? Der Mensch vergisst nichts von dem, was wesentlich für ihn ist. Er vergisst nur die konkreten Rahmenbedingungen, die nicht mehr wichtig für ihn sind. Das gilt vor allem für bestimmte Fähigkeiten und Fertigkeiten. Die Fähigkeiten aus einer früheren Inkarnationen werden als Begabungen in dieses Leben eingebracht, allerdings nur, wenn sie für die jetzige Aufgabenstellung notwendig sind. Unnötige Fertigkeiten würden in dem Falle nur ablenkend wirken.

Rudolf Steiner schrieb dazu:

*„Wir werden nicht nur wiedergeboren, um etwas zu tun, was wir schon können, sondern um etwas zu tun, was wir eigentlich können wollen"* – also eben noch nicht können.

So ist der Weg eines jeden Individuums durch zahllose Erdenleben bis zur Befreiung von Samsara – dem Rad der Wiedergeburten – mit einem ständigen Lernprozess vergleichbar, in dem alle Variationen der Existenz in dieser materiellen Welt durchlebt werden, solange bis es hier nichts Neues mehr zu versuchen gibt, und den Menschen Sehnsucht nach seiner wahren Heimat überkommt – jenem „Reich des reinen Geistes jenseits der Sterne".

Die Legende berichtet, dass einstmals an der Stelle, wo sich heute die City von Bangalore erhebt, ein heiliger Mann schon jahrzehntelang in strenger Askese und tiefer Meditation lebte. Da erschien ihm eines Tages Narada, Sohn des großen Rishis Brighu und Seher der Götter. „Du hast durch deine Übungen große Verdienste erworben", teilte Narada dem Asketen mit. „Die Götter gewähren dir dafür einen Wunsch."

„Dann wüsste ich gern", erwiderte der Yogi, „wie viele Leben ich noch auf diese Weise zubringen muss, bis ich nicht mehr wiedergeboren werde und erlöst bin."

„Sieh die Blätter des Tamarindenbaumes, unter dem du sitzt." antwortete Narada. „Erst wenn du so viele Leben in Askese und Meditation zugebracht hast, wie dieser Baum Blätter hat, dann erst wirst du Erlösung finden."

Da sprang der Asket auf, tanzte vor Freude und rief begeistert: „Welch ein Glück, nur noch so wenige Leben!"

Diese Legende erzählte mir Gunjur Sachidananda Murthy, der Nadi-Reader aus Bangalore, als ich auf meiner zweiten Indienreise im Juli 1995 seine Palmblattbibliothek besuchte. Die Palmblattlesung von Madras war beeindruckend gewesen. Ich wollte jedoch in Erfahrung bringen, ob mein Schicksal auch in anderen indischen Palmblattbibliotheken aufgezeichnet war oder ob für jeden Ratsuchenden nur ein bestimmtes Palmblatt in einer ganz bestimmten Bibliothek existierte. Bereits auf meiner ersten Reise im Jahr 1993 suchte ich deshalb die Palmblattbibliothek von Bangalore im indischen Bundesstaat Karnataka auf. Dabei stellte ich fest, dass Gunjur Sachidananda nach einem strengen Terminplan arbeitete. Die durchschnittliche Wartezeit betrug damals 14 Tage, zum Zeitpunkt des Erscheinens dieses Buches sind acht Wochen daraus geworden, so dass sich in jedem Fall eine rechtzeitige Anmeldung und vorherige Terminvereinbarung empfiehlt. Auf meiner ersten Reise war es daher trotz mehrmaliger Anfragen nicht möglich, einen Termin für ein Nadi-Reading zu erhalten, da Gunjur Sachidananda bereits vollständig ausgebucht war. In diesem Zusammenhang ist auch erwähnenswert, dass die Palmblattbibliothek in Bangalore besonders stark von Ausländern besucht wird, weniger von Indern. Dies ist jedoch kein Maßstab für die Qualität der abgehaltenen Readings, wie ich im Juli 1995 erfahren durfte. Abermals fuhr ich durch die breiten Alleen der für indische Verhältnisse modernen Hauptstadt des Bundesstaates Karnataka nach Chamarajpet hinüber, jener Gegend der Altstadt, in der Angestellte, Handwerker und Händler in bescheidenem Wohlstand leben. Vor einem unscheinbaren Reihenhaus neben einem kleinen Buchladen stoppte mein Fahrer sein brabbelndes Blechmonster der Marke „Ambassador", das in seiner Mischung aus unverwüstlicher Robustheit und Eleganz längst vergangener Jahre so unnachahmlich zu Indien passte. „Nadi Gruha" stand über dem Eingang des kleinen Anwesens – niemals hätte ein zufälliger Besucher vermutet, dass sich hinter dieser bescheidenen Fassade eine der größten und wohl auch bekanntesten Palmblattbibliotheken Indiens verbarg. Diesmal hatte ich mich schon einige Wochen vorher telefonisch von Deutschland aus angemeldet und einen Termin vereinbart. Das war notwendig, da ich 1995 eine Gruppe von Freunden und Bekannten nach Indien begleitete, welche die lange Reise ausschließlich wegen der Palmblattbibliotheken unternommen hatten. Ihnen sollte die Enttäuschung erspart bleiben, die ich zwei Jahre zuvor erlebte. So suchte ich die Palmblattbibliothek von Gunjur Sachidananda auch einen Tag vor dem vereinbarten Termin auf, nur um mich zu vergewissern, dass an den beiden nachfolgenden Tagen tatsächlich Zeit für die Nadi-Readings meiner Mitreisenden eingeplant worden war. Rathna Murthy, die Ehefrau des Palmblattlesers, empfing mich freundlich und wollte wissen, ob ich an diesem Tag einen Termin für ein Nadi-Reading hätte. Obwohl ich verneinte, bat mich Rathna mit ausgesuchter Höflichkeit ins Haus und versprach, ihren Mann zu fragen, ob er ein wenig Zeit erübrigen könne. Doch zunächst sollte ich in dem kleinen Vorraum auf einer ledergepolsterten Bank Platz nehmen. Bestimmt würde es eine Weile dauern, bevor Gunjur Sachidananda Zeit hätte. Rathna servierte mir inzwischen wohlschmeckenden Masala-Tschai – mit Milch, Kardamon, Ingwer und einer geheimen Hausmischung weiterer Gewürze verfeinerter schwarzer Tee, der einfach köstlich schmeckte. Ich hatte gerade den letzten Schluck dieses fabelhaften Getränks geschlürft, als Gunjur Sachidananda erschien, gekleidet in den traditionellen Dhoti und die weiße Kurta. Er war mir auf den ersten Blick sympathisch. Mittelgroß, von kräftigem Wuchs und mit klaren, klugen Augen, die mir aus seinem offenen, freundlichen Antlitz entgegenblickten. Er begrüßte mich ebenso herzlich wie es zuvor schon seine Frau getan hatte und sagte dann: „Wie Rathna mir erzählte, hatten Sie für heute keinen Termin vereinbart. Ich habe zwar noch einige Klienten, aber für eine Person könnte ich heute noch ein Nadi-Reading abhalten. Morgen und übermorgen ist dann eine ganze Gruppe von Ausländern hier, da bin ich völlig ausgebucht." Diese Nachricht freute mich, bedeutete sie doch, dass die Reservierung für meine Mitreisenden funktioniert hatte.

Der Palmblattleser bat mich in seinen kleinen Arbeitsraum. Hinter dem gewichtigen Schreibtisch hing an der Wand das lebensgroße Poster eines würdigen, weißhaarigen Mannes. Das war eine Aufnahme von Narayan Shastri, dem Vater Gunjur Sachidanandas, dessen profunde Sanskritkenntnisse, verbunden mit seiner Hellsichtigkeit, die Palmblattbibliothek von Bangalore berühmt gemacht hatten. Gunjur Sachidananda reichte mir einen Fragebogen, den ich von meinem ersten Besuch hier noch gut in Erinnerung hatte. Nach Namen, Geburtsdatum, Beruf, Wohnanschrift, Familienstand und -verhältnissen sowie nach den Kindern wurde da gefragt und auch nach wichtigen Ereignissen in der Vergangenheit. Ich griff zum Kugelschreiber und machte mich zögernd an das Ausfüllen des Fragebogens. Plötzlich unterbrach mich Gunjur Sachidananda und bat um die Angabe meines Geburtsdatums.

„Das ist der 30. Juni 1968."

Er notierte sich das Datum auf einem kleinen Zettel, entschuldigte sich für einen Moment und verließ den Raum. Nach kurzer Zeit, es mochten keine zehn Minuten vergangen sein, war Gunjur Sachidananda wieder da. Er brachte ein starkes Buch schon recht alt aussehender Palmblätter mit, das mit einer roten Schnur umwickelt war.

„Nun, lassen wir das mit dem Formblatt." sagte Gunjur Sachidananda und schnürte das Palmblattbündel auf. „Ich werde es bei Ihnen ohne weitere Angaben probieren."

Er sortierte die Palmblätter und wandte sich mir zu.

„Sie sind bei ihrer Mutter aufgewachsen, die nicht verheiratet ist. Ihr Vater ist im letzten Jahr, im Monat November des Jahres 1994, verstorben."

„Das trifft zu."

„Sie studieren zurzeit noch, und zwar beschäftigen sie sich dabei mit Gesetzen, mit dem geschriebenen Recht ihres Landes."

„Ja."

„Ihr erster Name ist Thomas."

Ich konnte nur nicken.

„Sie sind hier, weil sie noch Informationen für ein Buch suchen, das sie über die Palmblattbibliotheken schreiben wollen."

Da konnte ich nur zustimmen.

„Dann habe ich mich nicht getäuscht." sagte der Palmblattleser. „Dies hier ist Ihr Palmblatt. Aber da gibt es noch eine Sache, die mit dem Nadi-Reading eigentlich nichts zu tun hat." Gunjur Sachidananda blätterte in seinem Kalender. „Eigentlich sind Sie erst für morgen angemeldet, stimmt's?" Das konnte ich nur bestätigen.

„Im Palmblatt steht aber, dass sie bereits am heutigen Tag zur Lesung kommen."

Ein „Zufall" im indischsten Sinne des Wortes.

„Dann will ich mit der Lesung beginnen." fuhr Gunjur Sachidananda fort.

„Bhagawan Sri Shuka Maharshi spricht nun durch mich zu Ihnen ..."

Ich möchte den Leser an dieser Stelle nicht nochmals mit Angaben aus meiner Vergangenheit langweilen, die von Gunjur Sachidananda ebenso korrekt wiedergegeben wurden, wie von Sri Ramani in Madras. Der Inhalt des Textes auf dem Palmblatt wurde in Bangalore ebenso vorgetragen, wie dies in Madras geschehen war. Es gab nur einen Unterschied. Gunjur Sachidananda übertrug den Text – der von dem mythischen Schöpfer dieser Palmblattbibliothek, Bhagawan Sri Shuka Maharshi einstmals in Sanskrit verfasst wurde – sofort ins Englische. Ich durfte das Reading mittels Diktiergerät aufzeichnen und dabei persönliche Notizen anfertigen. Die Lesung des Palmblattes untergliedert sich in mehrere Abschnitte: Nach der Einleitung, in welcher unsere astrologischen Daten unter Verwendung des hinduistischen Kalenders dargelegt wurden, berichtete Gunjur Sachidananda anhand des Palmblattes zunächst von meiner Vergangenheit in diesem Leben. Dabei überprüfte er die mitgeteilten Fakten durch Rückfragen, da es eine Eigenart des Sanskrit ist, dass gleiche Worte oftmals unterschiedliche Bedeutungen haben können, so dass eine solche Überprüfung unumgänglich ist. Anschließend erläuterte er meine charakterlichen Eigenschaften, Talente und Fähigkeiten sowie die Aufgaben, welche sich daraus ergeben und für die Gestaltung meiner Zukunft wichtig sind. Dieser Teil des Nadi-Readings, der die Gestaltung des Lebens umfasst, war inhaltlich der bedeutendste und auch umfangreichste der Palmblattlesung in Bangalore. Hier ging es um das, was sich am treffendsten als „Sinn des Lebens" bezeichnen lässt.

*Bhagawan Sri Shuka Maharshi sagt in diesem Palmblatt, dass du auf diese Welt zurückgekehrt bist, obwohl sich der Zyklus deiner Leben bereits vollendet hatte. Du kamst, um anderen Menschen bei ihrer Entwicklung zu helfen.*

*Deine besondere Stärke ist die Kommunikation mit anderen Menschen – du schreibst, du reist und du berätst andere Menschen. Dies ist deine Aufgabe in diesem Leben*

*Du wirst für andere da sein, die auf der Suche nach ihrem Weg sind und wirst ihnen helfen, diesen eigenen Weg zu finden. Wenn du dich in deinem 30. Lebensjahr befindest, wirst du das, was du jetzt in deiner Freizeit tust – das Reisen und Schreiben – endgültig zu deinem eigentlichen Beruf machen. Du wirst Reisen und Seminare organisieren und damit wirst du auch deinen Lebensunterhalt verdienen.*

*Auch wirst du mit den Ideen, die du in deinen Büchern verbreitest, nicht nur Freunde gewinnen, sondern auch Gegner. Dies werden jene sein, die sich den Wandlungen des Lebens entgegenstellen, weil sie verkennen, dass das Bild, welches sie sich von der Welt machten, nicht die Wahrheit ist. Für sie bedeutet die materielle Welt des Kali Yuga Macht und in der Macht sehen sie den Sinn ihres Lebens. Aber du bist gekommen, um Veränderung zu bringen und den Menschen zu helfen, sich aus den Fesseln der Materie zu befreien.*

*Du wirst in den kommenden Jahren noch mehr dem Schreiben zuwenden als bislang. Viele wichtige Anregungen und Inspiration wirst er aus den vedischen Texten und den Epen Indiens beziehen. Du wirst deine Kenntnisse und dein Wissen in Seminaren, Vorträgen und Büchern weitergeben.*

*Doch du wirst auch sehr viel reisen in den nächsten Jahren, um deine Kenntnisse von der Welt und den alten Wissenschaften zu erweitern. Auf deiner Suche wird es dir gelingen, zunächst auf spirituellem Wege, doch in späterer Zeit auch körperlich, die Tore zu anderen Welten zu durchschreiten und an dem Wissen der Wesen dieser Welten teilzuhaben. All dies wird geschehen, wenn dein Drittes Auge geöffnet und klar ist.*

*Du wirst jedoch auch auf Reisen gehen, um anderen Menschen die Möglichkeit zu geben, dieselben Erfahren zu machen, die du selbst gemacht hast. Du wirst für andere Reisen organisieren und sie auf diesen Reisen begleiten.*

Mein weiteres Leben wurde dann in Abschnitten von jeweils 2 bis 3 Jahren bis hin zum Todestag – der mit dem in der Palmblattlesung von Sri Ramani genannten Daten übereinstimmte – sehr detailliert geschildert und erläutert. Im Zusammenhang mit meiner weiteren Entwicklung benannte das Palmblatt auch vier meiner früheren Leben, aus welchen bestimmte Erfahrungen und Ereignisse in die jetzige Inkarnation hineinwirken. Dieser Abschnitt des Readings diente vor allem dazu, noch unbewusste, brachliegende Fähigkeiten, die bereits in früheren Leben erworben wurden, für die Aufgaben in dieser Inkarnation nutzbar zu machen, erläuterte Gunjur Sachidananda. Meine in diesem Zusammenhang bedeutendste Inkarnation hatte ich in Indien erlebt, als ein Philosoph, der eine bestimmte Art des Kundalini-Yoga (Schlangen-Yoga) praktizierte. Das Kundalini-Yoga versucht, die gegensätzlichen Prinzipien Spiritualität und Sexualität durch Verschmelzung ihrer Energien im Körper zu vereinen und so das reine Bewusstsein der Einheit aus Körper und Seele zu erreichen. Ist diese Vereinigung vollkommen, hat ein solcher Yogi Mokscha – die Erlösung vom Kreislauf der Wiedergeburten – erlangt. Ein weiteres Leben verbrachte ich nach Aussage des Textes auf dem Palmblatt in China. Dort beschäftigte ich mich mit Architektur und praktizierte Tantra. Das Tantra erscheint als eine recht unorthodoxe Form des Yoga. Tantra ist ein mystischer, aber dennoch klar vorgegebener Weg zur ekstatischen Befreiung durch die Lenkung der unendlichen Energien von Körper und Seele – es ist ein Yoga des Handelns. Die Tantrikas wollen den weltlichen Freuden nicht entsagen, sondern im Gegenteil aktiv erleben. Das bewusst Erfahren dieser Freuden soll soweit gehen, dass die dabei freigesetzte Energie zur höchsten Erleuchtung führt. Dabei wird das Göttliche in Gestalt der Frau verehrt. Die Tantrikas glauben daher an die Frau als Trägerin der göttlichen Macht. Aus diesem Grunde spielt auch der Geschlechtsverkehr als Ausdruck der Vereinigung von Männlichem und Weiblichem, also von transzendenter und immanenter Gottheit, im Tantrismus eine außerordentlich große Rolle. Auch in Spanien lebte ich bereits einmal in einer Familie, die dem damaligen Herrscherhaus sehr nahe stand. Aus dieser Inkarnation kannte ich auch meine Mutter. In Südafrika lebte ich bereits einmal um die Wende des 19. zum 20. Jahrhundert als Rechtsanwalt und Grundstücksmakler. Ein weiteres Kapitel des Nadi-Readings war meiner gesundheitlichen Verfassung sowohl in psychischer als auch in physischer Hinsicht gewidmet. Dabei nannte der Text des Palmblattes auch die Gegenmittel (etwa bestimmte Meditations- und Yogatechniken oder Medizin der Ayurveda) zur Behebung möglicher künftig auftretender gesundheitlicher Probleme. Nach über zwei Stunden sprach uns Gunjur Sachidananda zum AbSchluss des Nadi-Readings mein persönliches Mantra vor, das ich immer dann rezitieren sollte, wenn ich in Situationen gerate, welche die ganze Kraft der Persönlichkeit erfordern. Das Mantra richtet sich an Shiva Nataraja, den gewaltigen Tänzer, dessen Tanz die Einheit und den Rhythmus des Lebens symbolisiert. Shiva Nataraja tanzt in einem Feuerring, der für die ewige Kette von Leben und Tod steht. Alles ist immerfort in Wandlung begriffen. Die Energie nimmt im Spiel der Schöpfung ständig neue Formen an, Nur das Göttliche ist unveränderlich und absolut. Am Ende des gegenwärtigen Zeitalters der Unwissenheit sind die Ausdehnung, der Zerfall und die Auflösung die bestimmenden Prinzipien. Shiva tanzt den schrecklichen Zerstörungstanz Tandava.

Gunjur Sachidananda lächelte zufrieden, als er das Nadi-Reading zum Abschluss brachte.

„Bhagawan Sri Shuka Maharshi segnet Sie. Der Rishi und ich wünschen ihnen das Beste für Ihr weiteres Leben. Es freut mich, dass Sie mit der Lesung so zufrieden sind. Jedes Palmblatt ist für mich neue Aufgabe, jedes Nadi-Reading eine Herausforderung, denn ich bin erst seit wenigen Jahren im Besitz der Bibliothek. Mein älterer Bruder Ramakrishna war Nadi-Reader vor mir und vor ihm war es mein Vater." Dann begann Gunjur Sachidananda zu erzählen, wie er zum Hüter der Palmblattbibliothek wurde. Narayan Shastri, dessen legendärer Ruf als Nadi-Reader und Hellseher sich weit über die Grenzen Indiens verbreitet hatte, bestimmte ursprünglich Gunjur Sachidananda zu seinem Nachfolger. Doch Ramakrishna machte das Recht des Erstgeborenen geltend und so war er es, der in seiner Jugend vom Vater in der Kunst des Palmblattlesens, der vedischen Mythologie und den alten Sprachen unterrichtet wurde. Nach dem Tode Narayan Shastris hielt Ramakrishna die Palmblattlesungen ab. Durch seine hervorragende Ausbildung war er bald ein ebenso geachteter Nadi-Reader wie einst sein Vater. Ramakrishna Shastri erhielt Einladungen ins Ausland, in die USA und nach Kanada, denen er gern nachkam. Bei seinen Reisen führte er stets einen Koffer voller Palmblattbündel mit sich, so dass er auch im Ausland Lesungen abhalten konnte. Ramakrishna verdiente viel Geld damit. Doch er hatte gegen den uralten Grundsatz verstoßen, dass die Palmblätter den Boden des Landes, auf dem sie einst niedergeschrieben worden waren, nicht verlassen durften. Dies zog Konsequenzen nach sich. Die Familie Murthy ist überzeugt, dass Bhagawan Sri Shuka Maharshi offenbar selbst in das Geschehen eingriff, um weiteres Unheil zu verhüten. Im Alter von nur 39 Jahren kehrte Ramakrishna

Shastri aus einem Trancezustand nicht mehr in das irdische Leben zurück. Gunjur Sachidananda hatte inzwischen das College und anschließend die Universität besucht. Ein guter Abschluss sicherte ihm eine Laufbahn als Angestellter im Regierungspräsidium von Karnataka. Doch nach dem Tod seines Bruders stand er plötzlich vor der Wahl, sich zwischen Beruf und Berufung entscheiden zu müssen. Gunjur Sachidananda versuchte anfangs beides. Er hielt Palmblattlesungen abends ab, wenn er bereits durch die Arbeit des Tages ermüdet war. Natürlich blieb es dabei nicht aus, dass er Fehler beging und die Readings nicht gelangen, da ihm die Deutung der Palmblätter zumindest anfangs unglaublich schwer fiel. In seiner Not begann Gunjur Sachidananda eingedenk der Ermahnungen seines verstorbenen Vaters, sich intensiv mit Meditation zu beschäftigen. Diese Übungen öffneten ihm den Zugang zu den höheren Welten. Ich hatte eine seiner Palmblattlesungen erleben dürfen und war überzeugt, dass Gunjur Sachidananda mindestens über genauso außergewöhnliche Kräfte verfügte, wie sein Vater.

„Diese Palmblattbibliothek befindet sich schon geraume Zeit im Familienbesitz, seit zwölf Generationen, was einem Zeitraum von etwa 800 Jahren gleichkommt." berichtete Gunjur Sachidananda weiter. „In ihrem Ursprung geht sie jedoch auf den Rishi Baghawan Sri Shuka Maharshi – einen Gefährten Brighus – zurück."

Ich wollte gern noch mehr wissen über die Rishis und die Geschichte der Palmblattbibliothek von Bangalore, doch Gunjur Sachidananda entschuldigte sich zunächst einmal, da im Vorraum schon weitere Klienten warteten.

„Morgen werden wir gewiss Zeit finden, über alles zu sprechen, wenn Sie mit ihren Freunden wiederkommen."

In den nächsten beiden Tagen ergab sich tatsächlich zwischen den einzelnen Nadi-Readings, die ich für meine Mitreisenden ins Deutsche übersetzte, so manche Gelegenheit, meine Fragen loszuwerden. Welche Auffassung hatte nun Gunjur Sachidananda vom Zweck der Palmblattbibliotheken?

„Die Palmblätter enthalten nicht nur die Beschreibung individueller Schicksale, sondern auch Hinweise, wie sich die Zukunft der Menschheit gestalten wird. Es wäre jedoch nicht nur müßig, sondern sogar schädlich, diese Hinweise jedermann zu enthüllen. Viele sprechen von den Dingen im Außen, die geändert werden müssen. Sie verkennen aber, dass jede Änderung in der äußeren Welt nur dann dauerhaft sein kann, wenn sich zuvor die Dinge im Innern der Menschen, in ihrem Herzen und in ihrer Seele geändert haben. Es ist nutzlos, von Freiheit nur zu sprechen, wenn man in den Fesseln der Materie verstrickt ist. Ebenso ist es eine Lüge, den Frieden zu predigen, wenn dieser notfalls mit Waffengewalt erzwungen werden soll. Es ist eine Angewohnheit der Menschen des Kali Yuga, sich mit den Dingen der äußeren Welt zu identifizieren. Wenn sich jeder für sich selbst und seine spirituelle Entwicklung nur soviel Zeit nehmen würde, wie er aufwendet, um die Fehler seiner Mitmenschen zu kritisieren oder seinen materiellen Wünschen nachzujagen, dann gäbe es viel mehr Erleuchtete auf dieser Welt. Die Botschaft derer, die diese Bibliotheken schufen, ist selbstlose Liebe, denn die Probleme der heutigen Menschheit resultieren aus den selbstsüchtigen Wünschen der Menschen, seien diese nun persönlicher, sozialer, rassischer, nationaler oder regionaler Art. Nur wenn es gelingt, diese menschliche Selbstsucht zu überwinden, dann wird für jeden Einzelnen das Leben in einer wirklich menschlichen Gemeinschaft möglich sein. Um diese großen Dinge zu ändern, ist es jedoch erforderlich, dass zuvor der Einzelne sich verändert. Für alle, die nach dieser individuellen Veränderung streben, haben die Rishis vor mehr als 7.000 Jahren diese Palmblattbibliotheken geschaffen. Mit der Kenntnis der spirituellen Aufgabe in seinem Leben und den Hinweisen auf die Möglichkeit ihrer Lösung erhält jeder, der die Palmblattbibliotheken besucht, den Weg aufgezeigt, auf dem er für sich selbst diese innere Veränderung vollziehen kann und durch sein eigenes Beispiel ebenfalls an der Veränderung all jener mitzuwirken imstande ist, die in sein Leben treten. Den Weg, den die Rishis Ihnen gezeigt haben, diesen Weg müssen sie nun selbst gehen. Niemand sonst kann das tun. Das heißt, wer hierher kommt, um sein Schicksal zu erfahren, muss auch bereit sein, Verantwortung für sein eigenes Leben zu übernehmen. Nur dann kann man die Aufgabe erfüllen, die einem von den Rishis aufgezeigt wird. Aus diesem Grunde ist es auch nicht möglich, dass ich beispielsweise schriftliche Anfragen eines Nadi-Readings anhand des Fragebogens beantworte, den Sie vor sich liegen haben. Ich habe es anfangs versucht, aber es hat nicht funktioniert. Es ist nicht im Sinn Bhagawan Sri Shuka Maharshis. Jeder,

der ernsthaft daran interessiert ist, sein Schicksal und seine Aufgabe in diesem Leben zu erfahren, der muss sich selbst auf die Reise zu dieser Palmblattbibliothek begeben." Gunjur Sachidananda lächelte verschmitzt. „Doch in Ihrem Palmblatt steht ja, dass sie noch sehr oft hierher kommen und für viele Menschen die anstrengende Reise leichter machen werden.

Ich bat in einem ruhigen Augenblick auch Gunjur Sachidananda um mein Palmblatt, doch ohne Erfolg.

„Die Palmblätter eines Buches sind fortlaufend beschrieben", erklärte mir der Palmblattleser. „So beginnt zum Beispiel der Text, der Sie betrifft, im oberen Drittel dieses Blattes. Er erstreckt sich über fünf weitere Blätter und endet dann etwa in der Hälfte dieses Palmblattes hier. Wenn ich Ihnen nun Ihre persönlichen Palmblätter aushändigen würde, wäre der Zusammenhang in diesem Palmblattmanuskript zerstört und Informationen für andere Klienten würden fehlen. Es heißt, dass sich in unserer Bibliothek 3.650 Palmblattmanuskripte mit jeweils 365 einzelnen Blättern befinden sollen. Nun, ich habe die Manuskripte nie nachgezählt, doch es sind mit Sicherheit recht viele. Ich denke, allein in den letzten sechzig Jahren, in der Zeit, da mein Vater und mein älterer Bruder die Palmblattlesungen abgehalten haben, werden es weit mehr als 150.000 Menschen gewesen sein, die unsere Bibliothek aufgesucht haben."

„Ist dann der Vorrat an Manuskripten nicht irgendwann einmal verbraucht?"

„Nein, denn die Bibliothek füllt sich auf eine bestimmte Weise immer wieder mit neuen Palmblattmanuskripten auf." Gunjur Sachidananda lächelte ein wenig geheimnisvoll. „Wenn es an der Zeit ist, werde ich Sie einladen, sich anzuschauen, wie das vor sich geht." Tatsächlich erreichte mich im Sommer 1997 ein Brief, der mich zur Puja, dem alljährlichen Dankopferfest für den Begründer der Palmblattbibliothek einlud. Es wäre nicht nur unhöflich, sondern ziemlich ignorant gewesen, diese Einladung nicht wahrzunehmen. Die Puja für Bhagawan Sri Shuka Maharshi dauerte zehn volle Tage. In dieser Zeit verwandelte sich das bescheidene Heim der Familie Murthy in einen kleinen Tempel. Blumengirlanden und Bilder der indischen Gottheiten schmückten die Wände und den kleinen Altar, auf dem sich die Opfergaben für den Rishi häuften – Blüten, Früchte, Weihrauch, Öl und Wasser. Es duftete nach Blumen, Sandelholz, Moschus und Amber. Ununterbrochen erklangen Bhajans, die heiligen Hymnen der Veden, intoniert von Gunjur Sachidananda und seinen zahlreichen Gästen – Brahmanen, Sadhus und Schriftgelehrten – die aus ganz Indien und zum Teil wohl auch aus dem Ausland angereist waren. Als einziger Europäer fühlte ich mich uns anfangs ein wenig fremd in dieser Atmosphäre so nah den Rishis und indischen Göttern. Doch die Herzlichkeit von Rathna und Gunjur Sachidananda ließ mich bald alle Hemmungen vergessen. Ich war kein Fremder hier, kein bloßer Zuschauer, sondern Teilnehmer der heiligen Zeremonien. In einem kleinen Raum waren Palmblattmanuskripte zu einer mannshohen Pyramide aufgestapelt worden. Girlanden aus frischen Blüten schmückten die Palmblätter.

„In den zehn Tagen, wenn wir die Puja zu Ehren Bhagawan Sri Shuka Maharshis abhalten, findet keine Palmblattlesung statt", erklärte Gunjur Sachidananda. „Alle Palmblattmanuskripte werden jeweils für einen Tag in diesem Raum gebracht. Es sind jeden Tag andere. In dieser Zeit laden sie sich mit der Energie der Rishis erneut auf. Das ist jener Zeitpunkt, in dem die Transformation der Texte erfolgt. In diesen zehn Tagen ändern sich die Inhalte der Palmblätter und so füllt sich die Bibliothek Jahr um Jahr aufs Neue. Ich weiß, dass ist für Sie schwer zu verstehen, doch lässt sich dieser Vorgang auch anders erklären. Unsere Wahrnehmung der Welt ist nicht objektiv. Jeder nimmt nur einen kleinen Ausschnitt der Wirklichkeit wahr und diese Wahrnehmung ist darüber hinaus noch von seinen persönlichen Wünschen und Vorstellungen geprägt. Der Mensch glaubt, die Dinge die er wahrnimmt, und er selbst, seien voneinander getrennt. Doch in Wirklichkeit ist alles eins. Im Spiel der Schöpfung nimmt die Energie lediglich ständig neue Formen und Zustände an. Wir alle sind Teil dieses Spieles und so kommt es auch, dass sich die Texte der Palmblätter transformieren. Es ist eine Frage der Wahrnehmung, was auf den Palmblättern geschrieben steht. Manche scheinen noch unbeschrieben zu sein, in einigen Jahren dann sind sie beschrieben. Dann nämlich, wenn derjenige die Bibliothek aufsucht, für den eben dieses Palmblatt bestimmt ist. Das ist das Spiel des Maja und die Weisheit der Rishis besteht eben darin, das Maja der äußeren Welt erkannt zu haben und dieses Wissen in Botschaften an all jene weiterzugeben, die auf irgendeine Weise nach einer Möglichkeit von der Befreiung der Fesseln dieser äußeren materiellen Welt streben."

„Sie meinen, die Rishis existieren noch? Heute und hier?"

„Bhagawan Sri Shuka Maharshi ist in den Tagen der Puja unter uns, präsent in energetischer Form. Er ist auch immer dann hier, wenn ich eine Palmblattlesung abhalte. Ich bin nur sein Medium, ein Dolmetscher der Worte Bhagawan Sri Shuka Maharshis. Die Rishis sind keine Menschen, und die Zeit der materiellen Welt spielt für sie keine Rolle. Wir können sagen, die Urschriften der Palmblätter wurden nach unserer Zeitrechnung vor 7.000 Jahren verfasst. Ebenso können wir aber sagen, die Rishis beschreiben die Blätter des Schicksals noch heute. Auch sie mögen vergänglich sein, doch nach menschlichen Maßstäben sind sie unsterblich. Wir wissen, dass sie sich am Beginn des Kali Yuga aus der Welt der Menschen zurückgezogen haben, in die Reinen Länder im Gebirge des Nordens und dort ihr Reich errichteten, für das menschliche Auge unsichtbar, geschützt von Mauern aus psychischer Kraft. Das Kali Yuga ist das Zeitalter der Menschen, in dem sie glauben, selbst ihr Dasein bestimmen zu können, ohne Hilfe aus den anderen Welten. Doch die Palmblätter sagen auch, dass in der Zeit von 1987 bis in das Jahr 2002 nach westlichem Kalender 18 der erleuchteten Meister in menschlicher Gestalt zurückkehren werden, um bei der kommenden Transformation des Planeten der Menschheit helfend zur Seite zu stehen."

„Es heißt, die Rishis hätten ihre spirituellen Gaben genutzt, um in der Akasha-Chronik zu lesen. Wie kann man sich das vorstellen?"

„Nun, die Akasha-Chronik ist nichts Materielles", antwortete Gunjur Sachidananda, „kein Goldenes Buch des Schicksals oder etwas in der Art. Sie besteht vielmehr aus reiner Energie und ist in der Lage, Informationen zu speichern. Je stärker dabei die Emotionen sind, die ein Erlebnis, eine bestimmte Situation im Leben begleiten, desto ausgeprägter ist die überdauernde Information in der Akasha-Chronik. Sie waren in Ihrem Leben in Südafrika sicher ein guter Anwalt, doch das verstandesmäßige Wissen zur Ausübung dieses Berufes gräbt sich nicht allzu tief in die Akasha-Chronik ein. Selbst wenn Sie sich das fachliche Wissen aus dem vergangenen Leben wieder bewusst machen, werden Sie in diesem Leben damit sicher keine Anwaltsprüfung bestehen. Die Spuren von angelerntem Wissen bleiben nur sehr fragmentarisch erhalten. Wenn Sie sich aber, wie das Palmblatt aussagt, in diesem vergangenen Leben sehr stark in bestimmten

Fällen engagiert hat, dann finden sich diese Aufzeichnungen deutlich wieder."

Nach der Lehre des Shuka Nadi – der Kunst des Palmblattlesens – existieren neben unserer dreidimensionalen Welt noch weitere, sehr komplexe Ebenen oder Dimensionen. Diese sind transzendent und mit unserer Wirklichkeitsebene auf eine bestimmte Weise miteinander verschachtelt. Normalerweise beeinflussen sich diese Ebenen nicht gegenseitig, daher können sie auch nicht wahrgenommen werden. Nur bei Veränderungen oder der Störung des Gleichgewichts dieser Sphären werden sie auch von weniger sensitiven Menschen bemerkt. Vorahnungen oder auch das kurzfristige Versetzen in andere Zeitebenen sind die Auswirkungen dieser Phänomene. Ein solches Ereignis spielte sich am 4. August 1951 in der Nähe von Dieppe in Frankreich ab. Zwei Engländerinnen, die sich in ihrem Urlaub in Puys, einem kleinen Ort in der Nähe von Dieppe aufhielten, wurden am jenem Sommertag der Jahres 1951 noch vor Sonnenaufgang durch Kanonendonner aus dem Schlaf gerissen. In den nächsten drei Stunden waren sie Ohrenzeugen einer Schlacht, die gleichsam in der Zeit fest gebannt zu sein schien. Neun Jahre zuvor hatten während des zweiten Weltkrieges kanadische und britische Truppen am 19. August 1942 den von der deutschen Kriegsmarine besetzen Hafen von Dieppe angegriffen. Aus diesem Angriff lernten die Alliierten viel für die spätere Invasion in der Normandie, doch sie zahlten einen furchtbaren Preis dafür. Von insgesamt 6.086 Männern, die in den frühen Morgenstunden des 19. August 1942 bei Dieppe gelandet waren, wurden 3.623 getötet oder verwundet. Neun Jahre später hörten die beiden Frauen noch einmal die unheimlich genaue Wiederholung der Ereignisse von 1942. Die militärischen Aufzeichnungen bestätigten später ihre Beschreibung des erbitterten Kampfes an der französischen Kanalküste. Dieses Beispiel verdeutlicht, dass nicht nur individuelle Schicksale in der Akasha-Chronik gespeichert sind, sondern alle Ereignisse der Menschheitsgeschichte. Es heißt, dass sich jeder Mensch und jedes Geschehen in der Akasha-Chronik wieder findet. Die Akasha-Chronik enthält mithin also alles, was in diesem Universum war, was ist und was jemals sein wird. Für jemanden, der es gewohnt ist, in den westlichen Maßstäben des Verständnisses von Raum und Zeit zu denken, wird diese Aussage sicher nur sehr schwer nachvollziehbar sein. Sie basiert auf einem völlig anderen Zeitbegriff –

nicht auf der linearen Abfolge von Ereignissen, welche das Abendland als Geschichte begreift, sondern auf einer Art von Zeitlosigkeit, die sich als Gleichzeitigkeit aller Ereignisse und Prozesse im Universum manifestiert. Die „Zeit“, so wie wir sie begreifen und „messen“, ist demnach nichts anderes ein von unserem Gehirn kreiertes Ordnungssystem, mit dem es uns erst möglich wird, sich in Raum und Zeit – also dem gleichzeitigen Ablauf aller Ereignisse – zu orientieren. Im folgenden soll ein recht einfacher, bildhafter Vergleich benutzt werden, der sich an unserem westlichen Zeitverständnis orientiert, um zu erklären, wie es den Rishis gelang, die Schicksale bestimmter Personen aus der Akasha-Chronik zu lesen. Stellen wir uns also die Zeit als einen gigantischen Strom vor, der sich aus der Vergangenheit von einer imaginären Quelle – der Einfachheit halber wollen wir sie mit dem Urknall, dem Beginn unseres Universums gleichsetzen – über die sich ständig im Fluss befindliche „Gegenwart“ in die Zukunft bewegt, bis hin zu jenem fernen Punkt, an dem das Universum einmal aufhören wird zu existieren, dem Savarjana Beeja (das Ende aller Form) der indischen Kosmologie. Stellen wir uns dieses „Ende aller Form“ deshalb als einen gigantischen Ozean vor, in den der Strom der Zeit mündet. Wir schwimmen wie alle anderen Wesen auch für einen bestimmten Abschnitt in diesem Strom der Zeit – tauchen an einer Stelle auf, um nach dem Ablauf unserer Lebensspanne wieder darin zu versinken. Dabei ist es für diese Erklärung erst einmal nicht notwendig, weiter zu diskutieren, ob wir nun nur einmal in diesem Strom auftauchen, wie es das westliche Verständnis von Geburt und Tod aussagt oder ob wir, gemäß der östlichen Lehre der Wiedergeburt, viele tausend Male in verschiedenen Abschnitten dieses Flusses der Zeit schwimmen. Als Schwimmer in diesem Zeitstrom ist unser Blickfeld natürlich stark eingeschränkt, so dass wir immer nur einen sehr geringen Teil der Strecke wahrnehmen, die vor uns liegt. Dies mögen im Einzelfall jeweils wenige Stunden, Tage oder allenfalls Wochen sein. Nur für diesen kurzen Abschnitt ist es uns möglich, unser Leben wirklich zu überschauen und entsprechend zu agieren, statt nur zu reagieren. Weiter reicht unser Blick nun einmal nicht in die Zukunft. Es hat jedoch in allen Epochen der Geschichte Menschen gegeben, denen es möglich war, diese engen Begrenzungen zu überwinden. Stellen wir uns vor, dies seien jene Schwimmer im Strom der Zeit, denen es gelungen ist, den Fluss zu verlassen und an dessen Ufern zu wandeln. Wenn sie Flussabwärts entlang des Stromes gingen, mochte es sein, das sie ein wenig schneller waren als die Strömung der Zeit, in der alle anderen dahintrieben. So war es diesen einsamen Wanderern am Rande der Zeit möglich, eher als alle anderen die Untiefen (Verflachung des geistigen Lebens, Versinken in der Welt der Materie), die Stromschnellen (Kriege und Naturkatastrophen) und auch die toten Seitenarme (gescheiterte persönliche oder gesellschaftliche Entwicklungen) im Strom der Zeit zu erkennen. Die Menschen, denen das gelang, waren zu allen Zeiten als Wahrsager oder Propheten bekannt. Michael de Notre Dame, genannt Nostradamus, und der Amerikaner Edgar Cayce gehörten zu ihnen. Anderen Wesenheiten jedoch gelang es, sich über dem Strom der Zeit emporzuschwingen und aus der Höhe mit scharfem Blick zu überschauen, was in dem mächtigen Fluss der Zeit vor sich ging. Und irgendwann befanden sich diese Wesen so hoch über dem Strom der Zeit, dass sie ihn von seiner Quelle (der Entstehung des Universums) bis zu seiner Mündung (dem Ende aller Form) überschauen konnten. Aus dieser Position heraus brauchten sie nur noch die Ereignisse zu beschreiben, welche sich ihnen darboten, und die sie einer Aufzeichnung wert befanden. Aus einer solchen – natürlich rein geistig zu verstehenden – Position heraus mögen die Rishis einstmals all jene Informationen bezogen haben, die sie dann in den Texten der Palmblattmanuskripte niederlegten. Diese Schilderung stellt nur ein bildhaftes Beispiel dar, doch hoffe ich, dass sie zu verdeutlichen hilft, welch brisante Informationen die Palmblattbibliotheken bergen. Es ist nicht mehr und nicht weniger als unser aller Fahrplan in die Zukunft, den die Rishis für uns aufgezeichnet haben.

„Eine wichtige Rolle bei den Nadi-Readings spielt die Beschreibung der früheren Leben", erklärte Gunjur Sachidananda, „denn aus dem, was sich in diesen vorangegangenen Inkarnationen abgespielt hat; aus dem, was wir gedacht und getan haben, gestaltet sich unser heutiges Dasein. Daraus wiederum lässt sich ablesen, welchen Aufgaben und Herausforderungen wir uns in diesem Leben noch stellen müssen, und wie sich diese am besten bewältigen lassen." In den Tagen der Puja zu Ehren Bhagawan Sri Shuka Maharshis lernte ich einmal mehr den Unterschied zwischen abstrakten, angelernten Wissen und persönlicher Erfahrung kennen, die durch nichts zu ersetzen ist. Eine Sache war es, von Gunjur Sachidananda zu hören, der Rishi weile unter den Anwesenden der Puja und durch seine Einwirkung regenerierten und transformierten sich die Inhalte der Texte auf den Palmblättern. Eine ganz andere Sache hingegen war es, seine energetische Präsenz während der Zeremonien selbst fast körperlich zu spüren und zu erleben, dass auf einem zu Beginn der Puja unbeschriebenen Palmblatt aus meinem Manuskript, das ich eigenhändig markiert hatte, nach dem Abschluss der täglichen Zeremonie ein Text mit der Antwort auf eine sehr persönliche Frage zu lesen war, die ich Gunjur Sachidananda gegenüber noch nicht einmal ausgesprochen hatte.

Diese Erfahrungen in der Bibliothek von Bangalore zeigten mir mehr denn je, dass es sich bei den Palmblattmanuskripten nicht um totes, vor Jahrtausenden aufgezeichnetes Wissen handelte, sondern um höchst aktuelle Informationen, deren Studium von größter Bedeutung ist. Daher begab ich mich auf die Suche nach einer weiteren Palmblattbibliothek, von deren Existenz ich gerüchteweise gehört hatte. Kanchipuram ist eine der Sieben Heiligen Städte der Hindus. Zu diesen Orten religiöser Verehrung gehören auch Mathura, der Geburtsort des Gottes Krishna, Haridwar am oberen Ganges, Ramas Geburtsort Ayodhya, die Stadt Dwarka, wo Krishna als König herrschte, Ujiain, wo aller zwölf Jahre beim Kumbha-Mela-Fest Sadhus aus ganz Indien zusammenkommen sowie als bekannteste Stadt das legendäre Varanasi am Ganges, von den Engländern einst Benares genannt. Diese Pilgerstätten werden als *Tirthas* bezeichnet, was zu Deutsch *„Furten"* bedeutet, da sie für die gläubigen Hindus einen Übergang zwischen weltlicher und transzendentaler Realität bilden. Shiva Vishnu Kanchi, so lautet der heilige Name Kanchipurams, wird auch als die „Stadt der Tausend Tempel" gerühmt. Zu ihren Glanzzeiten, als sie nacheinander Hauptstadt der Reiche von Pallava, von Chola und der Rajias von Vijajanagar war, traf diese Bezeichnung zweifellos auch zu. Heute sind von den mehr als eintausend sakralen Bauwerken nur etwa 150 Tempel übrig geblieben. Dennoch ist Kanchipuram eine der ungewöhnlichsten Tempelstädte Indiens. Ihre Gopurams, die gewaltigen Tortürme der Tempel, erheben sich eindrucksvoll über der weiten, hitzeflimmernden Ebene und sind schon von Ferne sichtbar. Auf meiner Reise kam ich auf der Suche nach einer weiteren, im Westen wenig bekannten Palmblattbibliothek in diese Stadt. Ich wusste, dass sich die von Herrn Balasubramaniam geführte Bibliothek in einem Vorort mit der Bezeichnung „Little Kanchipuram" befinden sollte. Doch mindestens ebenso wie die Kunde von dieser Palmblattbibliothek faszinierten mich die riesigen Tempelanlagen und geheimnisvollen Schreine. Die hinduistischen Tempel gelten von alters her als irdischer Wohnsitz der Gottheiten. Daher wurden sie nach einheitlichen Regeln einer komplizierten sakralen Architektur erbaut, um die Götter zu bewegen, sich darin niederzulassen. Der Tempelbau ist in Indien auch heute noch eine Form der Puja, also der Verehrung des Göttlichen und ein Ritual, um den Göttern näher zu kommen. Der Tempel wird dabei gleichsam als eine Art dreidimensionales Mandala angesehen – ein Mikrokosmos, der das Universum symbolisiert. Im Zentrum des Bauwerkes befindet sich stets das Abbild der zu verehrenden Gottheit, die umgeben wird mit Bildern ihres Gefolges in absteigender Rangfolge von innen nach außen, so dass zugleich die göttliche Hierarchie sichtbar wird. Über dem Garbhagriha genannten Sitz der Gottheit erhebt sich der zentrale Tempelturm als Symbol des mythischen Berges Meru, der Achse des Universums. Der ganz aus Kalkstein erbaute Kailasanatha-Tempel gehört zu den ältesten Bauwerken in Kanchipuram. Er wurde vor mehr als 1.300 Jahren auf Geheiß der Könige des Pallavareiches errichtet. Eine mehr als zwei Meter hohe Mauer, in die kunstvolle Nischen eingebaut sind, umgibt den inneren, überdachten und in seiner Massivität an ein Festungsbauwerk erinnernden Tempelbereich, der – und das ist eine große Ausnahme in Indien – auch von Nicht-Hindus betreten werden darf. Keine Fläche der Mauern ist von den antiken Baumeistern und Steinmetzen eben belassen worden, alle sind mit vollendeten figürlichen Darstellungen verziert. Ich bewunderte in den Nischen und Alkoven die immer noch farbenprächtigen Überreste der Wandmalereien und Reliefs, geschaffen von Künstlern, über deren Namen und Existenzen das unerbittliche Rad der Zeit schon längst hinweggegangen war. Diese Bildnisse stellten allesamt Szenen aus den ältesten indischen Epen dar. Doch neben den Abbildern von Arjuna, Krishna, Rama und Lakshmana – den bekannten Helden des Mahabharata und Ramajana – fanden sich auf den Reliefs auch seltsam modern anmutende Darstellungen ganz offensichtlich technischer Fluggeräte. Scheibenförmige Objekte schwebten über den Köpfen der abgebildeten Menschen und Götter. Manche dieser Flugscheiben schienen sich auf einer Säule aus Flammenstrahlen geradewegs vom Boden zu erheben. Andere manövrierten – teilweise sogar in Formation – am Himmel. Ich fragte einen Tempelpriester nach der Bedeutung dieser Darstellungen.

„Das sind Bilder der Vimanas, der fliegenden Maschinen", antwortete er kurz und bündig. „Vor mehr als tausend Jahren, als dieser Tempel erbaut wurde, weilten noch die Rishis, die Erbauer der Vimanas, unter den Menschen. In späteren Zeiten sind sie verschwunden und mit ihnen verging das heilige Wissen um die Bauweise der fliegenden Maschinen."

Der alte Priester berichtete von unzähligen steinernen Tafeln, beschrifteten Kupferplatten und Palmblattmanuskripten, die in den Archiven der Tempel an den heiligen Orten unzugänglich für Nichteingeweihte gelagert sind, und den Vimana-Veda, die „Wissenschaft der planetarischen und interplanetarischen Flugobjekte" zum Inhalt haben.

„Nur wir Priester können noch in den alten Texten lesen und sie übersetzen. Doch wir sind keine Ingenieure oder Techniker, wir sind Männer des Glaubens. Wenn es aber jemanden gäbe, der ein Techniker oder ein Konstrukteur ist und er die Geduld hätte, unter unserer Anleitung diese alten Texte zu studieren, solange eben, bis er sie vollständig verstanden hat – dieser Mann wäre dann imstande, ein Vimana zu bauen, so wie es einst die Rishis getan haben. Die Pläne zum Bau der Flugscheiben und zu ihrer Verwendung – der Vimana Veda eben – existieren noch. Diese Wissenschaft der Alten muss nur wieder zum Leben erweckt werden."

Doch erst wenige dieser wertvollen Manuskripte konnten bislang auch von der offiziellen Wissenschaft „wieder entdeckt" und teilweise übersetzt worden, so etwa das bereits erwähnte Samaranganasutradhara oder das Vaimanika-Shastra – ein mehrere tausend Jahre alter Sanskrit-Text, welcher aus der Feder des Maharshi Bharadwaaja, eines Rishis, stammen soll. In zehn Kapiteln behandelte dieser Text so aktuelle Themen wie die Ausbildung der Piloten auf verschiedenen Typen von Vimanas und die Darstellung der vorzeitlichen Luftwege. Von der Ausrüstung und Verpflegung der Passagiere war dort ebenso die Rede wie von der Bedienung der einzelnen Geräte und Maschinen an Bord eines solchen Vimana. Auch militärische Aspekte fanden ihre Berücksichtigung in den alten Sanskrit-Texten. Die Vimanas verfügten über Instrumente, mit denen feindliche Manöver rechtzeitig erkannt werden konnten, um diese wirkungsvoll zu verhindern. Außerdem waren die antiken Flugscheiben mit recht modernen Kommunikationsgeräten ausgerüstet, mit denen „die Verständigung zwischen diesen Fluggeräten über weite Strecken im Raume hinweg möglich" gewesen sein soll. Auch recht genaue Angaben über die Größe der Flugapparate, die nach Stockwerken gemessen wurde, und über die mächtigen Waffensysteme der Vimanas waren in den Sanskrit-Texten verzeichnet.

„Ich zeige Ihnen einen schönen Vimana", erklärte der Priester und bat mich, ihm zu folgen. In einer Nische, die ich übersehen hatte, war in der Tat die hervorragende Darstellung einer solchen Flugscheibe erhalten, die sich über den Köpfen eines Paares in den Himmel erhob. Eine Reihe von Fenstern und Luken sowie die realistische Darstellung des Abgasstrahles bewiesen den eindeutig technischen Charakter dieses Flugobjektes. Der Priester deutete auf die beiden abgebildeten Porträts. „Hier sind Prinz Rama und seine Gemahlin Sita dargestellt. Das Flugschiff im Hintergrund ist der Vimana des Prinzen, mit dem er den Dämonen Rawana aus Sri Lanka vernichtete. Es war ein großer Kampf, bei dem Rama seine Sita aus der Gefangenschaft des Dämonen befreite. Eine unserer Legenden erzählt, dass Ramas Vimana nach dem Kampf hier an dieser Stelle gelandet sein soll, wo in späteren Jahren der Tempel erbaut wurde. Deshalb finden sie hier auch dieses Bild."

„Wie alt schätzt man diese Darstellung?" wollte ich wissen.

„Sie ist so alt wie der Tempel, mehr als 1.300 Jahre. Wissenschaftler haben vor einiger Zeit die Farben analysiert und das hohe Alter der Bilder bestätigt."

„Die selben Wissenschaftler meinen aber auch, dass damals die Menschen unmöglich solche Flugapparate gebaut haben können", wandte ich ein. „Waren es vielleicht Wesen aus dem All, die Astronautengötter der Vorzeit, deren Flugwagen hier abgebildet sind?"

„Die Vorstellung, dass unsere Erde von Wesen aus dem All besucht wurde und immer noch besucht wird, deren Heimat fremde Planeten in anderen Sonnensystemen, manchmal sogar andere Galaxien sind", erwiderte der Priester mit einem nachsichtigen Lächeln zu meiner nicht geringen Überraschung, „diese Vorstellung ist den gläubigen Hindus seit Jahrtausenden geläufig. Auch unsere Wissenschaftler beziehen dieses Wissen in ihre Forschungen mit ein. Es ist schon lange nicht mehr die Frage, ob diese Vimanas tatsächlich existiert haben. Natürlich existierten sie. Vielmehr gilt es nun zu differenzieren, welche Vimanas von wem gebaut und benutzt worden sind, und was wir aus den Beschreibungen in den alten Manuskripten lernen und für unsere eigene Entwicklung verwenden können."

„In dem Vimana Veda werden die verschiedensten Flugschiffe beschrieben", fuhr der Priester in seinen Erläuterungen fort. „ Manche dieser Maschinen stammten mit Sicherheit nicht von der Erde. In den Texten ist die Rede von Rakshasas, den Wesen der Finsternis und Gewalt, die mit ihren Vimanas aus den Tiefen des Alls kamen. Doch andere fliegende Maschinen wurden von irdischen Konstrukteuren erschaffen – den Rishis. Es waren keine Menschen, aber auch keine Götter. Wir können sagen, dass die Rishis eine eigene Art, eine ganz besondere Rasse von Wesen bildeten, die schon lange auf der Erde weilten, bevor die menschlichen Seelen aus dem Dämmer der Gefangenschaft in einem halb tierischen Dasein zu erwachen begannen, und die Menschen nach dem Sinn ihrer Existenz auf der Erde zu suchen anfingen. Nach menschlichen Maßstäben waren sie seit Anbeginn der Zeit hier und durchschritten die verschiedenen Yugas, die Weltzeitalter, an der Seite der Götter und Menschen. Sie waren die Mittler zwischen der Welt des Göttlichen und der Welt der Menschen, die Hüter einer universellen Weisheit und ihrer allumfassenden Gesetzmäßigkeiten. Die Rishis kennen die Gesetze des Karma, das die Existenz der Götter ebenso bestimmt wie die der Menschen."

Als er meine Zustimmung gewahrte, fragte der Priester, nun seinerseits ein wenig überrascht: „Kennen Sie sich mit diesen Überlieferungen aus?"

Ich berichtete ihm von meinen Forschungen und Reisen. Er wiegte lächelnd den Kopf hin und her. „Da bin ich nun bald achtzig Jahre alt, doch ist es nie zu spät, um etwas dazu zu lernen. In vielen Dingen wissen Sie mehr als ich über die Großen Alten und ich denke, Sie haben ihr Wesen recht gut verstanden. Wenn es denn Ihr Weg ist, so suchen Sie die Rishis, doch suchen Sie vor allem, die Weisheit der Rishis zu erlangen." Der Priester empfahl mir noch, den Shiva geweihten Sri-Ekambaranathar-Tempel zu besuchen, wenn ich mehr über die Rishis und ihre Werke wissen wollte.

„Fragen Sie dort nach Narjan. Er ist noch jung, doch er kennt sich gut aus mit den Überlieferungen."

Der Sri-Ekambaranathar-Tempel gehört zu den größten sakralen Bauten in Kanchipuram. Allein seine Grundfläche bedeckt neun Hektar Land. Der Tempel wird von einer gewaltigen Außenmauer aus Granit umgeben. Auch sein Gopuram, der Torturm, ist äußerst beeindruckend. Mit einer Höhe von fast sechzig Metern gehört der ganz aus Granit erbaute, über und über mit Abbildern von Göttinnen, Göttern und Helden der indischen Mythologie bedeckte Koloss zu den größten Tempeltürmen von Kanchipuram. Der aus einem einzigen Granitblock geschnittene, wohl mindestens ein halbes Dutzend Tonnen schwere Schlussstein des Gopuram mit seinen charakteristischen, an überdimensional Spulen oder Kondensatoren erinnernden Verzierungen wurde nach den Fahrzeugen der indischen Gottheiten Vimana genannt Im Innern des Tempels umgeben fünf weitere Einfriedungen den Zentralbau des Heiligtums und eine Tausend-Säulen-Halle, wie man sie in allen südindischen Hindu-Tempeln findet. In Wirklichkeit, so versichert mir der Priester Narjan, bestand diese Halle allerdings nur aus 540 mit überaus filigranen Steinmetzarbeiten geschmückten Granitsäulen, die allesamt Szenen aus dem Mahabharata, dem Ramajana und einigen weiteren südindischen Epen darstellen. Von den Säulen und Erkern lächelten die hinduistischen Götter herab, aus Ecken und Winkeln grinsen fratzengesichtige Dämonen. Tiergottheiten, Gott-Tiere, Fabelwesen verfolgten mit aufgerissenen Rachen und glänzenden Augen meinen Weg. Narjan, der Priester, war von hohem Wuchs, breitschultrig und mochte Mitte Dreißig sein. Auch sein heller Teint unterschied ihn auffallend von den eher kleinwüchsigen und dunkelhäutigen Tamilen. Doch auch die anderen Priester dieses riesigen Tempels wirkten fast so, als wären sie die letzen Angehörigen einer anderen, fast ausgestorbenen Rasse. Sie gehörten allesamt zur Kaste der Brahmanen.

„Unsere Ahnen kamen einst aus den Weiten der eurasischen Steppen in dieses Land." begann Narjan zu erzählen. „Das war vor vielen tausend Jahren. Doch weil unsere Vorfahren sich nicht mit den Einheimischen vermischten, blieb unser Aussehen ebenso unverändert wie unsere Überlieferungen. In Tempeln wie diesen werden sie gehütet. Es gibt hier eine eigene Schule, in der die jungen Mönche auf ihren Tempeldienst vorbereitet werden. Sie kommen aus über achtzig Bhramanen-Familien, die hier in

Kanchipuram leben. Neben einer modernen schulischen Ausbildung erhalten sie auch Unterricht in Sanskrit, Alt-Tamil und weiteren alten Sprachen wie Grantha oder Pali. Außerdem werden sie werden mit unseren Überlieferungen, Legenden und den Opferritualen des Tempeldienstes vertraut gemacht." Narjan führte mich zu einer Stelle im Schatten der Tausend-Säulen-Halle, wo Dutzende der Tempelschüler mit auf Geheiß eines würdigen Priesters immer wieder das Chanten ein und derselben Textzeile übten. Der Meister korrigierte geduldig Sprache, Ausdruck und Tonlage des Gebetsgesanges seiner Schüler, um sie den Text dann nochmals wiederholen zu lassen.

„Diese Schüler lernen gerade den Text der Bhagavadgita. So werden unsere Überlieferungen noch heute weitergegeben", erklärte Narjan. „Wir verlassen uns nicht nur auf das geschriebene Wort. Jeder Priester muss außer den Hymnen, die für den täglichen Tempeldienst und die einzelnen Rituale erforderlich sind, auch einen großen Teil der Texte des Mahabharata und der anderer Epen auswendig beherrschen, vor allem aber die heiligen Strophen der Bhagavadgita."

„Dennoch gibt es in unserem Tempel natürlich auch Archive, in denen Heilige Texte verwahrt werden. Dazu gehören neben historischen Überlieferungen auch yogische Lebensregeln und geheime Manuskripte, die magische Rituale beschreiben." Als er meine Neugier gewahrte, wehrte Narjan ab.

„Sie sind weder Hindu noch Priester", beschied er mir. „Fremden sind diese Bibliotheken verschlossen, ebenso wie Nicht-Hindus der Zutritt zum zentralen Heiligtum dieses Tempels untersagt ist. Ich bitte Sie darum, diese Gebote zu respektieren, denn in Ihrem Land erwarten Sie ja auch mit Recht, dass sich der Gast Ihren Lebensregeln anpasst." Vor langer Zeit, es mochte gut einhundert Jahre her sein, so berichtete Narjan weiter, kam ein Mann aus dem fernen Amerika auf seiner Reise durch Indien auch nach Kanchipuram. Er freundete sich mit einem Priester der Tempelschule an, den er während einer der damals recht häufigen Hungersnöte in seinen Bemühungen unterstützte, das schlimmste Leid der Bevölkerung zu lindern. Dieser Amerikaner nun suchte nach den Spuren einer versunkenen Hochkultur, von der er glaubte, dass sie einstmals im Gebiet des heutigen Pazifik existiert hätte. Als der Priester das überaus große Interesse des Fremden an der Vergangenheit erkannte, lehrte er ihn die alten Sprachen und machte ihm schließlich auch einen Teil jener uralten steinernen Platten zugänglich, deren eingemeißelte Texte vom Untergang jenes Landes berichteten, das der Fremde Mu nannte.

„Auch dieser Amerikaner hat, obgleich er mehrere Jahre hier verbrachte, niemals das Tempelarchiv betreten dürfen. Dieses Recht ist nur den Eingeweihten des Tempels vorbehalten. Doch der Fremde war trotzdem sehr zufrieden mit dem, was er an diesem Ort erfahren hatte. Er schrieb später ein Buch über seine Arbeit, das im Westen wohl sehr viel Beachtung gefunden hat. Das erzählten zumindest meine Lehrer, die es so wieder von ihren Lehrern erfahren hatten. Vielleicht kennen Sie sogar den Namen des Fremden. Er hieß Churchward. James Churchward.“ Unversehens war ich hier wieder auf die Spur jenes Mannes gestoßen, der bei seiner Recherche höchstwahrscheinlich die einstige Heimat der Rishis entdeckte, den versunkenen Kontinent Mu oder Kasskara, wie das verlorene Land von den Hopi genannt wurde. Ich berichtete Narjan von meinen Forschungen und darüber, dass ich einer ganz ähnlichen Spur wie einst James Churchward folgte.

„Ich werde Ihnen gern alles erzählen, was ich von diesen Dingen weiß“, erklärte Narjan zu meiner Freude, während er mich über den riesigen Hof des Tempels führte, der unter den sengenden Strahlen der Mittagssonne förmlich zu glühen schien. Narjan schien das alles nichts auszumachen. Barfüßig schritt er voller Würde über die heißen Steine. Wie immer wurde der Tempel für die heißesten Stunden des Tages geschlossen, und auch ich hätte ihn eigentlich verlassen müssen. Doch Narjan hielt mich zurück. Jetzt war die beste Gelegenheit für eine ungestörte Besichtigung des ganzen Bauwerkes, machte er mir begreiflich. „Sie wollen doch alles über die Rishis erfahren.“ Narjan deutete auf ein Gebilde, das schon die ganze Zeit über mein Interesse erregt hatte. Es handelte sich um einen mindestens fünf Meter hohen, mit Messingblech verkleideten Mast, der ein wenig verloren mitten im Tempelgelände stand und in seiner Form stark an den Trägermast einer Elektrizitäts- oder Telegraphenleitung erinnerte. Selbst stilisierte Kondensatoren an den waagerecht verlaufenden Querträgern waren ohne weiteres erkennbar. Lediglich die Leitungen fehlten, ansonsten war die Illusion eines technischen Bauwerkes perfekt.

„Das ist ein Victory Pillar, eine so genannte Siegessäule. Sie findet sich in der einen oder anderen Form in jedem Tempel, der Shiva geweiht ist." begann Narjan seine Erklärungen. „Sie erinnert an den Sieg Durgas über die Dämonen." Durga ist im hinduistischen Glauben die Inkarnation der furchterregenden Seite Parvatis, der schönen und gütigen Tochter des Himalaja. Während Parvati nur als Gefährtin Shivas verehrt wird, handelt Durga selbständig und bekämpft die Dämonen der Unwissenheit und Falschheit mit ihrer ungezügelten Stärke. Narjan erzählte von der Legende, die zu Durgas Verehrung führte und die auch im Durga Charitra – zu Deutsch „Durgas Taten", einer der berühmtesten Mythen des Hinduismus – überliefert wurde. Zur Zeit der Götter und Rishis übte der gewaltige Dämon Mahishasura so strenge Askese, dass die Götter ihm fast unbegrenzte Macht verleihen mussten. Diesen Umstand gedachte der Dämon für seine Zwecke zu nutzen, denn er wollte die Herrschaft über die Welt den Göttern entreißen. So nahm er Büffelgestalt an und stürmte gegen die Tore des Himmels. Von seiner schrecklichen Macht und dem nachfolgenden Chaos waren die erzürnten Götter überwältigt, so dass sie Durga schufen, womit sie all ihre Kraft in einer einzigen Göttin konzentrierten. Durga besiegte die Dämonenheere und vernichtete nach mörderischem Kampf schließlich Mahishasura.

„Es heißt, dass Durga und ihre Verbündeten siegten, weil sie sich über weite Strecken verständigen konnten, ohne dass die Dämonen in der Lage waren, diese Gespräche mitzuhören. Überall im Land standen damals diese Masten, die wir heute Siegessäulen nennen. Sie waren durch metallene Drähte miteinander verbunden. Diese Konstruktion nutzen Durga und ihre Verbündeten – die Götter und Rishis – um sich zu verständigen. So blieben ihre Pläne vor den Feinden geheim und sie vermochten die entfesselten Dämonen zu schlagen. Die Konstruktion der Siegessäulen aber und die Idee der Verständigung durch die metallenen Drähte aber stammte von den Rishis, welche schließlich auch die Siegessäulen schufen. So hatten sie wesentlich Anteil am Sieg über die Dämonen", sagte Narjan.

Wir standen inzwischen vor der „Siegessäule" und schauten hinauf zu der Konstruktion am oberen Ende des Mastes. Aus der Nähe war die Ähnlichkeit mit einem modernen Telegraphenmast noch größer. Die Legende passte dazu. Was hier als Symbol des Sieges über einen bedrohlichen und möglicherweise außerirdischen Gegner der Menschheit eines früheren Yugas verehrt wurde, war einstmals Bestandteil einer technischen Anlage gewesen, eines umfangreichen Kommunikationssystemes, das in den Tagen der Vorzeit zumindest ganz Südindien und vielleicht noch weitere Teile des Subkontinentes umspannte.

Am Sockel der „Siegessäule" waren in steinernen Reliefs Bildnisse der Gottheiten Shiva und Durga sowie Episoden des Kampfes gegen die Dämonenheere eingemeißelt. Wenige Meter davon entfernt fand sich die Darstellung des Dämonenherrschers Mahishasura. In der sakralen indischen Kunst ist die Abbildung Durgas auf ihrem mythischen Reittier, dem Löwen, im Kampf gegen den Büffeldämonen ein recht beliebtes Motiv. Meist erscheint Mahishasura als aggressiver, waffenschwingender Angreifer mit wildem, tierartigen Kopf. Auf modernen Bildern führt der Dämon dann schon einmal ein Gewehr oder gar eine Kanone mit sich. Doch hier war nichts von all dem zu sehen. Die Darstellung Mahishasuras im Ekambaranathar-Tempel von Kanchipuram schien viel eher abstrakter, um nicht zu sagen, technischer Natur zu sein. Gegenüber der „Siegessäule" stand ein etwa ein Meter hoher granitener Sockel, auf dem der Dämon plastisch in der Form einer Flugscheibe aus dem harten Stein modelliert war, so wie ich sie von den bildlichen Darstellungen aus dem Kailasanatha-Tempel bereits kannte.

„Hier ist nicht Mahishasura in seiner körperlichen Form selbst, sondern in der Form seines Vimana dargestellt", erklärte Narjan, „den er in der Schlacht gegen Durga einsetzte. Doch auch diese fliegende Maschine konnte seine Niederlage nicht verhindern. Der Vimana wurde von Durga zerstört und der Dämon vernichtet." Bis heute erinnert ein zehntägiges Tempelfest, das jedes Jahr im März abgehalten wird, an diese Ereignisse. Während des Festes werden die Statuen von Durga und Mahishasura in einer rituellen Prozession durch den Tempel und die umgebenden Straßen getragen. Zum Abschluss dieses farbenprächtigen Umzuges platzieren die Priester dann die Abbilder des Dämonen und seiner Bezwingerin vis-à-vis im Abstand von mehreren Dutzend Metern an einem exponierten Platz auf dem Tempelhof, ganz in der Nähe des Victory-Pillar. Anschließend wird die Schlacht zwischen Durga und den Dämonenheeren in Tänzen und Gesängen sowie durch das Abbrennen zahlloser Feuerwerkskörper dargestellt. Die farbigen Raketen werden solange auf das aus relativ leicht brennbaren Materialien hergestellte Abbild Mahishasuras abgefeuert, bis der Dämon in Flammen aufgeht. Dann feiert die Menge den Sieg Durgas über die Mächte der Finsternis. Besondere Beachtung bei diesem Geschehen verdient die Tatsache, dass jene bei der symbolischen Schlachtdarstellung verwendeten Feuerwerkskörper die mächtigen „Himmelspfeile" darstellen sollen, welche Durga einst auf ihren Widersacher abfeuerte. In Anbetracht der Darstellung Mahishasuras in Form seines Vimana fällt es nicht schwer, diese „Himmelspfeile" als Raketengeschosse zu identifizieren, welche das Wesen vernichteten, das in die indische Mythologie als „Büffeldämon" einging.

Narjan führte mich tiefer in die labyrinthischen Hallenkomplexe des Tempels hinein. Vereinzelte Fackeln und Öllampen erhellten hier die ewige Dämmerung. Brennende Räucherstäbchen verströmten aromatische Düfte nach Sandelholz, Amber und ätherischen Ölen. Doch im Halbdunkel dieser geheimnisvollen Räume waren die Wände und Säulen aus perfekt aufeinander gefügten zentnerschweren Granitblöcken nicht mehr so reich verziert wie in den äußeren Bereichen. Ich hatte das Gefühl, mich eher in einer leeren Fabrikhalle als durch die Säulengänge eines sakralen Bauwerkes zu bewegen. Die Hallen, Nischen und Arkaden wirkten seltsam funktionell und ließen jede religiöse Prachtentfaltung vermissen. Dies verwunderte mich um so mehr, wenn ich an die reich geschmückten und fast überladen wirkenden Gopurams und Schreine draußen dachten, wo auf Schritt und Tritt frische Blumen, Vibuthi und Blütenkränze die Statuen der Götter und Dämonen schmückten.

„Diese Räume hier sind den Bauwerken nachempfunden, in denen einst die Vimanas, die Fahrzeuge der Götter und Weisen, konstruiert und gebaut wurden", ließ sich Narjan im Halbdunkel vernehmen. „So wie hier sah es auch im Innern mancher Vimanas aus." Tatsächlich ließen sich einige Bereiche des Sri Ekambaranathar-Tempels auch ohne große Phantasie als Nachbauten von Verladerampen, Werkstätten und Hangars interpretieren. Wir gingen weiter. Die Räume wurden immer kleiner und verschachtelter, die Durchgänge enger. Sie wirkten fast schleusenartig. „Hierher kommen sonst keine Weißen", sagte der Priester. „Folgen Sie mir, ich werde ihnen etwas Besonderes zeigen." Voller Erwartung betrat ich eine lange, vom Glanz zahlreicher Öllampen matt erhellte Galerie. Was ich hier zu Gesicht bekam, ließ meinen Atem stocken. Entlang der

Wände standen auf niedrigen Sockeln Dutzende halbmeterhohe Statuen in seltsamen Gewändern. Auf den ersten Blick wirkten sie alle menschlich. Doch nur auf den ersten Blick. „Das sind die Abbilder der Hohepriester dieses Tempels", erläuterte Narjan und deutete auf die Ziffern, welche über den einzelnen Skulpturen an die Mauer geschrieben waren. „Hier sind alle Generationen aufgezeichnet, die seit Beginn des Tempelbaues vergangen sind." Es waren mehr als siebzig und die ältesten Darstellungen wiesen trotz oder gerade wegen der großen Detailtreue allenfalls menschenähnliche Züge auf. „Schauen Sie sich doch einmal die Baumeister des Tempels an", ermunterte mich Narjan und deutete auf die Vertreter der ersten Generationen. „Es waren Rishis." Ich betrachtete die Skulpturen der geheimnisvollen Schöpfer dieses Tempels, der Vimanas und der Palmblattbibliotheken. Diese Wesen trugen helmartige Kopfbedeckungen und ihre darunter nur teilweise erkennbaren Gesichter hatten etwas seltsam Fremdes an sich. Auch der schlanke und dennoch kraftvolle Körperbau wirkte beinahe reptiloid, ganz so, als hätte man es hier mit amphibischen Wesen zu tun, deren Heimat Meer und Land zugleich gewesen waren. Über ihrer modern wirkenden Kleidung trugen sie Tornister geschultert, die entfernt an Sauerstoffgeräte, zugleich aber auch an militärisches Marschgepäck denken ließen. An den Koppeln, die sie um ihre Hüften geschnallt hatten, hingen waffenähnliche Gegenstände. Mit dieser Ausrüstung und all den technisch anmutenden Utensilien sahen die Erbauer des Tempels ihren weltabgewandten, asketischen Nachfolgern späterer Priestergenerationen, die mit den typischen Abzeichen der Shivaiten – Dreizack, Trommel und drei waagerechten Streifen auf der Stirn als Zeichen des asketischen Strebens nach Auslöschung der drei Unreinheiten Selbstsucht, eigennütziges Handeln und Maya – dargestellt wurden, so gänzlich unähnlich. Die Rishis wirkten nicht wie Priester, sondern wie Mitglieder einer Expedition, die unter extremen Bedingungen zu operieren gezwungen ist. Auch in diesem Fall wurde meine Hypothese durch die Überlieferungen vom Untergang der „Dritten Welt" oder des vorhergehenden Yugas bestätigt. Waren die Rishis jenen Kachinas ähnlich, diesen hoch entwickelten Wesen, von denen die Legenden der Hopi aus der Dritten Welt berichteten, so sah ich hier die Statuen jener Angehörigen einer prähistorischen Hochkultur vor mir, die ihre Heimat durch kriegerische Auseinandersetzungen und Naturkatastrophen verloren hatten. Sie waren gezwungen, in einem fremden, ihnen unbekannten

Land, bevölkert von Wesen, die ihnen nicht immer freundlich gesonnen waren, eine neue Heimat zu finden. Nur allzu verständlich, dass sie sich all jener Ausrüstung bedienten, die ihnen für dieses Unterfangen tauglich erschien. In dieser Erscheinung blieben sie den Bewohnern des Landes in Erinnerung, die schließlich auch die Abbilder ihrer neuen Lehrmeister formten. Auf diese Weise ließen sie jene unsterblich werden, die sich aus der Welt der Menschen schon längst wieder zurückgezogen haben.

Wir schritten durch die Galerie, vorbei an den steinernen Abbildern ganzer Generationen der Tempelpriester und gelangten schließlich in einen anderen Bereich des Heiligtums. Hier erhob sich inmitten eines kleinen umbauten Hofes ein mächtiger und offensichtlich uralter Mangobaum. „Damit hat es eine ganz besondere Bewandtnis", sagte Narjan ehrfürchtig. „Dieser Baum ist 3.500 Jahre alt. Dies haben sogar Wissenschaftler mit der Hilfe der Baumringmethode zu bestätigen vermocht. Nach ihm wurde einst unser Tempel genannt." Tatsächlich soll der Name des Tempels auf die Bezeichnung *Eka Amra Nathar* zurückgehen, was soviel wie *„Herr des Mangobaumes"* bedeutet. Die vier riesigen Äste dieses uralten Baumriesen symbolisierten die Yugas, die vier Weltzeitalter, vertraute mir Narjan an. Deshalb hätten die Früchte der einzelnen Zweige auch jeweils einen anderen Geschmack. Unter diesem Mangobaum, so vermeldet die Legende, heiratete einst der Gott Shiva seine Gefährtin Parvati, die schöne Tochter des Himalaja. Zum ewigen Andenken an diese Hochzeit ließen die Rishis dann um den heiligen Mangobaum herum den Ekambaranathar-Tempel errichten. Daher wird der Baum auch als eine Manifestation des Gottes Shiva angesehen. In einem kleinen Schrein am Fuße des mächtigen Baumes brachten gläubige Hindus dem gewaltigen Shiva und seiner gütigen Gefährtin mannigfache Opfergaben dar – Wasser, ätherische Öle, Räucherwerk, Blumen, Früchte, Schmuck und Geld. Andächtig umschritten die Gläubigen den Schrein des Gottes, Gebetsmantras murmelnd. Ich verfolgte fasziniert das Geschehen. Narjan freute sich sichtlich über meine Aufmerksamkeit.

„Ich werde Sie Shiva und Parvati vorstellen", verkündete er. „Dann werden Sie verstehen, dass es keine bloßen Statuen sind, nicht nur Bilder aus Stein, sondern dass sie wirklich existieren." Der Priester geleitete mich weiter durch dunkle Hallen und riesige Arkadengänge zum Schrein der Gottheiten, einem Tempel im Tempel, dem Wohnsitz von Shiva und

Parvati. Ich betrat den Schrein durch das schmale, steinerne Tor. In der Mitte des hohen Raumes thronte das göttliche Paar auf einem kleinen Altar. Die etwa einen Meter großen Statuen von Shiva und Parvati waren in prunkvolle Gewänder aus kostbarer Seide – für deren Produktion Kanchipuram seit mehr als tausend Jahren berühmt ist – Damast und Goldbrokat gekleidet. Über ihnen hing von der Decke herab ein Netz aus tausenden von haselnussgroßen, getrockneten Samen einer bestimmten Pflanze, die Shiva geweiht ist. Diese Samen werden deshalb auch als Shivas Augen bezeichnet. Ihre ungeheure Anzahl in diesem Schrein symbolisierte die Allmacht und Allgegenwart des Gottes. Mir fiel auf, dass der Altar zu beiden Seiten von mehr als mannshohen, messinggerahmten Spiegeln flankiert wurde, deren Qualität an das berühmte venezianische Glas erinnerte.

„Mit diesen Spiegeln hat es folgende Bewandtnis", erzählte der Priester, „den Devotees, den Anhängern Shivas ist vorgeschrieben, dass sie auf einer Pilgerfahrt in eine heiligen Stadt wie Kanchipuram hier alle Schreine ihres Gottes aufsuchen müssen. Das ist Bhakti, ein Weg der völligen Hingabe an die Gottheit. Hier in Kanchipuram gibt es aber 108 Shiva geweihte Tempel. Sie können sich vorstellen, wieviel Zeit man braucht, um sie alle aufzusuchen und dort die vorgeschriebenen Rituale der Puja abzuhalten. So viel Zeit hat kein Mensch. So kam schon vor mehreren hundert Jahren ein Herrscher der Pallava auf die Idee, seinen gläubigen Untertanen die zeitraubenden Zeremonien zu ersparen. Wenn man diese Statuen der Gottheiten hier umschreitet, so erblickt man sich selbst im Spiegel und 108mal das Abbild des göttlichen Paares, so dass mit einer Puja vor diesem Altar alle religiösen Pflichten des Besuches der heiligen Stadt erfüllt sind." Eine sehr effiziente Methode der Verehrung, die sich die Pallavas da hatten einfallen lassen. Diese uralte Königsdynastie war nicht umsonst noch heute für ihre Tüchtigkeit und ihren Einfallsreichtum bekannt. Narjan sprach zahllose Gebetsmantras voller geheimer Bedeutungen und intonierte mit kräftigem Bariton die Bhajans zu Ehren von Shiva und Parvati. Obwohl es in den steinernen Hallen des Tempels ansonsten angenehm kühl trotz der draußen brütenden nachmittäglichen Hitze war, herrschte in dem steinernen Schrein eine eigentümliche drückende Schwüle, die mir den Schweiß aus allen Poren trieb. Ein dunkler hallender

Ton, wie ferner monotoner Gesang schien in der Luft zu liegen – der Klang der Stille.

„Shiva ist ein mächtiger Gott. Das ist seine Energie", flüsterte Narjan ehrerbietig. Ein lang anhaltendes vibrierendes Hallen, das uns erbeben ließ, erfüllte plötzlich den Raum. Mridangas, die Trommeln erklangen, Flöten, Tablas und Sarods fielen ein. Eine Musik erklang, wie ich sie noch nie gehört hatte. Die Zeremonie begann. Ich reinigte mich mit den Flammen des heiligen Feuers. Narjan markierte mit roter Vibuthi die Thika, das Dritte Auge, auf meiner Stirn. Anschließend erteilte er mir den Segen Shivas, indem er eine reich verzierte Haube aus Silberblech, die den Fuß der Gottheit darstellen sollte, auf meinen Kopf herabsenkte. Ununterbrochen rezitierte Narjan dabei die heiligen Mantras zu Ehren der Gottheiten. Die Berührung des kühlen Metalles durchzuckte mich wie ein elektrischer Schlag. Ich hatte das Gefühl, direkt in einem klaren Strom mächtiger Energien zu stehen, in denen sich die Kräfte des Universums und der Erde verbanden. Als ich nach einem herzlichen Abschied von Narjan den Schrein verließ, vergoldete der Sonnenstrahlen letzter Widerschein die mächtigen Gopurams des Tempels. Eine kühlende Brise hatte sich aufgemacht und vertrieb den Staub des geschäftigen Tages. Ich strebte im Strom der Pilger und Touristen meiner Unterkunft entgegen – erschöpft, zufrieden und einmal mehr überrascht von diesem Land. Es war Abend geworden über der Heiligen Stadt.

Nach dem Frühstück am nächsten Tag traf ich Herrn Davis, meinen Dolmetscher. Er war ein pensionierter Beamter der indischen Eisenbahn, den ich in Madras kennen gelernt hatte, wo er sich als Buchhalter im Hotel ein Zubrot zu seiner bescheidenen Pension verdiente. Herr Davis beherrschte neben Tamil und Hindi auch noch einige andere lokale Sprachen und Dialekte. So war ich sehr erfreut, als er sich bereit erklärte, mich trotz seiner mehr als siebzig Jahre als Dolmetscher auf der Fahrt nach Kanchipuram zu begleiten. In der Palmblattbibliothek von Herrn Balasubramaniam wurde nur Tamil gesprochen, so dass sich die Anwesenheit eines Dolmetschers bei ausländischen Besuchern zwingend erforderlich machte. Herr Davis stammte aus einer der in Südindien recht seltenen christlichen Familien. Kumar, mein Fahrer, war Moslem. Dennoch brannten beide genauso wie ich darauf, die Palmblattbibliothek zu besuchen, obwohl es doch eine hinduistische Orakelstätte war. Religiöse Vorurteile, die noch heute in der so genannten zivilisierten Welt für so manchen unversöhnlichen Zwist sorgen, waren meinen beiden Begleitern ebenso unbekannt wie den Palmblattlesern der Familie Balasubramaniam, die ihre andersgläubigen Landsleute genauso wie mich mit großer Herzlichkeit in der Palmblattbibliothek willkommen hieß. Die Palmblattbibliothek von Kanchipuram war in einem großräumigen, doch trotzdem bescheiden wirkenden, strohgedeckten Haus an der Ausfallstraße nach Chengalpattu untergebracht. Nur ein Schild mit der Aufschrift „Sri Agathyar Nadi Jothida Nilayam" an der nahe gelegenen Bushaltestelle zeugte von ihrer Existenz. Ansonsten hätte man das Anwesen ohne weiteres auch für das Wohnhaus der Großfamilie eines Händlers oder Angestellten halten können. Ein junger Mann begrüßte mich mit einem herzlichen Lächeln auf der Schwelle des Hauses.

„Namaste, ich bin Siddharta", übersetzte Herr Davis seine Worte und fügte hinzu: „Der Meister selbst weilt zur Zeit nicht in der Stadt. Doch Herr Balasubramaniam hält überdies in eigener Person nur noch wenige Palmblattlesungen ab. In seinem Alter überlässt er diese Arbeit eher seinen Schülern und widmet sich vor allem deren Ausbildung. Wenn Herr Balasubramaniam einmal seinen Körper für immer verlässt, muss ein würdiger Nachfolger die Bibliothek weiterführen, so wie es die Tradition vorschreibt." Siddharta, der junger Palmblattleser, schien zu den Anwärtern auf dieses Amt zu gehören. Die anderen Nadi-Reader und ihre recht zahlreichen Assistenten begegneten ihm mit großer Achtung. Siddharta bat mich in die Palmblattbibliothek, wo in etlichen kleinen Zimmern stets zugleich verschiedene Palmblattlesungen abgehalten wurden. In mehreren anderen Räumen und unter dem schattigen Vordach warteten ganze Scharen von Klienten. Die Anwesenden waren fast ausnahmslos Inder.

„So ist das hier jeden Tag", Siddharta klang fast entschuldigend, dass er seinem europäischen Gast eine längere Wartezeit zumuten musste. „Unsere Bibliothek ist sehr bekannt, nicht nur in Tamil Nadu. Die Leute kommen von weit her, um sich hier Rat zu holen."

In der Tat stammten einige Klienten aus Calcutta oder Bombay. Eine Familie war sogar aus dem sonst so nüchternen und britisch knochentrockenen New Delhi angereist. Sie alle wollten mehr über ihr Schicksal erfahren oder hatten einfach drängende, ganz bestimmte Fragen, auf die sie sich hier eine Antwort erhofften. Herrn Balasubramaniams Palmblattbibliothek ist meist auf Monate im Voraus ausgebucht und nur dem rührigen Herrn Davis und seinen zahlreichen Bekanntschaften aus den alten Zeiten, da er noch mit der Eisenbahn durch ganz Indien gefahren war, verdankte ich überhaupt diesen Termin. Trotzdem die Palmblattleser und Assistenten ihre Arbeit ruhig und voller Würde verrichteten, ging es in der Bibliothek geschäftig zu wie in einem Bienenstock. Hier wurden von den Helfern die notwendigen persönlichen Angaben der Klienten notiert, dort kamen Nadi-Reader mit Palmblattbüchern aus dem nur für Eingeweihte zugänglichen Archiv der Bibliothek. Überall erklangen die Stimmen der Palmblattleser, welche in einem ganz eigentümlich schönen, rhythmischen Sprechgesang die alt-tamilischen Texte rezitierten. Auch Siddharta wurde zu seinem nächsten Klienten gerufen. Er versicherte mir noch rasch, dass er sich gleich nach dem Lunch um mich kümmern würde. Ich machte mich auf stundenlanges Warten gefasst und nahmen im Schatten des luftigen Vordaches auf einer langen hölzernen Bank Platz. Bald schon wandten mir einige der wartenden Tamilen ihre Aufmerksamkeit zu. Doch kaum hatte ich die ersten Fragen nach dem woher und wohin beantwortet, da erschien Siddharta wieder und bat mich zu seinem Assistenten. Ramu war für die Aufnahme der Personalien zuständig. Um das Palmblatt eines Ratsuchenden in Kanchipuram aufzufinden, benötigten die Nadi-Reader zunächst nur den ersten Buchstaben des (ersten) Vornamens und den Abdruck des Daumens. Dabei wurde der Daumenabdruck je nach Geschlecht des betreffenden Klienten unterschiedlich abgenommen. Die Herren gaben den Abdruck des rechten Daumens, die Damen den des linken Daumens. Dies verwunderte mich nun doch ein wenig, gilt doch in Indien die linke Hand allgemein als „unrein“, da sie für alle Tätigkeiten unterhalb der Gürtellinie benutzt wird, und in den ärmeren Bevölkerungsschichten auch heute noch das Toilettenpapier ersetzt. Doch für das Orakel schienen die Fragen die rituellen Reinlichkeit ganz offensichtlich nur eine untergeordnete Bedeutung zu haben. Ramu erklärte kurz und bündig, dass diese Art der Personalienaufnahme aller Ratsuchenden einst durch den erleuchteten Rishi Sri Agasthya persönlich angeordnet worden sei. Nach dieser Auskunft verstaute Ramu die kleinen Zettel mit den Daumenabrücken und den sorgfältig aufgemalten Buchstaben in der Brusttasche seiner Kurta. „Ich werde jetzt im Archiv nach

Ihren Palmblättern suchen. Sobald ich sie gefunden habe, wird Siddharta mit dem Nadi-Reading beginnen."

Ich gesellte mich erneut zu den Wartenden. Die junge Familie nebenan war mitsamt den beiden Kleinkindern aus den Staaten angereist. „Eigentlich wohnen wir in Oregon, doch einmal jedes Jahr kehren wir nach Indien zurück", erklärte der Mann. „Meine Eltern leben hier in Kanchipuram. Dann suchen wir auch jedes Mal die Bibliothek hier auf. Bislang haben wir es noch nie bereut, uns auf die Ratschläge Sri Agasthyas zu verlassen." Ich wollte gern noch mehr wissen über ihre persönlichen Erfahrungen mit den Voraussagen dieser Bibliothek und über die Geschichte der Orakelstätte. „Wir nehmen die Hinweise Sri Agasthyas stets ernst und versuchen, danach zu leben. Doch was die Geschichte dieser Bibliothek betrifft, kann ich Ihnen nur sagen, dass sie auf den erleuchteten Rishis Agasthya zurückgeht und sehr alt sein soll. Man sagt, diese Bibliothek existiert hier mindestens schon so lange wie es den Vaikuntha-Perumal Tempel gibt. Und der steht meines Wissens schon über tausend Jahre hier. Doch es kann leicht sein, dass die Bibliothek selbst noch älter ist als der Tempel. Die Frage, wann genau diese Bibliothek entstand, nehmen wir nicht so wichtig. Viel bedeutender sind für uns die Aussagen der Palmblattmanuskripte und was wir damit in unserem Leben anfangen können." In einem späteren Gespräch mit Siddharta erfuhr ich dann, dass die Palmblattbibliothek von Kanchipuram sehr wohl zu den ältesten ihrer Art gehört, und offenbar seit Jahrhunderten traditionell geführt wird. Die künftigen Nadi-Reader leben und arbeiten wie Familienmitglieder im Hause des Meisters und werden von diesem im Lauf von mehreren Jahrzehnten in der Kunst des Nadi-Readings unterwiesen. Fühlt dann der Meister seinen Tod nahen, so bestimmt er einen Nachfolger, welcher dann die Leitung der Bibliothek und die weitere Ausbildung der übrigen Schüler übernimmt. Der Rishi Agasthya, mythischer Gründer dieser Bibliothek, genießt hier in Indiens Süden noch heute höchste Verehrung. Auch er gehörte zu den Großen Alten, den Weisen der Vorzeit, die das Wissen und die Kenntnisse früherer Yugas und der versinkenden Dritten Welt von Kasskara an die Menschen unseres Zeitalters weitergaben. Die wörtliche Übersetzung seines Namens lautet „Bergbezwinger", da er als erster das sagenhafte Windhja-Gebirge überwunden und den indischen Süden für den Hinduismus gewonnen haben soll. Doch der Sohn Mitras und

Warunas wird hier auch als Bringer der alt-tamilischen Schriftsprache verehrt. Mehr als eintausend Jahre, bevor die Dichter und Chronisten des frühen Indien mit der schriftlichen Überlieferung von historischen Ereignissen, Legenden und religiösen Texten begannen, wurden unter Anleitung Sri Agasthyas die Palmblätter mit speziell für diesen Zweck geschaffenen Schriftzeichen beschrieben. Es sollen dieselben Schriftzeichen gewesen sein, die auch benutzt wurden, um auf den steinernen Tafeln, die James Churchward in Kanchipuram Ende des 19. Jahrhunderts entdeckte, die Überlieferung vom Untergang des Kontinentes Mu (oder Kasskara) aufzuzeichnen. Die alt-tamilische Schriftsprache und insbesondere die Texte auf den Palmblättern und den Steintafeln Churchwards können sinngemäß mit der Speicherung von Daten auf einer modernen CD-ROM verglichen werden. In beiden Fällen ist es jeweils darum gegangen, möglichst umfangreiche Informationen unter Verwendung möglichst weniger, vorgegebener Zeichen auf einem Datenträger mit begrenzter Speicherkapazität unterzubringen. Siddharta berichtete weiter, dass er schon mehr als ein Dutzend Jahre bei Herrn Balasubramaniam lebt. Seine Ausbildung begann mit dem Unterricht in der alt-tamilischen Schriftsprache und ihren vielfältigen Interpretationsmöglichkeiten. In den ersten drei Jahren dieser Ausbildung gehört es vor allem zu den Aufgaben eines künftigen Nadi-Readers, mittels feiner Griffel und Nadeln wortgetreu die Texte alter und verbrauchter Palmblätter auf neue Manuskripte zu übertragen. Durch diese Tätigkeit üben sich die Schüler im Umgang mit den anfangs ungewohnten Begriffen und Formulierungen des Alt-Tamil. In der weiteren Ausbildung wird neben der vollkommenen Beherrschung der Schriftsprache größter Wert auch auf die geistige und spirituelle Unterweisung der angehenden Palmblattleser gelegt. Die Kenntnis religiöser Gesänge und Rituale des für gläubige Hindus unverzichtbaren Tempeldienstes gehört ebenso dazu wie yogische Exerzitien und Körperübungen, die einzig und allein dazu dienen, dem Schüler einen Kontakt mit den geistigen Welten zu ermöglichen und ihn zu einem reinen Kanal für die Energien des Rishis Agasthya werden zu lassen. Denn auch die Palmblattleser von Kanchipuram sehen sich lediglich als Medien, als bescheidene Dolmetscher der Worte Agasthyas, von dem sie glauben, dass er bei jedem Nadi-Reading durch sie spricht. Siddharta selbst nun praktizierte das Lesen der Palmblätter bereits seit acht Jahren, anfangs natürlich noch im Beisein und unter Anleitung seines Meisters Balasubramaniam. Inzwischen jedoch arbeitete er selbständig. Dennoch machte Siddharta kein Hehl daraus, dass auch für ihn die Interpretation der alten Texte immer noch ein ständiger Lernprozess ist.

„Dies war aber auch die Absicht Sri Agasthyas", erklärte Siddharta, „Nicht nur für den Ratsuchenden, der hier Auskunft über sein Schicksal erhält, sondern auch für den Nadi-Reader, der seine Fähigkeiten von Reading zu Reading ständig vervollkommnet, ist es eine Möglichkeit, um einst die Meisterschaft und damit auch Moksha, die Erlösung vom Rad der Wiedergeburten, erlangen zu können." Bis zu diesem Gespräch, das dem Nadi-Reading voraus ging, hatte ich mehrere Stunden warten müssen. Eine Übung, die jedem stressgeplagten, ungeduldigen und hektischen Europäer zumindest einmal die wunderbare Möglichkeit eröffnet, eine Lektion in indischer Gelassenheit gegenüber der Zeit zu nehmen. Mit mir wartete eine junge Koreanerin. Sie war bereits den vierten Tag hier und wusste, dass es mindestens noch einen weiteren Tag bis zu ihrem Nadi-Reading dauern würde. „Herr Balasubramaniam hat mir gesagt, dass in meinem Palmblatt ausdrücklich erst der morgige Tag als Datum für mein Reading angegeben ist", erzählte sie. „Ich studiere zu Hause indische Philologie und habe bis zu meiner Abreise nur an meiner Magisterarbeit geschrieben. Ich hielt es für eine ganz tolle Idee, hier einfach herzukommen und meine philologischen Studien anhand der Texte auf den Palmblättern fortzusetzen. Sie waren in meinen Augen ideale, authentische Studienobjekte, denn die Kunst des Nadi-Readings ist bereits seit Jahrtausenden fest in die hinduistische Kultur integriert. Die Palmblätter hier in Kanchipuram sind im Durchschnitt etwa 700 Jahre alt, erzählte mir Herr Balasubramaniam. Was diese Archive wirklich bedeuten, welch allumfassendes Wissen hier gespeichert ist, nicht nur für die Hindus, sondern für jeden, der damit in Berührung kommt, war mir nicht klar. Jetzt habe ich Zeit, darüber nachzudenken und auch darüber, was ich mir in meinem tiefsten Innern wirklich von dem Besuch hier erhoffe, was mich wirklich hierher geführt hat. Ob Sie es nun glauben oder nicht, inzwischen bin ich zutiefst dankbar für diese Wartezeit."

Siddharta berichtete, wie einst die Palmblattbibliothek von Kanchipuram entstand. Als Zentrum der Kunst des Shuka-Nadi galt ursprünglich die alte Stadt Tiruchirapalli, kurz Trichy genannt. Dieser Ort blickte auf eine lange und äußerst eindrucksvolle Geschichte zurück. Im ersten Jahrtausend unserer Zeitrechnung herrschten nach wechselvollen Schlachten die Pallava oder die Pandya über die Stadt. Im zehnten Jahrhundert konnten sich die Chola als neue Machthaber etablieren. Über einen langen Zeitraum hinweg war Trichy eine ihrer bedeutendsten Zitadellen. Als das Reich der Chola zerfiel, ging die Stadt in die Hände der Vijayanagar-Dynastie von Hampi über, die Tiruchirapalli im Jahr 1556 an die Streitkräfte des Sultanats von Dekkan verloren. Auch im 18. Jahrhundert spielte die Stadt noch eine bedeutende Rolle bei den Auseinandersetzungen zwischen den rivalisierenden Briten und Franzosen in Südindien. Das berühmteste Wahrzeichen dieser quirligen Stadt ist heute der gewaltige Rock-Fort-Tempel. Gegründet auf einer massiven Felspyramide, erhebt sich das Monument unvermittelt aus der Ebene und überragt eindrucksvoll die Altstadt. Hat man die 437 Treppenstufen bis zum Gipfel des Felsens erklommen, so darf man auch als Nicht-Hindu den Vinayaka-Tempel auf dem Gipfel betreten und sich sogar vom Tempelelefanten segnen lassen. Der nimmt an Spenden sowohl Geld als auch Naturalien entgegen. Die Rupien – ob Münzen oder Scheine – reicht er treulich an seinen Mahout weiter. Bananen, Ananas oder Süßigkeiten frisst er selber. Von den Plattformen des Vinayaka-Tempels aus bietet sich ein phantastischer Ausblick über ganz Trichy, wobei man sofort in einem Meer aus Kokospalmen das zweite Wahrzeichen der Stadt entdeckt – den Sri Ranganathaswamy-Tempel, auch Srirangam-Tempel genannt. Dieser riesige Tempelkomplex erhebt sich auf einer Insel inmitten des Flusses Cauvery und umfasst ein Areal von mehr als zweieinhalb Quadratkilometern. Der Vishnu geweihte Tempel wird von sieben konzentrischen Mauern umschlossen und von 21 Gopurams gekrönt. Damit gehört die Anlage zu den größten sakralen Bauwerken in ganz Indien. Hier soll der Rishi Agasthya mit seinen Schülern die Urtexte jener Palmblätter angefertigt haben, deren Abschriften in Kanchipuram für die Ratsuchenden bereitliegen. Siddharta versicherte mir, dass derzeit in der Bibliothek die Lebensläufe von etwa 500.000 Menschen aufbewahrt werden. In den Zeiten der Rajias von Vijanagara verlagerte sich das Zentrum des Shuka-Nadi von Trichy nach Vaithisvarankoil, da sich dieser Ort mehr und mehr zum spirituellen Zentrum der südlichen Region entwickelte. So wird auch das Nadi-Reading in Kanchipuram noch heute in der Tradition des Shuka-Nadi von Vaithisvarankoil abgehalten. Jene ersten Nadi-Reader, die vor Tausenden von Jahren nach Kanchipuram kamen, waren Schüler aus der Palmblattbibliothek von Vaithisvarankoil. Doch bald verbreitete sich der Ruf der neuen Palmblattbibliothek in der heiligen Stadt über ganz Südindien. Die Klienten nahmen weite Wege, Gefahren und lange Wartezeiten in Kauf, um hier Rat und Hilfe bei der Lösung ihrer Probleme zu finden. Daran hat sich bis heute nichts geändert. Die Legende berichtet von einem reichen Kaufmann aus Calcutta, der einst die Palmblattbibliothek von Kanchipuram aufsuchte. Er wünschte zu erfahren, wie die kürzlich geschlossene Ehe seines einzigen Sohnes verlaufen würde und ob ihm die Schwiegertochter den ersehnten Enkelsohn schenken würde, damit der Fortbestand seiner Familie auch künftig gesichert sei. Der Palmblattleser verkündete ihm jedoch zunächst zu seiner Überraschung und alsdann immer mehr wachsenden Wut, dass er keine Enkel – weder Söhne noch Töchter – haben würde.

„Das Palmblatt lügt!" empörte sich der Kaufmann. „Mein Sohn und seine Frau sind beide jung und gesund! Wieso sollten sie keine Kinder haben?"

Doch der Palmblattleser blieb fest bei seiner Aussage, was seinen Klienten nur noch mehr erzürnte. „Ich werde allen berichten, was für Lügengeschichten du mir erzählt hast!"

„Bedenke wohl, was das Palmblatt sagte", antwortete der Nadi-Reader. „Und bedenke ebenso was du tust und mit deiner Zeit noch beginnen willst."

Doch der Kaufmann war taub für die Mahnungen des Weisen und stürmte zornig aus der Palmblattbibliothek ins Freie. Blind vor Wut und Enttäuschung achtete er nicht auf den Weg und hörte nicht das warnende Zischen einer Kobra, der er zu nahe kam. Die Schlange biß den Kaufmann. Für ihn kam jede Hilfe zu spät. Er starb kurze Zeit später im Delirium. Sein Sohn und dessen Frau bekamen viele Kinder – Söhne und Töchter. Doch der Kaufmann selbst hatte niemals Enkel. Dieser Bericht mag eine Legende sein, doch wurde ich selbst Zeuge eines ganz ähnlichen Falles. Ein junges Ehepaar aus Japan machte auf seiner Indienreise Station in Kanchipuram und wollte natürlich einen Besuch in der Palmblattbibliothek nicht versäumen. Ihre Palmblätter wurden auch alsbald aufgefunden und das Nadi-Reading konnte beginnen. Alle von den Palmblattlesern vorgetragenen Informationen entsprachen der Realität und die beiden waren vor Überraschung ganz aus dem Häuschen. Umso unangenehmer berührt zeigte sich der junge Mann, als ihm der Palmblattleser mitteilte, dass seine Eltern nicht mehr am Leben seien. Er hatte sie erst einige Tage zuvor bei bester Gesundheit in ihrer Heimatstadt Kobe verlassen. Ganz offensichtlich konnte die Aussage des Palmblattes zumindest in diesem Punkt nicht stimmen. Doch Herr Balasubramaniam, der zur Schlichtung des sich anbahnenden Disputs herbeigeholt worden war, prüfte selbst nochmals den Text und bestätigte die Interpretation seines Schülers. Nun bestand der junge Japaner darauf, mit seinen Eltern zu telefonieren, um den Nadi-Readern zu beweisen, dass sie mit ihren Aussagen im Unrecht waren. Herr Balasubramaniam gestattete bereitwillig die Benutzung des Telefons der Bibliothek. Nach mehreren erfolglosen Versuchen konnte dann doch noch eine Verbindung nach Japan hergestellt werden. Am anderen Apparat waren offensichtlich die Schwiegereltern des jungen Mannes und was sie ihm mitzuteilen hatten, ließ ihn am Telefon weinend zusammenbrechen. Seine Eltern gehörten zu den Opfern des gewaltigen Erdbebens, das die Stadt Kobe einen Tag zuvor heimgesucht und hunderte Tote gefordert hatte.

Siddharta erklärte mir, dass er aus all jenen Palmblattmanuskripten, die eine bestimmte Affinität zu den vorhandenen Angaben – also dem Daumenabdruck, dem ersten Buchstaben des ersten Vornamens und der astrologischen Konstellation, unter der ich diese Palmblattbibliothek aufgesucht hatte – die jeweils bedeutendsten, die Vergangenheit betreffenden Aussagen vorlesen würde. Konnte ich diese Aussagen bestätigen, wurde mit der Lesung fortgefahren. Trafen die Aussagen nicht zu, wurde das Palmblatt verworfen und ein neues Manuskript gelesen. Letztlich ging es darum, meinen Namen und das Geburtsdatum sowie die Namen und ihrer Eltern zu verifizieren. Stimmten diese mit den Informationen des Palmblattes überein, war das zutreffende Manuskript aufgefunden. So ergab sich eine Art von Frage-und-Antwort-Spiel, bei dem sich Siddharta durch Rückfragen vergewisserte, ob die auf den Palmblättern angegebenen Daten – die sich sämtlich auf die Vergangenheit und die momentanen Lebensumstände bezogen – mit der Realität übereinstimmten. Herr Davis, mein Dolmetscher, übersetzte fließend und korrekt. Zwischenzeitlich aber schien er sich königlich darüber zu amüsieren, dass ich die weite Reise aus Europa hierher unternommen hatten, bloß um von einem Fremden die Namen meiner Eltern aus einem alten Palmblattmanuskript vorgelesen zu bekommen. „Anhand dieses Palmblattes, das ich als Ihre Karteikarte bezeichnen will, ist es nun möglich, alle Informationen, die Ihr Leben betreffen, in unserem Archiv aufzufinden." ließ mich der Nadi-Reader wissen. „Dort existiert für Sie ein Palmblattmanuskript, das aus 12 allgemeinen Kapiteln besteht, die Khandams genannt werden. Diese Khandams beschreiben die einzelnen Lebensbereiche eines Individuums Außerdem gibt es vier weitere, spezielle Khandams, die sich mit besonderen Fragen befassen. Dieses Palmblattmanuskripte aber bekommt kein Klient, sei er nun Hindu oder nicht, zu sehen. Sie sind nur den Nadi-Readern zugänglich. Heute wird für Sie das erste Kapitel des Palmblattes geöffnet. Es enthält allgemeine und weit gefasste Informationen über ihr gesamtes Dasein in dieser Inkarnation sowie über das ihrer Familie bis hin zu Tag, an dem sie ihren irdischen Körper verlassen wird. Ich schreibe den Text des ersten Khandams dann in ein speziell für diesen Zweck bestimmtes Heft in der Schrift des heutigen Tamil nieder. Anschließend liest einer meiner Assistenten den Text nochmals laut vor. Diese Lesung wird dann auf Kassette aufgenommen. Der geschriebene Text und das aufgenommene Reading dürften Ihren Dolmetscher in die Lage versetzen, den Inhalt des ersten Khandams ohne weitere Schwierigkeiten wortgetreu ins Englische zu übertragen." Und so geschah es. Nachdem ich zwei Stunden später das Heft mit dem aufgezeichneten Inhalt der Palmblattlesung und die dazugehörige Kassette erhalten hatte, begann Herr Davis noch am gleichen Tag mit der Übersetzung des ersten Khandams. Wie Siddharta vorausgesagt hatte, gelang diese Transkription problemlos. Am nächsten Morgen präsentierte mir ein strahlender Herr Davis das Ergebnis seiner Arbeit. Und das konnte sich wirklich sehen lassen. Auf sechs engzeilig beschriebenen Seiten des Heftes fand sich die englische Wiedergabe des ersten Kapitels aus meinem Palmblattmanuskript. Auch die Aussagen dieses Nadi-Readings in Kanchipuram waren sehr exakt und stimmten mit denen aus Madras und Bangalore überein – wobei natürlich nicht eine buchstäbliche sondern sinngemäße Identität gemeint ist. Natürlich wurde in dem nun zugänglichen ersten Kapitel des Palmblattes nicht so detailliert wie in Madras oder Bangalore über bestimmte Lebensumstände berichtet. Doch dies war ja auch nicht der Zweck dieses Khandams, das nach Siddhartas Worten lediglich einen ersten Überblick über das gesamte Dasein in dieser Inkarnation darstellte. Weitergehende Ausführungen zu einzelnen Lebensbereichen waren den folgenden Kapiteln des Manuskriptes vorbehalten. Im Gegensatz zu den beiden anderen vorher besuchten Bibliotheken sind in Kanchipuram also mehrere – um genau zu sein, insgesamt bis zu 16 – Nadi–Readings – möglich und wohl auch erforderlich, wenn man den Inhalt aller Kapitel einschließlich der speziellen Khandams erfahren will. Nach der ersten Palmblattlesung können die folgenden Kapitel jedoch zumeist erst in einem zeitlichen Abstand erfragt werden, der zwischen mehreren Tagen und einigen Monaten schwankt. Nach Ablauf dieser Frist ist es dann möglich, den Inhalt des nächsten Khandams zu erfahren. Diese Kapitel befassen sich detailliert mit einzelnen Lebensbereichen – so wird im zweiten Khandam über die Ausbildung, berufliche Karriere und das persönliche Vermögen des Klienten berichtet, während sich das fünfte Kapitel ausschließlich mit dem Schicksal der Kinder des Ratsuchenden auseinandersetzt oder aufzeigt, aus welchen Gründen es dem Klienten nicht möglich ist, in diesem Leben Kinder zu bekommen. In diesem Zusammenhang werden auch Möglichkeiten zur Erfüllung eines bestehenden Kinderwunsches aufgezeigt, von medizinischer Hilfe bis hin zur Adoption. Im siebenten Khandam werden Informationen zu Liebe, Beziehungen und Partnerschaft gegeben sowie das Geburtshoroskop des idealen Partners in diesem Leben benannt. Die Aussagen können so präzise sein, dass sie sogar den genauen Ort und den Zeitpunkt der ersten Begegnung mit dem Lebenspartner bezeichnen. Das achte Kapitel enthält Angaben zu gesundheitlichen und anderen Risiken der persönlichen Existenz und den Möglichkeiten ihrer Verhütung. Außerdem werden in diesem Kapitel der genaue Zeitpunkt, die Umstände und der Ort des eigenen Todes benannt. Das neunte und das elfte Kapitel hingegen widmen sich ausschließlich spirituellen Fragen, so etwa dem Sinn der Existenz in diesem Dasein und den zu erfüllenden geistigen Aufgaben. In diesem Zusammenhang werden auch Aussagen über die Möglichkeiten der persönlichen spirituellen Entwicklung durch das Studium bei einem auserwählten Meister oder die Zugehörigkeit zu einer bestimmten Religionsgemeinschaft erörtert. Ebenso stehen Reisen zu heiligen Orten sowie Anleitung zu bestimmten yogischen oder tantrischen Übungen im Mittelpunkt vor allem des neunten Kapitels. Surja Namaskar, das Sonnengebet, ist beispielsweise eine solch alte Übung, um mit der Grundenergie des Universums in Verbindung zu treten. Man führt es in der Morgendämmerung aus, um die Energie der aufgehenden Sonne aufzunehmen und so Blutkreislauf und den Bauchraum zu stimulieren. Das elfte Khamdam gibt darüber hinaus Hinweise auf den Zeitpunkt und den Ort der nächsten Inkarnation oder die Möglichkeit, nach Vollendung des gegenwärtigen Lebens Moksha, also Erlösung vom Kreislauf der irdischen Wiedergeburten, zu erlangen.

Ich verließ die Palmblattbibliothek und die heilige Stadt Kanchipuram in der sicheren Gewissheit, dass trotz des zunehmenden Touristenverkehrs und der auch in der indischen Gesellschaft immer weiter um sich greifenden Säkularisierung die Palmblattmanuskripte ebenso wie die geheimen Archive der Tempel auch künftig durch treue Hüter bewahrt werden. Hier zeigte sich wieder einmal die Kraft einer seit Tausenden von Jahren ungebrochenen Traditionen. Das überlieferte Wissen der Rishis wird nicht untergehen. Im Verlauf mehrerer Jahre hatte ich auf meinen Reisen drei Palmblattbibliotheken aufgesucht, und konnte mich dabei von den ausgesprochen exakten Voraussagen der dort abgehaltenen Nadi-Readings überzeugen. Im Jahr 1999 dann besuchte ich eine weitere, bereits aus diversen Publikationen bekannte Palmblattbibliothek in einem Ort mit dem schier unaussprechlichen Namen Vaithisvarankoil südlich von Chidambaram. Dort erwartete mich eine handfeste Überraschung. Statt der einen Palmblattbibliothek des Nadi-Readers Poosamuthu fand ich in der Kleinstadt mehr als ein Dutzend „Bibliotheken" vor. In Anbetracht der Überlieferung der Existenz von lediglich zwölf Palmblattbibliotheken war dies ziemlich verwunderlich. Einige Gespräche mit den Palmblattlesern von Vaithisvarankoil sorgten jedoch für eine rasche Aufklärung. Die Bibliotheken von Vaithisvarankoil sind ebenso wie die Palmblattbibliothek von Kanchipuram Überbleibsel der gewaltigen Bibliothek der Rajias von Tanjavur, die im 18. Jahrhundert mehr als 30.000 Palmblattmanuskripte umfasste. Diese Bücher enthielten nicht nur Voraussagen für die Zukunft, sondern sollen alle damals bekannten Wissenschaftszweige umfasst haben. In der Mitte des 18. Jahrhunderts beteiligten sich die Rajias von Tanjavur an dem Aufstand von Hyder Ali und Tippu Sultan gegen die britische Fremdherrschaft. Die Rebellion wurde von den Kolonialherren niedergeschlagen, und die Rajias von Tanjavur verloren ihr kleines Reich nach dem Scheitern des Aufstandes endgültig an die Briten. Unter den erbeuteten Gütern befand sich auch die Bibliothek der Rajias. Da die Engländer mit denen in einer für sie unverständlichen

Sprache geschriebenen Palmblattmanuskripten nichts anzufangen vermochten, verkauften sie diese an eine Familie von Pandits. Die Nachkommen dieser Familie von Schriftgelehrten bewahrten die Bibliothek und verwenden einen Teil der Manuskripte bis heute für das Nadi-Reading, die Deutung der persönlichen Zukunft ihrer Klienten. Andere Manuskripte, welche historische oder naturwissenschaftliche Themen zum Inhalt haben, werden hingegen nicht mehr genutzt, aber dennoch aufbewahrt. Inzwischen sollen Mitglieder von mehr als zwanzig Familien in Vaithisvarankoil, Tanjavur und Kanchipuram im Besitz von Manuskripten aus der Bibliothek der Rajias von Tanjavur sein. Diese breite Streuung der Palmblattmanuskripte erklärt auch, warum nicht jeder Klient in jeder Bibliothek sein persönliches Palmblatt finden kann.

All jenen aber, die sich selbst einmal auf die Suche nach „ihrem Palmblatt" begeben möchten, jedoch nicht wissen, in welche Bibliothek sie erfolgreich sein könnten, sei gesagt, dass Bescheidenheit, Gastfreundschaft und eine tiefe Spiritualität jeden wirklichen Palmblattleser ebenso auszeichnen wie die Kenntnis der vedischen Wissenschaften und die Befolgung ihrer Regeln im Alltag. Dies gilt natürlich ebenso für Astrologen, Chiromanten und auch für Ihren spirituellen Lehrer, wenn Sie in Indien auf der Suche nach einem solchen sind. Vor allem sollte es bei ihrem Nadi-Reading niemals vordergründig um den dafür zu entrichtenden Preis gehen, sondern vor allem um die Fragen, die Sie ganz persönlich bewegen und deren Beantwortung Sie sich von der Konsultation einer solchen Palmblattbibliothek erhoffen. Sie müssen sich dafür aber nicht in den kulturell zwar äußerst spannenden, jedoch tropisch heißen Süden Indiens begeben. Auch hoch im Norden des Subkontinents, im gemäßigten Klima des Punjab in der Stadt Hoshiarpur existiert eine Bibliothek, die sich auf den Rishi Brighu beruft. In dieser „Brighu Santa" genannten Schicksalsbibliothek sind die Texte allerdings nicht auf Palmblättern, sondern auf pergamentähnlichem Papier aufgezeichnet. Seit einigen Jahren sollen findige Nadi-Reader dieser Bibliothek jedoch bereits begonnen haben, die alten Texte computermässig zu erfassen. Vielleicht ist es auf diese Weise sogar bald möglich, sein ganz persönliches Nadi-Reading „online" im Internet zu erhalten. Ob dies jedoch im Sinne der Rishis ist, soll dahingestellt bleiben. Nach meinen Erfahrungen bewirken nicht einfach die Informationen der Palmblattlesung eine Veränderung im Leben des Klienten.

Vielmehr bedarf es dazu auch des Erlebnisses der vieltausendjährigen indischen Kultur und des Alltags in diesem Land. Nur auf diese Weise kann jene grundlegende Erschütterung festgefahrener Lebensmuster erfolgen, welche erst die wirkliche Chance einer Neuorientierung ermöglicht. Zweifellos haben die Palmblattbibliotheken und die Reisen nach Indien mein Leben und das Bild, welches ich mir von der Welt mache, entscheidend verändert. Doch trotz der langjährigen Beschäftigung mit diesem Phänomen bin ich sicher, eigentlich erst am Anfang eines neuen Weges zu stehen, der im August des Jahres 1993 begann.

# DAS ERBE DER RISHIS

Noch sind zahlreiche Fragen nicht ausreichend beantwortet – vor allem jene nach den Schöpfern der Palmblattbibliotheken. Was wurde aus den Rishis, den großen weisen Alten der Vorzeit? Ich habe inzwischen vielen Legenden und vagen Berichten nachgespürt. Immer wieder stieß ich dabei auf den rätselhaften Begriff Shambhala. Da dies ein tibetischer Ausdruck ist, tut man am besten daran, die Tibeter selbst nach seiner Bedeutung zu fragen. Der gegenwärtige Vierzehnte Dalai Lama gab bereits im Jahr 1981 dazu die folgende Erklärung an seine damaligen Schüler, die sich der Einweihung in das Kalachakra Tantra unterzogen:

*Das Kalachakra Tantra ist stets eng verbunden gewesen mit dem Lande Shambhala – seinen sechsundneunzig Distrikten, seinen Königen und deren Gefolge. Doch wenn du eine Landkarte ausbreitest und Shambhala suchst, so ist es nicht zu finden. Vielmehr scheint es ein reines Land zu sein, das man nicht einfach sehen und besuchen kann, mit Ausnahme derjenigen, deren Karma und Verdienste gereift sind. Wie es auch der Fall ist bei dem Fröhlichen Reinen Land, dem Himmelsterritorium, dem Glückseligen Reinen Land oder dem Berg Da-La. Sogar wenn Shambhala ein reales Land ist – ein wirkliches reines Land – können normale Menschen sich ihm nicht unmittelbar nähern. Es wird vielleicht möglich werden, wenn man in Zukunft die Raumschiffe bis zu dem Punkt verbessern kann, dass sie schneller als das Licht werden. In der Tat, bis dahin aber muss man reich an Verdiensten sein, um dort hin zu kommen.*

Khamtul Jhamyang Thondup, ein Sekretär des Dalai Lama, vervollständigte diese Beschreibung weiter.

„Die Erscheinung Shambhalas hängt vom Geisteszustand des Einzelnen ab", sagte er. „Darum ist es schwierig, sie zu bestimmen."

Die Lehren des Klachakra Tantra sagen jedoch aus, dass Shambhala aus den Atomen der fünf Elemente geschaffen worden ist, projiziert in das Zentrum des unbedingt leeren Raumes. Da das Erscheinungsbild dieses Ortes also vom eigenen geistigen Status abhängig ist, kann das, was von Shambhala gesagt wurde also ebenso für Berlin, London oder New York behauptet werden. Jeder nimmt eine solche Stadt wahr, wie es die eigene Stimmung – lediglich eine andere Bezeichnung für „Zustand" –

erlaubt, sie wahrzunehmen. Für einige ist es die Hölle, für andere der Himmel oder zumindest ein Fegefeuer. Durch dieses Beispiel manifestiert sich ein weiteres Mal die Macht des Maya, der Illusion, die alles auf dieser Welt beherrscht. Es gibt keine scharfe Trennung zwischen materiell und immateriell, zwischen der Welt des Stoffes und der Welt des Geistes. Was ist denn eine Stadt anders als das Ergebnis der Gedanken von Millionen von Menschen in Hunderten oder gar Tausenden von Jahren? Die Stadt verwirklicht die Züge der kreativen Ideen dieser Menschen – seien sie nun schön oder hässlich, edel oder schändlich. Daher ist es durchaus gerechtfertigt zu sagen, dass Shambhala genauso real ist für diejenigen, die es wahrnehmen können, wie Berlin es ist für alle, die diese Stadt besuchen. Wenn in unserer Zeit Shambhala sich nun auch über den Grenzen der materiellen Wahrnehmung befindet, so scheint dies nicht immer so gewesen zu sein. Die Lehre des bereits erwähnten Kalachakra Tantra wird traditionell auf Siddharta Gautama, den historischen Buddha, zurückgeführt, der es ausführlich erläutert hat auf Anordnung von Suchandra, dem König von Shambhala. Nachfolgende Herrscher hielten die Tradition des Kalachakra Tantra lebendig, so dass sie im zehnten Jahrhundert v. u. Z. nach Indien gebracht werden konnte.

Den Bewohnern von Shambhala werden neben einem hohen moralischen und gesellschaftlichen Entwicklungsniveau sowie einer damit verbundenen, auch für unsere Begriffe hoch entwickelten Technik vor allem außergewöhnliche spirituelle Kräfte nachgerühmt. Es sind all jene Gaben, über die auch die Rishis verfügen. So ist es den Bewohnern von Shambhala möglich, mittels Levitation die Schwerkraft zu überwinden, sich telepatisch über weite Strecken zu verständigen und an mehreren Orten gleichzeitig zu weilen (Bilokation). Auch so genannte Geist- oder Astralreisen sind diesen Wesen ohne weiteres möglich. Vor allem in den Palmblattbibliotheken Indiens, aber auch unter der Bevölkerung von Ladakh und im Punjab wird die Überlieferung bewahrt, dass die Rishis sich zu Beginn unseres „Eisernen" Weltzeitalters, des Kali-Yuga nach Shambhala zurückzogen, als die von ihnen geschaffene Kultur mit einem Großteil des gesammelten Wissens beim Untergang der Dritten Welt vernichtet wurde. Von diesem sicheren Refugium aus sollen sie weiter über die Entwicklung der Menschen wachen, bis es auch diesen möglich geworden ist, in höhere, geistige Sphären zu gelangen.

Zu allen Zeiten aber hat es Menschen gegeben, denen es vergönnt gewesen ist, in dieses verborgene Reich der Rishis oder Mahathmas – der „Großen Seelen", wie diese Wesen in unserer Zeit insbesondere in der theosophischen Literatur genannt werden – vorzudringen. Zu den bekanntesten Forschern, denen dieser Schritt offensichtlich gelang, gehört die Familie Roerich. Nicholas Roerich, ein begnadeter Maler, Philosoph und unermüdlicher Arbeiter für einen wahrhaft weltumspannenden Frieden, seine Frau Helena – Medium für den Rishi oder Meister Morya sowie ihr gemeinsamer Sohn George, der später Professor an der renommierten Yale-Universität wurde, unternahmen in den Jahren 1925 bis 1928 eine groß angelegte Expedition durch Indien, China und die Mongolei bis hin zu den Grenzen von Tibet. Im Ergebnis dieser Reise veröffentlichten die Roerichs mehrere Bücher – eines trug den Titel „Shambhala". Für Nicholas Roerich war Shambhala das Symbol des kommenden Weltfriedens und der Aufklärung. Alles, was er auf seiner Expedition in Indien, China und der Mongolei aus erster Hand lernte, integrierte er in seine eigene Weltanschauung. Die Expedition der Roerichs hatte eine tiefe spirituelle, vielleicht sogar magische Dimension – und damit verbunden auch eine politische Aufgabe. Doch die Roerichs sollten ihr ersehntes Ziel – die Stadt Lhasa – nie erreichen. Durch eine verweigerte Reiseerlaubnis war die Expedition gezwungen, den Winter 1927 / 28 wartend vor den Toren Lhasas zu verbringen. Ungenügend für einen solchen Fall ausgerüstet, verloren die Roerichs hier zahlreiche Reisebegleiter und fast alle der in diesen Breiten unersetzlichen Tragtiere durch Erfrieren. Doch umso intensiver setzte Nicholas Roerich seine Suche nach Shambhala fort, von dem er schreibt:

*„Shambhala selbst ist der Heilige Ort, an dem sich die irdische Welt mit den höchsten Bewusstseinszuständen verbindet. Im Osten weiß man, dass es zwei Shambhalas gibt – ein irdisches und ein unsichtbares. Es ist viel über den Ort des irdischen Shambhala spekuliert worden. Gewisse Anzeichen verlegen diesen Ort in den extremen Norden, indem sie erklären, dass die Strahlen der Aurora Borealis die Strahlen des unsichtbaren Shambhala sind. Dies ist jedoch so nicht zutreffend. Das irdische Shambhala liegt nur von Indien aus gesehen nördlich. Daher ist es im Himalaja, im Pamir, in Turkestan oder der zentralen Gobi zu suchen."*

In seinen Schriften verband Roerich die Idee Shambhalas wiederum mit den Überlieferungen, die von den Rishis oder Mahathmas berichten und außerdem mit der Idee des unterirdischen Reiches von Agartha. Den Überlieferungen zufolge, mit denen die Roerichs in Indien und China in Berührung kamen, existierte unter den Plateaus von Zentralasien ein ausgedehntes Höhlensystem. Diese gewaltigen unterirdischen Kavernen werden noch heute durch das Volk der Chud von Agartha bewohnt, schrieb Roerich. In ganz Asien war er auf Erzählungen über diesen verschwundenen, friedlichen und hoch zivilisierten Stamm gestoßen. Die Chud waren durch Angriffe kriegerischer Nachbarn gezwungen worden, unterirdisch Schutz zu suchen. Diese Berichte über Agartha waren allerdings nicht von allzu großem Interesse für Nicholas Roerich, wie sich unschwer aus seinen Schriften erkennen lässt. Er erwähnte sie lediglich als Facette der Überlieferungen, die im Wesentlichen um Shambhala kreisen.

Die Bücher hingegen, welche der Rishi Morya Roerichs Frau Helena diktierte, waren der Klärung der Frage gewidmet, was die Agni oder das Feuer von Shambhala sei und wie es an der Wende der Yugas funktionieren wird. Als Agni wird demnach „die große ewige Energie, diese unwägbare Materie, die überall verteilt ist und die uns jederzeit zur Verfügung steht", bezeichnet. In den vierziger Jahren des zwanzigsten Jahrhunderts, so sagte der Rishi Helena Roerich voraus, „werden sich Energien kosmischen Feuers der Erde nähern und viele neue Lebensbedingungen schaffen." Leider geschah dies tatsächlich. Wenn die Roerichs gewusst hätten, in welcher Form Agni gezwungen wurde, sich im August 1945 über Hiroshima zu zeigen, sie wären vielleicht vorsichtiger gewesen, es dem westlichen Teil der Menschheit zu empfehlen. An dieser Stelle soll auch nicht unterlassen werden, darüber zu berichten, dass die Expedition der Familie Roerich am 5. August 1927 im Distrikt von Kukunor Zeuge einer klassischen UFO-Sichtung wurde. Dies geschah immerhin zwanzig Jahre vor dem „offiziellen" Beginn des Phänomens mit einer Sichtung von mehreren unbekannten Flugobjekten über den Rocky Mountains durch den Amerikaner Kenneth Arnold im Jahr 1947. Während Arnold den gesichteten Objekten die unglückselige Bezeichnung „Fliegende Untertassen" verpasste und somit bereits von Anfang an das Phänomen, wenn auch sicherlich unbeabsichtigt, der Lächerlichkeit preisgab, ist Roerichs Bericht sachlicher Natur, wenn er schreibt.

*„Wir alle sahen, wie sich etwas Großes und Glänzendes, die Sonne reflektierend, in einer Richtung von Nord nach Süd, wie ein riesiges Oval mit hoher Geschwindigkeit bewegte. Als es unser Lager überquerte, änderte es seine Richtung von Süd nach Südwest. Wir sahen, wie es im tiefblauen Himmel verschwand. Wir hatten kaum Zeit, unsere Feldstecher zu nehmen und sahen ganz deutlich eine ovale Form mit glänzender Oberfläche, eine Seite von der Sonne bestrahlt."*

Der einheimische Führer von Roerichs Expedition, ein Lama, bemerkte zu dieser Sichtung:

„Ein sehr gutes Zeichen. Wir werden beschützt. Rigden-Jyepo selbst achtet auf uns."

Auch die deutsche Asienexpedition des Dr. Ernst Schäfer von 1938 wurde Zeuge ganz ähnlicher Ereignisse. In Anbetracht dieser Tatsachen erscheint die Annahme gerechtfertigt, dass es sich bei einem Großteil der alljährlichen UFO-Sichtungen höchstwahrscheinlich eben nicht um außerirdische Intelligenzen, sondern um die Vimanas der Rishis aus Shambhala handelt. Für diese Hypothese spricht ebenfalls das außerordentliche Interesse, welches die Besatzungen der fremden Flugobjekte für die Entwicklung der Menschheit und des Planeten Erde hegen. So sie tatsächlich aus den Tiefen des Alls zu uns kämen, bestünde für sie kein nachvollziehbarer Grund, immer öfter die Menschheit vor einem kollektiven Selbstmord durch einen weltweiten Krieg oder durch hausgemachte Umweltkatastrophen zu warnen. Wenn unsere Zivilisation aber durch ihr leichtsinniges, um nicht zu sagen, größenwahnsinniges Spielen mit den Kräften der Natur auch an dem Ast sägt, auf dem zugleich mit uns die Rishis sitzen, dann besteht für diese tatsächlich Handlungsbedarf und die Legenden von Rigden-Jyepo und den Herren der Welt, über die auch Nicholas Roerich berichtet, erscheinen plötzlich in einem neuen, sehr aktuellen Bezug. Für Nicholas Roerich war Rigden-Jyepo der prophezeite Herr der Neuen Ära von Shambhala, welcher zurzeit eine unbesiegbare Armee vorbereitet. Roerich identifizierte diesen Herren der Welt als Maitreya, den Letzten Avatar, welcher das Kali-Yuga zu Ende führt und zugleich das neue Krita oder Satya Yuga eröffnet. Es existieren durchaus ernstzunehmende Hinweise darauf, dass Roerichs Expedition bei diesem Wechsel der Zeitalter eine aktive Rolle spielte. Diese Hinweise beziehen sich auf einen geheimnisvollen Stein von einem fernen Stern, der am ehesten mit dem *lapsit exillis*, dem Grals-Stein aus Wolfram von Eschenbachs Epos Parzival verglichen werden kann oder mit dem Stein der Weisen westlicher Alchimie. Der größere Teil dieses Steines soll der Überlieferung zufolge in Shambhala verbleiben, während ein anderer Teil rund um die Erde zirkuliert und dabei seine magnetische (geistige) Verbindung mit dem Hauptstein behält. Von diesem wird berichtet, dass er sich auf dem *„Turm von Rigden-Jyepo"* befinden und von dort aus zum Wohl der gesamten Menschheit strahlen soll. Professor George Roerich, der Sohn des Malers, berichtete, dass der Stein vermutlich vom Sirius stammt. Ein Bruchstück dieses Steines wurde von Zentralasien aus nach Europa geschickt, um bei der Gründung des Völkerbundes zu helfen. Roerichs Expedition soll dann diesen Teil des Zentralsteines wieder nach Shambhala zurückgebracht haben. In der Tat beziehen sich einige Gemälde des Chintamani-Zyklus von Nicholas Roerich ganz offensichtlich auf diese geheime Mission.

Auch das Ziel meiner Reisen und Expeditionen ist es, jenen, die sich meiner Begleitung anvertrauen ebenso wie den Menschen der Länder, die ich besuche, zu vermitteln, dass der andersartige Fremde kein potentieller Feind, sondern immer zuerst ein möglicher Freund ist. Daher steht die Frage nach dem Beweis für die Existenz der Rishis und ihrer Heimat Shambhala auch keineswegs allein im Vordergrund der Forschungen, obwohl sie ein Teil meiner Suche im Außen ist. Viel wichtiger erscheint mir die Frage, was jeder, der mit dem Erbe der sieben Weisen – den Schicksalsbibliotheken Indiens – in Berührung kommt, mit den Informationen, die ihm dort über sein Leben zur Verfügung gestellt werden, beginnen kann. Wem also in den Palmblattbibliotheken bestätigt wird, dass er sich auf einem geistigen Pfad befindet und die Anlagen für noch größere spirituelle Fähigkeiten in sich trägt, der wird enttäuscht über das Ausbleiben des Erfolges auf seiner Suche sein, wenn er in sein Alltagsleben zurückkehrt, ohne etwas daran zu verändern. In diesem Fall nämlich wird er seine spirituellen Anlagen verkümmern lassen. Pflegt derjenige jedoch diese Fähigkeiten und nutzt die Hinweise des Nadi-Readings, so wird er all das erreichen, was ihm das Palmblattmanuskript voraussagt.

Enttäuscht werden jedoch auch all jene sein, die heimlich wünschen, in Indien im Eilzugtempo und ohne große Mühe die Erleuchtung erreichen zu können oder jene, die mit ganz bestimmten Erwartungen, deren ausschließliche Bestätigung sie erhoffen, die Schicksalsbibliotheken aufsuchen. Wer jedoch mit wirklichen Fragen und offenen Herzens in die Palmblattbibliotheken kommt, wird für alle diese Fragen jene Antworten erhalten, die er sucht und die für seine weitere Entwicklung wichtig sind.

In einem Kapitel dieses Buches hatte ich die Zeit mit einem mächtigen Strom vergleichen. Zu diesem Bild will ich nun zurückkehren. Die Aussagen der Palmblattmanuskripte bilden so etwas wie eine geistige Seekarte für diesen Strom der Zeit, mit deren Hilfe wir unser Lebensschiff steuern sollen. Diese spirituelle Karte zeigt also alle Untiefen, gefährlichen Strudel und steinigen Küsten, aber ebenso den idealen Kurs durch die Fährnisse des Lebens und der Zeit. An jedem selbst aber liegt es, diesen Kurs zu steuern. Ein guter Kapitän wird seiner Seekarte vertrauen, sich aber nicht ausschließlich auf sie verlassen, sondern zugleich Wind, Wetter und die See beobachten, um selbst den idealen Kurs zu finden. Wenn er dies dann erreicht hat, so braucht er die Seekarte nicht länger. Bezogen auf die Palmblattbibliotheken bedeutet dies, dass jeder, der seine spirituellen Fähigkeiten kontinuierlich und diszipliniert vervollkommnet, sich also ernsthaft auf eine geistige Suche begibt, nicht nur die Aufgabe, welche ihm in seinem Palmblattmanuskript dargelegt wird, in diesem Leben verwirklichen kann, sondern darüber hinaus selbst den Zugang zu den geistigen Welten und auch zur Akasha-Chronik zu erlangen vermag. Die Palmblattmanuskripte sind eine Beschreibung unseres Lebens. Leben aber müssen wir es jeden Tag selbst immer wieder aufs Neue. So schreiben wir schließlich das Buch unseres Schicksals.

# PALMBLATTPROPHEZEIUNGEN FÜR EUROPAS ZUKUNFT

Seit 1993 bereise ich Indien. Der Subkontinent fasziniert mich bei jedem Aufenthalt aufs Neue. Im Verlauf meiner zahlreichen Reisen habe ich dort, vor allem in der Provinz Tamil Nadu in Südindien zuverlässige Freunde unter den Einheimischen gefunden. Zu ihnen gehört auch mein Dolmetscher Swami M. K. Srinivasan, ein netter Herr Ende sechzig, der sich für Touristen schon einmal das einfacher zu merkende Pseudonym „Mike" zulegt. Ihm verdanke ich wertvolle Informationen über die Palmblattbibliotheken und die indische Astrologie, welche er selbst hingebungsvoll praktiziert. „Mike" Srinivasan ist das Musterbeispiel eines traditionellen Hindus, der in seinem Leben zunächst die Herausforderungen des alltäglichen Lebens meisterte – einen guten Beruf zu erlernen, eine Familie zu gründen, den Kindern eine hervorragende Ausbildung ermöglichen – um sich nun im Herbst seines Lebens verstärkt dem eigenen spirituellen Wachstum zu widmen. Das Praktizieren der Astrologie gehört ebenso dazu wie häufige Tempelbesuche mit ihren Ritualen, eine vegetarische Ernährung und Mäßigung in allen Lebensbereichen.

Swami Srinivasan war es auch, der es mir ermöglichte, etliche Palmblattmanuskripte aus einer aufgelösten Privatsammlung zu erwerben. Auf einer Reise im Sommer 1998 erfuhr ich erstmals von dieser Kollektion. In dem kleinen Ort Kadambodhi, etwa 6 Kilometer von dem malerischen südindischen Küstenort Mahabalipuram entfernt, lebte damals Anandh Ramesh, ein Bauer, der zum Zeitpunkt unserer ersten Begegnung die achtzig bereits weit überschritten hatte. Dieser außergewöhnliche Mann kam aus einfachsten Verhältnissen, hatte sich aber im Verlauf von mehreren Jahrzehnten autodidaktisch einige der alten drawidischen Sprachen beigebracht. Er las und sprach unter anderem Alt-Tamil, Malayam, Grantha und Pali. Seine erworbenen Fähigkeiten nutzte Anandh auf eine ganz besondere Art. Obwohl seine Familie wahrlich nicht zu den wohlhabenden Bauern des Dorfes gerechnet werden konnte, gab er einen bedeutenden Teil seines bescheidenen Einkommens für den Ankauf von antiken Palmblattmanuskripten aus. Anandh Ramesh war ein Bibliophiler im besten Sinne des Wortes. Seine Kollektion umfasste knapp 300 Palmblattmanuskripte unterschiedlichsten Inhalts. Rezeptsammlungen des Ayurveda – der altindischen Kräutermedizin – gehörten ebenso dazu wie Dorfchroniken, astrologische Abhandlungen, religöse Schriften oder Märchenbücher. Besonders interessant erschien mir eine Anzahl von Palmblattmanuskripten, welche dem Jyothir-Veda, der Kunst der Zukunftsdeutung, zuzurechnen waren. Anandh Ramesh hütete die alten Manuskripte wie seinen Augapfel, nutzte sie aber nur privat. Zwar war er ein Pandit (altinscher Schriftgelehrter), aber kein Astrologe oder Palmblattleser, sondern nutzte die Palmblattbücher nur zu seinem Vergnügen. Kein Wunder, dass ihn manche seiner Familienangehörigen, wie auch die Mehrzahl der Dorfbewohner für ein wenig verrückt hielten. Ich erinnere mich lebhaft an unser langes Gespräch, das von „Mike" geduldig gedolmetscht wurde, denn ich sprach nur Englisch und Anandh ausschließlich Tamil. Er kannte sich überraschend gut mit den altindischen Epen aus, rezitierte frei aus den Puranas und präsentierte mir auch eine Prachtausgabe des Mahabharatha – Epos, seinen größten Schatz, der wohl einst zu den Schriften am Hofe der Radschas von Tanjur gehört haben mochte. Als ich mich nach einem anregenden Nachmittag schließlich von Anandh Ramesh verabschiedete, versprach ich ihm, auch auf meinen nächsten Reisen bei ihm wieder vorbei zu schauen. Dazu sollte es nie mehr kommen. Ich sah den alten Weisen nicht lebend wieder. Er starb im Januar des Jahres 1999, einige Wochen vor meiner erneuten Indienreise.

Nach Anandhs Tod war seine Sammlung von Palmblattmanuskripten für die Familie wertlos. Niemand außer ihm war imstande gewesen, die alten Texte zu lesen. Man sollte sich immer vor Augen halten, dass die einstige Hochsprache Alt-Tamil heute von den meisten Indern ebenso wenig verstanden wird wie Sanskrit. So wurden einige Bücher wohl an Antiquare verkauft, manche beschlossen ihre Existenz auch als Brennmaterial für das Kochfeuer. In dieser Situation erwies sich Swami Srinivasan als rettender Engel. Er wusste um mein Interesse an den Manuskripten ebenso wie um die Situation der Familie, und vermochte diese zu überzeugen, sich mit mir in Verbindung zu setzen. Seit jener Zeit kaufe ich bei jedem meiner Indienaufenthalte einige Manuskripte aus dem Nachlass des Sammlers von Kadambodhi, einerseits, um zum Lebensunterhalt der Angehörigen Anandh Rameshs beizutragen, vor allem aber, um die

Palmblattmanuskripte vor der Vernichtung zu bewahren, und sie einer wissenschaftlichen Untersuchung in Deutschland zugänglich zu machen. Auf diese Weise gelangte ich ebenso in den Besitz von mehreren ayurvedischen Handbüchern wie einigen Abhandlungen über den Bau und Einsatz von „Vimanas" – der altindischen Flugmaschinen. Ein ganz besonderes Manuskript aber erwarb ich im Jahr 2001. Es handelt sich um einen Band, auf den mich Swami Srinivasan aufmerksam machte. Er liest und versteht selbst Alt-Tamil, jedoch keineswegs so gut wie der verstorbene Anandh. Das betreffende Palmblattmanuskript war offenbar Bestandteil einer Reihe von mehreren Bänden, die einst so etwas wie eine Enzyklopädie des Jyothir Veda, der Zukunftsdeutung, bildeten. In diesem Buch ging es um die Zukunft von Nationen und ganzen Kontinenten, behauptete jedenfalls Swami Srinivasan. Dieser außergewöhnliche Inhalt des Palmblattbuches weckte mein Interesse. Ich beschloss, das Manuskript an der Universität Köln übersetzen zu lassen. Ein Vorhaben, das aus Zeitmangel der Wissenschaftler des Instituts für Tamilistik zum Scheitern allerdings verurteilt war. Bei diesem Buch handele es sich tatsächlich um Prophezeiungen des Jyothir Veda, diese seien aber für Philologen europäischer Universitäten „hoffnungslose Fälle", da zu ihrer Entschlüsselung neben den Kenntnissen der tamilischen Sprache auch ein spezielles Einweihungswissen notwendig sei, über das europäische Akademiker naturgemäß nicht verfügen. Das Studium dieses einen Palmblattbuches sei Stoff genug für mindestens zehn Jahre intensiver Forschungsarbeit, wobei nicht garantiert werden könne, dass eine Übersetzung auch tatsächlich gelingt. Um das Manuskript dennoch übersetzen zu lassen, blieb nichts anderes übrig, als zu seinem Ursprung zurückzukehren, nach Indien, in den Bundesstaat Tamil Nadu. Zuvor jedoch ließ ich auch für dieses Manuskript am bereits erwähnten Institut für Ionenstrahlphysik eine Altersbestimmung durchführen. Die C14 Analyse ergab ein ungefähres Alter der Palmblätter von 440 Jahren. Das Buch war demnach im 16. Jahrhundert verfasst worden. Wie es schließlich in den Besitz von Anandh Ramesh gelangte, vermochte ich nicht zu ermitteln.

Zurück in Indien konnte ich mich wieder auf die Hilfe von Swami Srinivasan verlassen. Er stellte den Kontakt zu Ganeshbabu Shastri her, einem Palmblattleser aus der Tempelstadt Kanchipuram, der im August 2001 mit der Übersetzung des Manuskriptes beginnen konnte. Nach seinen ersten Aussagen handelte es sich bei dem Buch um einen Band mit Prophezeiungen für die Zukunft des Weltgeschehens. Ganeshbabu Shastri war überzeugt, dass dieses einzigartige Palmblattmanuskript Aussagen insbesondere über die Zukunft Europas enthielt. „Vielleicht finden sich darin auch Hinweise für Deutschlands Politiker", meinte er augenzwinkernd. Von ihm erfuhr ich auch, dass derartige Manuskripte, die nach hinduistischer Auffassung das Karma eines Stammes, eines Volkes oder einer Nation widerspiegeln, im alten Indien zum üblichen Inventar der Palmblattbibliotheken gehörten. Damals war ihre Lektüre allerdings ausschließlich den jeweiligen Herrschern und den brahmanischen Priestern vorbehalten. Sie sollten dadurch in die Lage versetzt werden, Schaden von ihrem Land und ihrem Volk abzuhalten. Nach der Eroberung des Subkontinents durch die Kolonialherren Portugals, Frankreichs und Großbritanniens geriet dieser Teil des vedischen Wissens in Vergessenheit. Insbesondere die puritanischen Engländer hatten nach Meinung von Ganeshbabu Shastri einen großen Anteil an der Unterdrückung der Wissenschaften des alten Indien. So dürften in den meisten Palmblattbibliotheken auch heute noch Bücher mit Voraussagen globaler Art zu finden sein, doch werden diese selten oder gar nicht mehr genutzt, da sich ihrer kaum noch jemand erinnert. Die Palmblattleser selbst werden keinesfalls mit diesen Prophezeiungen werben, verstehen sie sich doch vor allem als Bewahrer des alten Wissens, und nicht als seine Verbreiter. Informationen aus den Palmblattmanuskripten werden lediglich denjenigen Menschen zugänglich gemacht, die selbst in einer der Bibliotheken vorsprechen. Solange unter den Klienten keine Politiker oder der Gesellschaft in sonstiger Weise verantwortlichen Personen sind, besteht also für die Palmblattleser nicht die geringste Veranlassung, auf die zweifellos vorhandenen globalen Prophezeiungen zurückzugreifen. Dies ist in der Tatsache begründet, dass in den Palmblattbibliotheken jeder Ratsuchende ausschließlich jene Informationen bekommt, die für seine Entwicklung wichtig sind. Ist es also jemandem bestimmt, an Veränderungsprozessen in der Gesellschaft aktiv mitzuwirken, so wird er auch alle dafür erforderlichen Informationen erhalten. Diese Umstände ließen mich anfangs zögern, eine Veröffentlichung der von Gashbabu Shastri übersetzten Texte vorzunehmen. Im Verlauf zahlreicher Gespräche mit ihm sowie den Palmblattlesern aus Madras und Bangalore, aber auch mit Swami Srinivasan gelangte ich zu der Überzeugung, dass es ein Teil meiner Aufgaben in diesem

Leben ist, mich um die Verbreitung dieser Informationen zu bemühen. Allein schon die Tatsache, dass ich in den Besitz solch außergewöhnlichen Aufzeichnungen gekommen bin, begründete diese Verpflichtung.

Es sollte sich alsbald zeigen, von welcher Brisanz der alt-tamilische Text war. Anfang September 2001 erreichte mich eine im typischen „Indien-Englisch" abgefasste Nachricht Ganeshbabu Shastris, die einige Auszüge des Manuskriptes in englischer Übersetzung wiedergab. Dem Begleitschreiben entnahm ich, dass es sich bei dem Palmblattbuch um eine Beschreibung von Ereignissen in Europa und der westlichen Hemisphäre handelte, die in der zweiten Hälfte des 20. Jahrhunderts nach unserem westlichen Kalender einsetzte. Nach Ganeshbabu Shastris Meinung war dieses Palmblattmanuskript ähnlich aufgebaut wie die Texte mit individuellen Vorhersagen. Hier gab es ebenfalls ein Kapitel, welches zunächst die generelle Entwicklung der westlichen Welt in den nächsten Jahrzehnten schildert. Darauf folgend dann Textpassagen, in denen einzelne Aspekte, wie etwa Politik, Wirtschaft, Gesellschaft, militärische Konflikte oder gesundheitliche Risken detailliert geschildert werden. Diese Umstände bestärkten mich in der Annahme, dass das vorliegende Manuskript lediglich ein Bruchteil einer ursprünglich weit umfassenderen Sammlung sein musste. Doch nicht wegen dieser Information hatte mir Ganeshbabu Shastri geschrieben. Der Palmblattleser wollte durch diesen Text offenbar vor einem unmittelbar bevorstehenden Ereignis warnen, dass von weltweiter Bedeutung sein würde. Doch lassen wir die anschließend von mir ins Deutsche übertragene Übersetzung für sich sprechen:

*Am 11. Tag des neunten Monats des Jahres 2001 nach westlicher Zeitrechnung wird sich ein Verbrechen von bis dahin unbekanntem Ausmaß ereignen. Es wird in der bedeutendsten Stadt an der östlichen Küste auf dem nördlichen Gebiet des westlichen Doppelkontinentes (*gemeint ist Nordamerika, das Gebiet der heutigen USA, konkret die Stadt New York – Anm. G. Sh.*) geschehen. Ziel dieses Verbrechens ist ein sehr großes Gebäude, das als ein bedeutendes Symbol der westlichen Welt gilt. Dieses Gebäude besteht aus zwei hohen Türmen. Diese Türme werden von Vimanas (*der altindische Begriff für Flugzeuge, Anm. G. Sh.*) angegriffen. Dabei stürzen sich zwei Vimanas in die Türme und richten große Zerstörungen an. Die Türme werden zusammenbrechen, jedoch nicht durch den Einschlag der Vimanas, sondern durch vorbereitete und gezielte Explosionen im Innern der Türme. Tausende Personen kommen bei die-*

*sen Anschlägen ums Leben. Die Menschen in aller Welt werden wie erstarrt sein vor Schock über dieses ungeheuerliche Geschehen. Doch es ist noch nicht zu Ende. In der Hauptstadt des Landes in dem dieses Verbrechen geschieht* (gemeint ist Washington, Anm. G. Sh.)*, wird sich eine weitere Attacke ereignen. In das Gebäude des Oberkommandierenden der Armee dieses Landes schlägt ein Himmelspfeil ein* (altindische Bezeichnung für ein Raketengeschoß, Anm. G. Sh.)*. In der Öffentlichkeit heißt es aber, dass eine Vimana in das Gebäude gestürzt sei, welches den Namen „Fünfstern" trägt* (gemeint ist hier das Pentagon, Anm. G. Sh.)*. Diese offizielle Aussage ist jedoch falsch, ebenso wie ein Bericht, nachdem eine Vimana von feindlichen Kriegern entführt worden sei, sich aber die Besatzung und die Passagiere der Vimana gemeinsam gegen diese Krieger wehrten, und die Vimana dabei zum Absturz brachten. Diese Vimana wird in Wahrheit abgeschossen, als sie sich einem Quartier des Regenten dieses Landes nähert* (Im Nachhinein lässt sich diese Aussage so deuten, dass damit wohl das bei Pittsburgh abgestürzte Flugzeug gemeint ist, das auf dem Weg nach Camp David war – Anm. Th. R.)*. Der Regent des Landes wird kurz nach den Ereignissen bereits Verschwörer aus dem arabischen Raum dieser Tat beschuldigen und Kriegsabsichten gegen einnige dieser Länder verkünden, die er später auch in die Tat umsetzen wird. Seine Anschuldigungen sind jedoch falsch. In Wirklichkeit weiß er von den geplanten Anschlägen, an denen auch Personen beteiligt sind, die in seinem Dienst stehen. Nicht den von ihm so bezeichneten Verschwörern nutzt das Verbrechen, sondern dem Regenten allein wird es nützen, denn zu jener Zeit gibt es unter seinen Untertanen erhebliche Zweifel, ob er auf einem legalen Weg an die Macht gelangt sei. Nach den Anschlägen wird dieser Verdacht fallengelassen werden. Das Verbrechen erfüllt seinen Zweck. Es wird dem Regenten die Möglichkeit geben, in den folgenden Jahren mehrere Kriege zu beginnen, die er zur Durchsetzung seiner Machtinteressen und der Interessen der Leute führen wird, die ihn unterstützen. Diese Kriege werden offiziell im Namen des Friedens, der Sicherheit und der Freiheit geführt, doch in Wirklichkeit geht es den Angreifern nur um Land und Rohstoffe.*

Die ungeheuerliche Lektüre dieses Schreibens überraschte mich am späten Nachmittag des 10. September 2001. Am nächsten Tag sollte sich die Erde weiterdrehen. Die Ereignisse des 11. September 2001 veränderten die Welt in dramatischer Weise. Doch manches aus der Übersetzung von Ganeshbabu Shastri stimmte mit den offiziellen Verlautbarungen nach den Anschlägen nicht überein. Gab es nicht deutliche Spuren, die auf islamistische Attentäter hinwiesen? Waren nicht vier Flugzeuge entführt worden, und drei davon als Waffen gegen die Twin Towers und das Pentagon missbraucht worden, während das vierte von tapferen Amerikanern zum Absturz gebracht wurde, ehe es Camp David zu bedrohen vermochte? Was sollten die mysteriösen Hinweise auf Explosionen, welche angeblich das World Trade Center in New York zum Einsturz brachten? Wieso beschrieb das Palmblattmanuskript die Attacke auf das Pentagon als Raketenangriff? Gab es wirklich Hinweise, dass der amerikanische Präsident zumindest von der Gefahr drohender Anschläge informiert war, und dennoch den Ereignissen ihren Lauf ließ?

Schon bald sollte es sich aber zeigen, dass die offizielle Version vom Hergang der Terroranschläge des 11. September 2001 zahlreiche Ungereimtheiten und Widersprüche aufwies. Der amerikanische Forscher und Autor Eric Hufschmid sprach in diesem Zusammenhang von „Time for painful Questions“ („Zeit für schmerzhafte Fragen“). Auf einige dieser Fragen will ich kurz eingehen.

Bei Terroranschlägen melden sich üblicherweise die jeweiligen Täterorganisationen und propagieren ihre Forderungen bzw. Ideologien (siehe RAF-Terror, Guerillas, Selbstmordattentäter im Nahen Osten). So hielt es auch Osama Bin Laden. Nur Geheimdienste melden sich nicht oder schieben bei ihren Mord- und Terroraktionen ‚Einzeltäter‘ vor (vergleiche Andreas von Bülow »Im Namen des Staates«). Nach den Anschlägen vom 11.9.2001 meldete sich niemand. Die Täter wollten offensichtlich unbekannt bleiben. Dennoch waren sie angeblich so unvorsichtig, ein Auto mit einem Koran und einer Fluganleitung in Arabisch (die es so nicht gibt, da auch arabische Piloten in der internationalen Piloten-Sprache Englisch unterwiesen werden) am Flughafen von Boston stehen zu lassen, obwohl sie ja wussten, dass sie nie mehr zurückkehren würden, um dieses Auto abzuholen. So etwas tut nur jemand, der absichtlich falsche Spuren legen will.

Bereits in der Stunde nach den Anschlägen verkündete Präsident Bush jun., islamische Terroristen seien die Drahtzieher und Ausführenden der Attacken gewesen. Nicht nur ihnen, sondern auch den Ländern, die ihnen Unterschlupf bieten, erklärte US-Amerika nun den Krieg. Zu diesem Zeitpunkt gab es jedoch noch nicht die geringsten Beweise für diese These. Trotzdem wagte Bush Aussagen von solch weltpolitischer Tragweite.

Die Beweise für seine Behauptungen fanden sich dann aber wie gerufen: Es hieß, am Flughafen von Boston sei ein Auto der Terroristen gefunden worden. Man erfuhr auch, es seien zwei Koffer nicht eingecheckt worden, ganz „zufällig" eben die Koffer der Terroristen. Inhalt: Koran, arabische Fluganleitungen, ein Abschiedsbrief mit letzten Unterweisungen an die Terror-Komplizen. Das ist höchst unglaubwürdig: Ein fanatischer Moslem würde seinen Koran nicht in einem Koffer verstauen, der in den Frachtraum geht. Profi-Piloten brauchen auch keine Boeing-Gebrauchsanleitung in letzter Minute, ebenso wenig wie Klischee-Unterweisungen, die sich im angeblichen Abschiedsbrief fanden: „Prüft eure Waffen, prüft eure Messer ... Sterbt mit einem Lächeln auf den Lippen". Das klingt sehr nach Hollywood-Schund, aber nicht nach Männern, die wissen was sie tun – und dabei sterben werden. Am 13. September meldeten dann die Medien, in den Trümmern des WTC sei ein Pass gefunden worden, der einem Terroristen gehörte. Die explodierenden Flugzeuge brachten angeblich Stahl zum Schmelzen. Kann ein Pass aus Papier aus diesem Inferno hinausfliegen, ohne in Flammen aufzugehen? Wie groß ist eigentlich die mathematische oder zufällige Wahrscheinlichkeit, dass gerade der Pass eines Terroristen hinausfliegt?

Der spätestens seit dem 1. Golfkrieg berühmt-berüchtigte Nachrichtensender CNN besaß Büros im WTC. Dies wurde keiner der Nonstop-Reportagen des Kanals erwähnt. Anscheinend aber hatte CNN auch keine Todesopfer zu beklagen. Die CNN-Reporter unter ihrem Chef Walter Issacson waren so rasch zur Stelle, dass sie den Einschlag des zweiten Flugzeuges bereits live senden konnten. Später zeigten sie auch die Filmaufnahmen eines Amateurs, der den ersten Einschlag „zufällig" gefilmt hatte. Er habe ein Flugzeuggeräusch gehört und begann zu filmen. Aber er richtete die Kamera nicht etwa in Richtung des Flugzeuges, sondern ausgerechnet auf den Nordturm des WTC, so dass das Flugzeug vor seiner Linse in den Turm flog. Welcher Amateur würde überhaupt auf ein Flugzeuggeräusch reagieren und nähme dabei noch mit solch treffender Voraussicht gerade den richtigen WTC-Turm in den Brennpunkt?

Auf der offiziellen Website des Weißen Hauses wurden zwei Interviews mit Präsident Bush veröffentlicht, in denen Reporter ihn fragten, wie er sich gefühlt habe, als er von den Anschlägen hörte. Am 4. Dezember 2001 gab Bush jun. zur Antwort:

„I was sitting outside the classroom waiting to go in, and I saw an airplane hit the tower – the TV was obviously on. And I used to fly myself, and I said, well, there's one terrible pilot. I said, it must have been a horrible accident." (Quelle: www.whitehouse.gov/news/releases/ 2001/12/ 20011204-17.html)

Dasselbe sagte er nochmals am 5. Januar 2002 (niedergelegt unter www.whitehouse.gov/news/releases/ 2002/01/20020105-3.html).

Man stelle sich dies einmal vor: Der Präsident der Großmacht USA sieht, dass ein Flugzeug in das US-Wahrzeichen fliegt, aber er geht seelenruhig nach Plan in ein Klassenzimmer und lässt sich eine neue Leselehrmethode erklären. Er meint, dies sei ein Unfall aufgrund eines „schrecklichen Piloten". Erstens herrscht über New York City ein Flugverbot, und kein Passagierflugzeugpilot würde in einen WTC-Turm fliegen. Allein schon diese Erklärung von Bush jun. ist mehr als sehr fadenscheinig. Zwischen den beiden Einschlägen vergingen 18 Minuten. Bush wartete, dann wurde er empfangen, in das Klassenzimmer geleitet, wo er die Kinder traf und sich seelenruhig die Erklärungen anhörte. Wie lange dauerte dies alles? Sicher 10 bis 15 Minuten, eine sehr schnelle Abfolge der Programmpunkte vorausgesetzt. Das würde bedeuten, dass das, was Bush auf dem Bildschirm sah, höchstens 3 bis 8 Minuten nach dem ersten Einschlag ausgestrahlt wurde. Aber zu diesem Zeitpunkt sendete noch keine TV-Station Bilder des ersten Einschlags! Was hatte Bush also gesehen?! Auf der Website www.apfn.org lautet ein Kommentar dazu: „Wenn wir davon ausgehen müssen, dass ein Geheimdienst diese Terroranschläge ausführen ließ, höchstwahrscheinlich die CIA, dann ist es auch sehr wahrscheinlich, dass die Drahtzieher wollten, dass Bush das ‚schuldig machende' Vorauswissen hatte. Sah er also eine interne CIA-Live-Übertragung im TV-Set seiner Präsidenten-Limousine?" In diesem Zusammenhang sei daran erinnert, dass sein Vater einst Direktor der CIA war.

Präsident Bush ging also ins Klassenzimmer, und nach einer gewissen Zeit kam sein Delegationsleiter Andrew Card und informierte ihn, dass ein zweites Flugzeug in den anderen WTC-Turm geflogen sei. Bush blieb nun überraschend ruhig, ja regelrecht ‚ungläubig', er hörte sich sogar noch an, das eine Gruppe von Kindern eine Tiergeschichte vorlas. Doch nur eine halbe Stunde später sprach er öffentlich von Vergeltung und Krieg.

Innerhalb einer Stunde vier Großraumflugzeuge zu entführen, dies erfordert einen Grad an Organisation und Komplexität, die keine Terrorgruppe vom Ausland her zustande bringen kann. Es mussten sämtliche Sicherheitssysteme ausgeschaltet werden, kein Geheimdienst (NSA, NRO, CIA, Mossad, etc.) durfte davon erfahren, was aber praktisch unmöglich ist, vor allem wenn man annimmt, dass die Koordination von Arabien oder Afghanistan ausgegangen wäre.

Auch die entführten Flugzeuge waren erstaunlich leer:

| | |
|---|---|
| Flug AA 077 (QS 14): 289 Plätze | nur 64 Passagiere (3/4 leer) |
| Flug AA 011 (QS 2): 351 Plätze | nur 92 Passagiere (fast 3/4 leer) |
| Flug UA 175 (QS 13): 351 Plätze | nur 65 Passagiere (4/5 leer) |
| Flug UA 093 (QS 12): 289 Plätze | nur 45 Passagiere (4/5 leer) |

Fliegen American Airlines und United Airlines immer mit so wenigen Passagieren? Dann wären sie längst bankrott! Deshalb werden Flüge mit weniger als 50% Belegung von allen Fluggesellschaften generell abgesagt oder mit Flügen anderer Gesellschaften kombiniert, da sich keine Fluggesellschaft einen derartigen Ausfall leisten kann. Zudem handelte es sich hier um Langstreckenkurse von der Ostküste nach Kalifornien, also um etwa. 5.500 Flugkilometer, wo derart leere Flugzeuge einen besonders großen Verlust darstellen. Für die Anschläge waren Boeing-Flugzeuge mit großen, vollen Tanks (45.000 Liter Kerosin pro Flugzeug) nötig, aber sie mussten größtenteils leer sein, nicht aus Gründen der Menschlichkeit, sondern damit die Terroristen nicht von 289 oder 351 Personen überwältigt wurden. Welche Terrororganisation, die nicht CIA heißt, kann bewirken, dass voll getankte Flugzeuge auf dem gewünschten Langstreckenflug derart unterbesetzt sind, trotz großen Verlusten für diese Fluggesellschaften?

Ein paar Tage nach den Anschlägen wurden die Namen veröffentlicht, die auf den Passagierlisten der vier Flugzeuge als Terroristen identifiziert wurden, darunter vom FBI gesuchte Terroristen wie Atta, und Alomari. Dies würde bedeuten, dass alle Terroristen ihre Tickets mit ihren eigenen

Namen gebucht hatten. Doch einige dieser Namen standen auf Fahndungslisten! Kein Beamter wurde darauf aufmerksam – lediglich ein zufälliges Versagen?

Die offizielle Version erklärt, dass die Türme in sich zusammenfielen, weil die Stockwerke oberhalb der Einschlagstellen der Flugzeuge mit ihrem Gewicht auf die unteren Stockwerke fielen. Bei dieser Erklärung muss man sich aber fragen, warum die Türme bis in den Grund zu Staub zerbarsten. Es hieß, die explodierenden Kerosintanks der Flugzeuge hätten die Stahlträger zum Schmelzen gebracht. Dieser Stahl schmilzt allerdings erst bei Temperaturen ab 1300° Celsius. Verbrennungen von Kohlenwasserstoffen wie Kerosin bringen jedoch nur Temperaturen von maximal 800° zustande, und dies auch nur unter optimalen Brennbedingungen, die eine Stahl- und Asbestkonstruktion jedoch nicht bietet. Auch die Experten der New Yorker Feuerwehr drangen nur deshalb so weit in den Türmen vor, weil sie von der Erfahrung ausgingen, dass für sie keine Gefahr bestand. Es ist bewiesen, dass der erste Stoßtrupp unter der Leitung von Orio Palmer und Ronald Bucca bis in den 78. Stock vorgedrungen war, also bis zur Einschlagstelle. Die Feuerwehrleute berichteten nicht von 1300° heißem Feuer, das den Stahl weich kochte, und sahen auch keine Einsturzgefahr, weshalb sie Verstärkung anforderten. Ein paar Minuten später brach der Turm zusammen. Erst Monate später durften die Familien dieser Männer die Tonaufnahmen des Funkverkehrs hören, jedoch unter nur unter der Bedingung, dass sie mit niemandem über deren Inhalt sprechen würden. Mehrere Überlebende, die sich aus den Türmen retten konnten, berichteten unabhängig voneinander live in Fernseh-Interviews von Explosionen. So sagte Steve Evans gegenüber dem BBC: „Es gab eine Explosion. Ich dachte nicht, dass es eine Explosion war – aber das Fundament des ganzen Turmes erzitterte! Und dann, als wir draußen waren, ereignete sich die zweite Explosion, und danach eine ganze Serie weiterer Explosionen ... Wir sind vom Ausmaß der Zerstörung überwältigt, welche diese Explosionen, diese Serie von Explosionen, angerichtet haben."

Ein dunkelhäutiger Geschäftsmann, der ganz verstaubt aus dem WTC gerannt kam, sagte live dem dänischen TV-Sender DR-TV1: „Auf dem achten Stock wurden wir durch eine gewaltige Explosion zurückgeworfen." Mehrere Feuerwehrleute hatten ebenfalls Explosionen gehört. Louie

Cacchiolo erzählte dem People-Magazine: „Ich habe meine Feuerwehrmänner mit dem Lift in den 24. Stock hochgebracht, um von dort oben die Büroangestellten zu evakuieren. Während unserer letzten Fahrt explodierte eine Bombe.“ Was für eine Bombe, von der man in den offiziellen Versionen nie etwas hörte? Tatsächlich brachen beide Türme fast perfekt – da geradlinig von oben nach unten – in sich zusammen und gingen in Staub und Trümmern auf. Sprengstoffexperten versicherten, dass es für sie eine höchste Präzisionsarbeit bedeutet hätte, beide Türme auf eine solche Weise zum Einsturz zu bringen. Ein prominenter Experte, der gleich nach den Anschlägen aufgrund des optischen Eindrucks die Vermutung äußerte, dass das Gebäude über Sprengstoff zum totalen Einsturz gebracht wurde, war Van Romero, der Vizepräsident des Instituts für Bergbautechnologie in New Mexico. Wenn tatsächlich Sprengungen und nicht die Flugzeugeinschläge diesen totalen Einsturz verursachten, dann müsste dies bei den Trümmern zu sehen sein. Doch genau diese Untersuchung fand nicht statt. Im Gegenteil, die Trümmer wurden durch irgendwelche Anordnungen schnellstens beseitigt, bevor eine Untersuchungskommission zu Werke gehen konnte! William A. Manning, der Chefredakteur des Fire Magazine, der amerikanischen Feuerwehr-Fachzeitschrift, nannte dies öffentlich eine „Zerstörung von Beweismitteln“. Am 6. März 2002 berichtete die Wissenschaftskommission des Repräsentantenhauses, dass die Untersuchungen behindert würden, weil „einige wichtige Stahlreste verschwunden waren, bevor die ersten Ermittler überhaupt am Unglücksort eintrafen“! Wer veranlasst so etwas, wenn nicht Verschwörer innerhalb der USA? Innerhalb der Regierung der USA ...

In den auf die Ereignisse des 11. September 2001 folgenden Wochen und Monaten erhielt ich weitere Informationen von Ganeshbabu Shastri. Er arbeitete sich zielstrebig durch den alt-tamilischen Prophezeiungstext. Dennoch ging die Arbeit wegen des komplizierten Aufbaus des Manuskriptes und mangelnder Zeit nur sehr schleppend vonstatten. Es war für Ganeshbabu Shastri aufgrund seiner Verpflichtungen als Palmblattleser nicht möglich, soviel Zeit auf die Übersetzung des Buches zu verwenden, wie er es gern gewollt hätte. Außerdem erwies sich die Übermittlung der übersetzten Textabschnitte als schwierig, da Ganeshbabu Shastri in seiner Bibliothek bei Kanchipuram weder über Telefon noch andere moderne

Kommunikationseinrichtungen verfügte. Seine Briefe benötigten Wochen, manchmal Monate, um mich zu erreichen. So ging ich schließlich dazu über, während meiner Indienreisen das übersetzte Material bei ihm direkt abzuholen und mit nach Europa zu bringen. Um schneller voranzukommen, wollte sich Ganeshbabu Shastri bei der Übersetzung zunächst auf das erste Kapitel, sozusagen die Übersicht des Inhaltes beschränken, und nur sehr bedeutsame Ereignisse detailliert übertragen. Außerdem entschloss er sich, in den Übersetzungen die heutigen Namen der Länder zu verwenden, welche nach seiner Interpretation an den jeweiligen Geschehnissen beteiligt sind. Die Prophezeiungstexte bezeichnen Länder und Kontinente mit geographischen Daten. So wird Asien *„der Kontinent des Sonnenaufgangs"* genannt, Europa ist *„der Kontinent der Mitte, verbunden über Land mit dem Kontinent des Sonnenaufgangs"*. Amerika wird als der *„Doppelkontinent des Sonnenuntergangs"* bezeichnet, Afrika als *„Kontinent der hohen (oder mittäglichen) Sonne „*, die Antarktis schließlich als *„Kontinent unter dem Eis"*, während Australien als *„Inselkontinent südlich des Kontinents des Sonnenaufgangs „* in den Texten auftaucht. Mit den Länderbegriffen verhält es sich ähnlich. Indien kann als das *„Land der Veden"* noch relativ einfach identifiziert werden. Bei Deutschland als dem *„Land im Zentrum des mittleren Kontinents"* wird es schon schwieriger. Erkennen Sie Spanien in der Formulierung *„größeres Land von zwei Ländern auf der westlichen Halbinsel des mittleren Kontinents"*? Oder Italien als *„Land in dem das Oberhaupt einer der beiden Religionen des mittleren Kontinents seine Residenz hat"*? Der Begriff für die Vereinigten Staaten von Amerika ist da schon wieder eindeutiger *„Land der Macht auf dem nördlichen Teil des Doppelkontinents des Sonnenunterganges, dessen Herren die Hoheit über die gesamte Welt anstreben."* Aus Gründen der besseren Verständlichkeit verwende ich im Folgenden bei den ins Deutsche übertragenen Texten ebenfalls die aktuellen Ländernamen.

Den Krieg der USA gegen Afghanistan erachtete Ganeshbabu Shastri offensichtlich als ein bedeutsames Ereignis. Die Prophezeiung des Palmblattes für diesen Krieg liest sich so:

***Am 7. Tag des 10. Monats im Jahr 2001 nach westlicher Zeitrechnung werden die Streitkräfte der USA mit einer großen Luftstreitmacht den Krieg gegen Afghanistan beginnen. Als Begründung dafür wird der Regent der USA den Kampf gegen Feinde der Freiheit und Sicherheit seines Landes***

*nennen. Doch in Wirklichkeit geht es nur darum, Land und Rohstoffe unter die Kontrolle der USA zu bringen. Bei diesem Vorhaben arbeiten die Truppen der USA mit afghanischen Kriegsherren zusammen. Daher werden die Streitkräfte der USA nur geringe Verluste in diesem Krieg haben, die Afghanen jedoch umso größere. Darüber hinaus verspielen sie die Zukunft ihres Landes an fremde Herren. Vor allem Alte, Frauen und Kinder werden in diesen Auseinandersetzungen schrecklich leiden müssen. Auf Jahrzehnte hinaus wird kein Frieden herrschen in diesem Land, das durch den Krieg fast völlig zerstört wird. Armut, Hunger und Krankheiten gehören für die Menschen zum Alltag. Kinder werden nicht spielen, sondern Soldaten sein und töten. Die Worte vom Frieden sind leere Phrasen, das Land bleibt in einen langen Bürgerkrieg verstrickt. Immer wieder werden Auseinandersetzungen aufflammen, bei denen es zahlreiche Tote gibt. Eine neue Regierung Afghanistans wird nach langen Bemühungen scheinbar von den Menschen des Landes gewählt, doch diese Regierung ist nur ein Handlanger der fremden Herren. Auch andere Staaten als die USA, darunter Deutschland, werden sich an den Einsätzen in Afghanistan beteiligen, wenn auch nicht als Kriegsmächte. Dabei wird es auch unter den deutschen Soldaten zahlreiche Tote und Verletzte geben* **(derzeit beklagt die deutsche Truppe in Afghanistan insgesamt bereits 16 Tote – Amn. Th. R.)**. *Der Krieg gegen Afghanistan wird den Herren der USA kein Glück bringen. Ihre Pläne werden sich zunächst scheinbar erfüllen, doch auf lange Sicht scheitern. Die fremden Truppen werden in der Zeit von 2008 bis 2012 nach westlichem Kalender Afghanistan verlassen müssen, und einsehen, dass sie gescheitert sind.*

Zum Krieg in Afghanistan schrieb bereits am 31. Oktober 2001 die indische Schriftstellerin Arundhati Roy in einem Essay folgendes:

„Als sich am Sonntag, dem 7. Oktober 2001, die Dunkelheit auf Afghanistan senkte, startete die US-Regierung ihre Luftangriffe auf Afghanistan, unterstützt durch die Internationale Koalition gegen den Terror (den neuen, fügsamen Ersatz für die Vereinten Nationen). Die Fernsehsender brachten computeranimierte Bilder von Marschflugkörpern, Stealth Bombern, „Bunkerbrechern" und MK-82-High-Drag-Bomben. Auf der ganzen Welt schauten kleine Jungen mit großen Augen zu und vergaßen, nach neuen Videospielen zu quengeln. Die Uno, inzwischen auf ein unwirksames Kürzel reduziert, wurde nicht einmal ersucht, die Luftangriffe zu genehmigen. (Wie denn Madeleine Albright einst bemerkte, handeln die USA „multilateral, wenn wir können, und unilateral, wenn wir müssen".) Die „Beweise" gegen die Terroristen wurden in der „Koalition" unter Freunden herumgereicht. Nach dem Treffen ließ man verlauten, es spiele keine Rolle, ob die „Beweise" vor einem ordentlichen Gericht Bestand hätten oder nicht. Auf diese Weise wurden in einem Augenblick Jahrhunderte der Rechtsprechung fahrlässig zunichte gemacht. Nichts kann einen terroristischen Akt entschuldigen oder rechtfertigen, ganz gleich, ob er von religiösen Fundamentalisten, von Milizen, von Widerstandsbewegungen begangen wird – oder ob er als Vergeltungskrieg einer anerkannten Regierung daherkommt. Die Bombardierung Afghanistans ist keine Rache für New York und Washington. Sie ist nur ein weiterer terroristischer Akt gegen die Menschen auf der Welt. Jede unschuldige Person, die getötet wird, muss hinzugezählt werden, nicht verrechnet mit der entsetzlichen Zahl der in New York und Washington gestorbenen Zivilisten. Selten werden Kriege von Menschen gewonnen, selten werden sie von Regierungen verloren. Menschen kommen um, Regierungen häuten und regenerieren sich wie das Haupt der Hydra. Sie verwenden Flaggen, um erst die Hirne der Leute luftdicht einzuwickeln und echtes Nachdenken zu ersticken und dann, um sie als feierliche Leichentücher über die verstümmelten Toten zu breiten. Auf beiden Seiten, in Afghanistan wie in Amerika, dienen Zivilisten heute ihren Regierungen und deren Aktionen als Pfand. Ohne es zu wissen, teilen die Leute in beiden Ländern eine Gemeinsamkeit: Sie müssen mit dem Phänomen des blinden, unvorhersehbaren Terrors leben. Jeder Bombenladung, die auf Afghanistan fällt, entspricht die wachsende Massenhysterie in Amerika angesichts von Milzbrand, Entführungen und anderen terroristischen Untaten.

Als Präsident Bush die Luftangriffe ankündigte, sagte er: „Wir sind eine friedliche Nation." Amerikas Lieblingsbotschafter Tony Blair (gleichzeitig Premier von Großbritannien) betete nach: „Wir sind ein friedliches Volk."

Jetzt wissen wir Bescheid. Schweine sind Pferde. Mädchen sind Jungen. Krieg ist Frieden.

Ein paar Tage später sagte Präsident Bush in einer Rede vor dem FBI: „Dies ist unsere Berufung. Die Berufung der Vereinigten Staaten von

Amerika. Der freiesten Nation der Welt. Einer Nation, die sich auf fundamentale Werte gründet, gegen Hass, gegen Gewalt, gegen Mörder und gegen das Böse. Wir werden nicht weichen." Hier folgt eine Liste von Ländern, mit denen Amerika seit dem Zweiten Weltkrieg Krieg geführt hat, die es bombardiert hat oder in denen es zumindest in kriegerische Auseinandersetzungen verwickelt war: Korea (1950 bis 1953), Guatemala (1954, 1967 bis 1969), Indonesien (1958), Kuba (1959 bis 1961), Belgisch-Kongo (1965), Laos (1964 bis 1973), Vietnam (1961 bis 1973), Kambodscha (1969 bis 1970), Grenada (1983), Libyen (1986), El Salvador (achtziger Jahre), Nicaragua (achtziger Jahre), Panama (1989), Irak (seit 1991), Bosnien (1995), Sudan (1998), Jugoslawien (1999). Und jetzt Afghanistan. Bestimmt wird sie nicht weichen – diese freieste Nation der Welt. Doch welche Freiheit hält sie denn aufrecht? Innerhalb der eigenen Grenzen Redefreiheit, Religionsfreiheit, Gedankenfreiheit; die des künstlerischen Ausdrucks, der Essgewohnheiten, der sexuellen Vorlieben (na ja, bis zu einem gewissen Grad) und vieles andere, alles ganz musterhaft und wunderbar. Außerhalb der eigenen Grenzen die Freiheit zu dominieren, zu erniedrigen und zu unterwerfen – gewöhnlich unter die wahre Religion Amerikas, den „freien Markt". Wenn also die US-Regierung einen Krieg Operation „Grenzenlose Gerechtigkeit" tauft oder Operation „Dauerhafte Freiheit", dann spüren wir in der Dritten Welt mehr als leise Furcht. Weil wir wissen, dass Grenzenlose Gerechtigkeit für die einen Grenzenlose Ungerechtigkeit für die anderen bedeutet. Und dauerhafte Freiheit für die einen dauerhafte Unterjochung für die anderen.

Die Internationale Koalition gegen den Terror ist vor allem eine Intrige der reichsten und mächtigsten Länder der Welt. Sie produzieren und verkaufen fast alle Waffen der Welt, sie besitzen den größten Bestand an chemischen, biologischen und nuklearen Massenvernichtungswaffen. Sie haben die meisten Kriege geführt, sind die Hauptverantwortlichen der modernen Geschichte für Völkermorde, Unterwerfungen, ethnische Säuberungen und Menschenrechtsverletzungen, haben ungezählte Diktatoren und Despoten gefördert, bewaffnet und finanziert. Sie huldigen einem Kult der Gewalt, sie haben den Krieg förmlich zum Gott erhoben.

Die Taliban entstanden in den Nachwehen des Kalten Krieges im brüchigen Sammelbecken voll Schutt, Heroin und Landminen. Ihre ältesten Führer sind gerade Anfang vierzig. Viele von ihnen sind entstellt und verkrüppelt, haben ein Auge verloren oder einen Arm, ein Bein. Sie sind aufgewachsen in einer beschädigten und durch den Krieg verwüsteten Gesellschaft. Insgesamt sind aus der Sowjetunion und Amerika seit über 20 Jahren Waffen und Munition im Wert von etwa 45 Milliarden Dollar nach Afghanistan geflossen. Die neuesten Waffen waren das einzig Moderne, das in diese im Innersten mittelalterliche Gesellschaft vordrang. Die kleinen Jungen – viele von ihnen verwaist –, die damals aufwuchsen, hatten Gewehre als Spielzeug und erlebten nie die Geborgenheit und den Trost einer Familie, nie die Gesellschaft von Frauen. Heute, als Erwachsene, da schlagen, steinigen, vergewaltigen und misshandeln die Taliban Frauen, sie scheinen nicht zu wissen, was sie sonst mit ihnen anfangen sollen. Jahrelanger Krieg hat ihnen ihre Sanftheit genommen, sie gegen Freundlichkeit und Mitgefühl immun gemacht. Sie tanzen zu den stampfenden Rhythmen der Bomben, die um sie herum nieder regnen. Jetzt richten sie ihre Grausamkeit gegen das eigene Volk. Bei allem Präsident Bush geschuldeten Respekt: Die Menschen auf der Welt müssen nicht zwischen den Taliban und der US-Regierung wählen. Alles Schöne der menschlichen Zivilisation – unsere bildende Kunst, unsere Musik, unsere Literatur – befindet sich jenseits dieser beiden fundamentalistischen, ideologischen Pole. Die Aussicht, dass alle Menschen auf der Welt zu mittelständischen Verbrauchern werden können, ist ebenso unrealistisch wie die, dass alle einer einzigen Religion folgen werden."

In den Aussagen des Palmblattmanuskriptes zu den Anschlägen des 11. September 2001 befanden sich auch Hinweise auf weitere militärische Aktionen der US-Administration. Der Text gab dazu folgende Informationen preis:

*Am frühen Morgen des 20. Tages des dritten Monats des Jahres 2003 nach westlicher Zeitrechnung werden die USA mit einem Angriff von sehr starken Einheiten von Vimanas (Kampfflugzeugen) auf das Gebiet der Hauptstadt des Irak sowie auf militärische Ziele beginnen. Diesen Krieg haben die Amerikaner von langer Hand vorbereitet. Sie setzen sich dabei über die Bedenken anderer Völker und ihrer Repräsentanten einfach hinweg. Offizieller Grund für den Beginn des Krieges wird die Aussage des Regenten der USA sein, dass die irakische Regierung unter ihrem tyrannischen Herrscher den Frieden der Welt, und insbesondere aber die USA bedrohen. Die irakische Armee verfüge über geheime und äußerst todbringende Waffen. Daher sei es notwendig, den Irak militärisch zu besiegen, und seine Regierung zu stürzen. Diese Aussagen werden sich aber als Lügen herausstellen. Weder hatte der irakische Tyrann etwas mit den Anschlägen vom 11. September des Jahres 2001 auf die Städte der USA zu tun, noch verfügt seine Armee wirklich über die bedrohlichen Todeswaffen. Den Worten des Regenten der USA vertrauen auch die meisten anderen Völker und deren Vertreter nicht. So wird die USA nur mit wenigen Verbündeten in den von ihr gewollten Krieg ziehen. Aus Europa werden vor allem britische, polnische, italienische und spanische Truppen an dem Krieg teilnehmen. Diese Völker werden jedoch bald bereuen, dass sie sich den USA angeschlossen haben. Deutschland und Frankreich werden den USA die Gefolgschaft offen und standhaft verweigern. Überall in der Welt wird es Proteste gegen das Vorgehen der amerikanischen Regierung geben. Doch diese Proteste werden nichts nutzen. Der Krieg wird dennoch beginnen. Viele irakische Soldaten und noch mehr Zivilisten werden bei den Kampfhandlungen sterben. Zu Beginn wird alles nach einem sehr schnellen Sieg der Amerikaner und ihrer Verbündeten aussehen. Nach wenigen Wochen schon wird es so aussehen, als sei die gesamte irakische Armee vernichtet, der Tyrann und seine Helfer geflohen. Der Regent der USA wird den Krieg offiziell für beendet erklären. Doch dann wird das Töten erst richtig beginnen. Die Iraker werden nicht nur gegen die Besatzer kämpfen, sondern auch untereinander um die Macht. Es wird zu einer weitgehenden Anarchie und nie erlebter Gewalt kommen. Der Tod wird alltäglich werden in diesem Land. Der Krieg wird noch lange Jahre dauern, länger als die Amtszeit des Regenten der USA dauert, der den Krieg beginnen ließ. Auch dieser Krieg ist kein Kampf für Freiheit und Gerechtigkeit, es ist ein Krieg, in dem es um Rohstoffe und Land geht, um den Einfluss der USA in dem Gebiet, in dem sich der Irak befinde, auszuweiten. Doch die USA werden diesen Krieg nicht gewinnen können. Sie haben Jahrzehnte vorher bereits in einem anderen Land eine ähnlich vernichtende Niederlage erlitten, wie sie ihnen im Irak bevorsteht. Im Jahr 2008 westlicher Zeitrechnung, im 5. Monat werden sie das Land schmachvoll verlassen müssen. Es wird ihnen nichts nützen, dass sie der Welt glauben machen wollen, sie hätten den Tyrann des Irak gefangen genommen und dessen Söhne seien tot. Auch dies ist eine Lüge. Der Mann, den sie einem Tribunal vorführen werden, ist nicht der irakische Herrscher, sondern ein Doppelgänger. Der Herrscher ist in einem Nachbarland in Sicherheit, seine beiden Söhne desgleichen. Doch auch sie werden nie wieder Macht im Irak erhalten. In diesem Land werden noch lange Jahre verschiedene Parteien um die Macht kämpfen, ehe ab dem Jahr 2021 allmählich eine Zeit der inneren Stabilisierung des Landes beginnt.*

Der Irak-Krieg war ein Krieg der USA und verbündeter Staaten (insbesondere Großbritannien, Spanien, Italien, Australien und Polen) gegen den Irak. Der Angriff begann am 20. März 2003. Neben den USA haben sich anfangs noch 48 weitere Staaten hinter den Angriff gestellt (von den USA als „Koalition der Willigen„ bezeichnet). Diese Koalition bröckelte mit Bekannt werden der Tatsachen, die die vorgeschobenen Kriegsgründe widerlegten, im Laufe der Zeit stark ab. Im Vorfeld des Krieges sprachen sich die meisten Mitglieder des UN-Sicherheitsrates und der Vollversammlung sowie der Weltkirchen gegen den Krieg und für eine Fortsetzung der Waffeninspektionen aus. Auch in den Ländern, die sich am Krieg beteiligten, etwa Spanien, war die Bevölkerung überwiegend gegen eine gewaltsame Besetzung und für die Beilegung mit friedlichen Mitteln. Nach dem Krieg bezeichnete auch der Generalsekretär der UNO den Angriff als „Bruch der Charta der Vereinten Nationen". Die Kampfhandlungen im Irak dauern zur Zeit der Drucklegung dieses Buches nach wie vor an.

Das Palmblattmanuskript beschrieb, dass auch in Europa Terroranschläge bislang unbekannten Ausmaßes bevorstünden. Im Jahr 2004 sollte Spanien treffen:

**Am 11. Tag des 3. Monats des Jahres 2004 westlicher Zeitrechnung werden sich in der Hauptstadt Spaniens mehrere Anschläge ereignen, die mit Sprengstoffen ausgeführt werden. Diese Angriffe treffen vier Züge des Stadtverkehrs von Madrid. Dabei werden über zweihundert Menschen den Tod finden, tausende werden verletzt. Die Sprengstoffangriffe stehen im Zusammenhang mit dem Einsatz spanischer Soldaten im Irak. Sie werden dazu führen, dass die Regierung, welche diesen Einsatz befohlen hatte, sich nicht an der Macht halten kann. Die nachfolgende Regierung wird die spanischen Soldaten aus dem Irak abziehen. Dennoch wird dieser Anschlag nur einer von mehreren sein, die in den darauf folgenden Jahren Spanien treffen werden.**

Wie bereits erwähnt, unterstützte Spaniens Premierminister José María Aznar die Invasion der Amerikaner 2003 im Irak. Er entsandte 1.300 spanische Soldaten in den Irak, um der Besatzungsmacht zu helfen. Es wird angenommen, dass die Anschläge von Madrid die Antwort der Al-Quaeda auf die Beteiligung Spaniens am Irakkonflikt waren.

Ursprünglich wurde berichtet, dass die baskische Separatistenorganisation ETA für die Anschläge von Madrid verantwortlich war, die sich wenige Tage vor den spanischen Parlamentswahlen ereigneten. Manche vermuteten, dass die ETA alles versucht hätte, um die Wahlen zu stören. Andere wiederum waren der Meinung, die fehlende Warnung und die Art der Anschläge passten nicht zu den üblichen Methoden der ETA.

Die Explosionen ereigneten sich in den Arbeitervierteln der Stadt und fast zeitgleich, so dass es viele zivile Opfer geben musste. Dies war bei den früheren Anschlägen der baskischen Separatisten nicht der Fall gewesen. Das Attentat hatte darüber hinaus viel größere Ausmaße als je ein ETA-Anschlag zuvor. Die Anschläge von Madrid fanden 911 Tage nach den Anschlägen auf das World Trade Centre in New York statt. Es wurden bald Beweise gefunden, die den Verdacht auf islamistische Terroristen mit Verbindungen zur Al-Qaeda lenkten. Am 14. März 2004 wurde in der Nähe einer Moschee in Madrid ein Video entdeckt, auf dem ein Mann, der von sich behauptete, der militärische Sprecher der Al-Qaeda in Europa zu sein, erklärte, dass die Anschläge von Madrid die Rache für *„… die Zusammenarbeit mit dem kriminellen Bush und seinen Verbündeten“* seien. Nicht unerwähnt bleiben soll allerdings auch die Vermutung, dass der israelische Geheimdienst Mossad für die Anschläge von Madrid verantwortlich sei. Premierminister Aznar und seine Volkspartei erlitten bei den Wahlen, die drei Tage nach den Anschlägen stattfanden, eine Niederlage. Wahlsieger war die Sozialistische Partei. Bald darauf kündigte der neue Premierminister José Luis Rodríguez Zapatero an, er plane den Rückzug der spanischen Truppen aus dem Irak. Dies wurde von vielen Spaniern begrüßt, welche die Einmischung ihres Landes in den Konflikt kritisiert hatten.

Vor den Anschlägen von Madrid hatte ich bereits ab 2002 in einem in diversen Zeitschriften ebenso wie im Internet veröffentlichten Beitrag zu den Prophezeiungen der indischen Palmblattbibliotheken gewarnt. Doch auch zu anderen einschneidenden Ereignissen enthielt das Palmblattmanuskript Informationen. So hieß es über die Naturkatastrophen der vergangenen Jahre:

***Im achten Monat des Jahres 2002 westlicher Zeitrechnung wird der Osten und Süden Deutschlands von starken Regenfällen betroffen sein, die***

***auch in den Nachbarländern niedergehen. Als Folge dieser für den Sommer außergewöhnlich hohen Niederschläge steigen zahlreiche Flüsse in den Gebieten Ost- und Süddeutschlands so stark an, dass sie das umgebende Land überfluten. Diese Flut kommt sehr rasch und unerwartet. Sie richtet sehr große Schäden an, zerstört Häuser, Brücken und Straßen. Viele Menschen verlieren ihre Wohnungen und ihr Hab und Gut. Doch durch die große Hilfsbereitschaft der Menschen in Deutschland in dieser Lage und durch staatliche Maßnahmen gelingt es sehr rasch, die Not zu lindern. Die entstandenen Schäden werden im Verlauf von zwei bis drei Jahren vollkommen beseitigt sein. Die staatliche Hilfe trägt der Regierung, die sich zu dieser Zeit an der Macht befindet, sehr viel Vertrauen und Achtung ein. Diese Regierung wird jedoch ihr Ansehen in den darauf folgenden Jahren durch viele falsche Entscheidungen wieder verspielen, so dass sie eher ihr Amt aufgeben wird, als dies von den Gesetzen vorgesehen ist.***

Die „Jahrtausendflut" vom August 2002, welche vor allem das Bundesland Sachsen traf, und die der Autor aus viel größerer nähe miterlebte, als ihm recht war, dürfte hierzulande noch in Erinnerung sein. Bemerkenswert erscheint hier die Beschreibung des politischen Effektes, den die Maßnahmen der Regierung hatten. Die Koalition aus SPD und Grünen gewann die Bundestagswahl des Jahres 2002, obwohl ihr in Anbetracht voraus gehender Umfragen eine Niederlage prophezeit worden war. Die Zeitschrift „Gesellschaftsreform Jetzt" äußerte sich folgendermaßen dazu:

„Über das Wahlergebnis ist erst einmal zu bemerken, dass rot-grün mit ziemlicher Sicherheit die Wahlen verloren hätten, wenn die Jahrtausendflut an der Elbe nicht oder erst später stattgefunden hätte. So jedoch gelang es der Regierung, ihre Fähigkeit unter Beweis zu stellen, ein Soforthilfeprogramm auf die Beine zu stellen und solchermaßen der betroffenen Bevölkerung das Gefühl zu vermitteln, in ihrer Not nicht alleine gelassen zu werden. Zusammen mit dem großartigen Einsatz von Tausenden und Abertausenden von freiwilligen Helfern gelang es dann auch wirklich, vielerorts die Schäden zu begrenzen und solidarische Hilfe zu leisten. Auch die Grünen als traditionelle Umweltschutzpartei gingen aus diesem Ereignis gestärkt hervor, denn nun wurde es noch offensichtlicher, dass wir Erdbewohner selbst schuld sind an diesem zunehmenden Aufbäumen der Naturgewalten."

Im Jahr 2005 steht die rot-grüne Bundesregierung vor den Scherben einer verfehlten Wirtschafts- und Sozialpolitik. Vorgezogene Neuwahlen sollen das Vertrauen des Volkes in eine Politik zurückgewinnen, die dieses Vertrauen schon längst nicht mehr verdient.

Bemerkenswert ist allerdings die Verbindung, welche im Palmblattmanuskript zu einer weitaus größeren Naturkatastrophe gezogen wird, die nicht so glimpflich abging wie die Flut vom August 2002:

**Im letzten Monat des Jahres 2004, sechs Tage vor dessen Ende wird sich eine ungeheure Katastrophe im südostasiatischen Raum ereignen. Unter dem Meer westlich vor der Insel Sumatra wird die Erde so stark beben, wie es schon lange nicht mehr geschehen ist. Dieses untermeerische Beben wird riesige Flutwellen zur Folge haben, welche die Küsten von Smatra, Thailand, Bangladesh, Indien, Sri Lanka, die Inseln der Malediven und die Küste Ostafrikas verwüsten. Mehr als zweimal hunderttausend Menschen werden sterben, Ausländer, Europäer, auch Deutsche sind darunter, doch am härtesten wird es die einfache Bevölkerung der Küstenorte treffen. Mehrere Millionen Menschen verlieren ihr Obdach und all Ihr Hab und Gut. Ihr Leid wird dazu führen, dass die Menschen in aller Welt, die durch die Medien von dieser Katastrophe erfahren haben, den Betroffenen Hilfe auf unterschiedlichste Weise leisten, sei es mit Geld, mit materieller Unterstützung oder durch den persönlichen Einsatz vor Ort. Vor allem aus Deutschland wird der Katastrophenregion sehr viel Hilfe zuteil, denn die Deutschen haben die Flutkatastrophe in ihrem Land zwei Jahre zuvor nicht vergessen. Dennoch wird es mehr als 3 Jahre dauern, bis die Schäden in den am stärksten betroffenen Regionen wieder behoben sind. Viele Hilfsgüter erreichen die wirklich Bedürftigen nicht, sondern werden zur Handelsware. Besonders in Sumatra wird der Wiederaufbau der verwüsteten Regionen lange Zeit in Anspruch nehmen, da in diesen Gebieten auch ein Bürgerkrieg tobt, der durch die Naturkatastrophe unterbrochen, aber nicht beendet worden ist. Es wird Verdächtigungen geben, dass eine Großmacht, die USA, das vernichtende Seebeben durch den Test einer neuartigen Waffe möglicherweise künstlich ausgelöst haben. Doch ein Beweis dafür wird nicht gefunden werden. Das Seebeben vor Sumatra ist nur der Beginn einer Reihe von Naturkatastrophen, die**

**Asien, aber auch die übrige Welt in den nächsten Jahrzehnten heimsuchen werden.**

*Ein gewaltiges Erdbeben vor Sumatra richtete am 26. Dezember 2004 erhebliche Schäden auf der indonesischen Insel an. Das Hauptbeben erreichte nach Angaben des amerikanischen Erdbebendienstes die Stärke 9,0 auf der Richter-Skala, gefolgt von zahlreichen, teils schweren Nachbeben. Das Epizentrum lag etwa 250 Kilometer südlich von Banda Aceh im Norden der indonesischen Insel Sumatra. Durch die Beben wurden meterhohe Flutwellen (= Tsunamis) ausgelöst, die vor allem an den Küsten von Sumatra, Sri Lanka, Indien und Thailand sowie auf den Malediven und in Malaysia hunderttausende Tote forderten. Auch an der ostafrikanischen Küste kamen durch den Tsunami in Somalia, Kenia und Tansania mehrere Menschen ums Leben. Das gewaltige Hauptbeben ereignete sich an der Grenze der indischen Platte und der Burma-Platte. Es wurde ausgelöst durch den über lange Zeit aufgebauten Druck, der beim Abtauchen der indischen Erdplatte unter die Burma-Platte entstand. Die Auswertungen der stärksten Nachbeben zeigten, dass als Folge des Bebens etwa 1.200 bis 1.300 Kilometer der Plattengrenze in Bewegung gerieten. Im Durchschnitt dürften die betroffenen Abschnitte um 15 bis 20 Meter versetzt worden sein. Es kann davon ausgegangen sein, dass der Meeresboden in diesem Bereich um etliche Meter angehoben wurde. Dadurch entstanden die verheerenden Tsunamis. Ein Teil der Energie aus dem Indischen Ozean schwappte auch in den Pazifik, sodass auch hier Tsunamis ausgelöst wurden. Nach einer Meldung des pazifischen Warnzentrums wurden Wellen vermutlich um den australischen Kontinent herumgeführt und trafen erst am folgenden Tag auf die Küsten am Pazifik. Etwa zwei Tage lang konnten die Wellen in verschiedenen Regionen nahezu weltweit registriert werden. Nach dem Hauptbeben mit der Stärke 9,0 auf der Richter-Skala gab es zahlreiche Nachbeben. Allein in den ersten beiden Tagen wurden 40 Beben mit der Stärke 5 oder mehr registriert. Das stärkste Nachbeben ereignete sich nur drei Stunden nach dem Hauptbeben, es erreichte etwa die Stärke 7,5. Es gab aber keine Meldungen, dass eines der Nachbeben erneut einen Tsunami ausgelöst hat, anders lautende Meldungen erwiesen sich als falsch und lösten mehrfach unnötige Panik in den Katastrophengebieten aus. Die Nachbeben werden noch lange Zeit anhalten, nehmen aber nach und nach in Stärke und Zahl ab. Bereits kurz nach dem Beben kursierte im Internet die Vermutung, dass die Tsunamiwellen nicht auf*

***natürliche Art entstanden sein könnten, sondern möglicherweise ein von einer US-amerikanischen Sondereinheit auf dem Meeresgrund vor Sumatra gezündeter atomarer Sprengsatz für das Beben verantwortlich gewesen sei. Quelle dieser Spekulationen war der australische Internetnutzer Joe Viallis. Doch insbesondere das Verhalten der indischen Regierung ließ darauf schließen, dass tatsächlich mehr hinter dem schweren Seebeben zu stecken schien, als nur eine Naturkatastrophe kaum vorstellbaren Ausmaßes. Obwohl Indien selbst eine große Zahl an Opfern der Tsunami-Welle im Bundesstaat Tamil Nadu zu beklagen hatte, wandelte die indische Flotte in weniger als 72 Stunden das Überwachungsschiff INS Nirupak in ein schwimmendes 50-Bettensspital um, und schickte es unbewaffnet, um den verzweifelten Menschen von Aceh in Indonesien zu helfen. Die US-Navy verfügt zwei 1000-Betten Spitalsschiffe, die „Comfort" und „Mercy". Keines von beiden wurde in die Katastrophenregion entsandt. Offensichtlich wusste die indische Regierung, dass dies kein „normales" Erdbeben war, oder hatte zumindest schwerwiegende Indizien. Am 27. Dezember weigerte sich Indien dem von George Bush geplanten exklusiven „Klub der Vier" beizutreten, der Indien effektiv aus der neuen Nuklear-Koalition mit Russland, China und Brasilien herausgebrochen hätte. Am 28. Dezember warnte die indische Regierung – sehr höflich – das amerikanische Militär sich vom Territorium des souveränen Indien fernzuhalten, und am 29. Dezember fragte die India Daily Editorial öffentlich, welcher Art dieses Ereignis denn eigentlich gewesen sei:***

> ***„War dies der finale Entscheidungskampf eines Landes, um einer ganzen Region zu demonstrieren, welche Verheerungen angerichtet werden können? Bedenkt man den Umfang der Verwüstungen und die Tatsache, dass Indien eine regionale Macht in Süd-Asien ist, hat die indische Marine die Pflicht dies zu untersuchen und der Welt zu berichten, was sie dabei herausfand."***

***Die Untersuchungen der indischen Wissenschaftler zum tatsächlichen Hergang des Erdbebens vor Sumatra dauern noch immer an.***

Für das Jahr 2005 prophezeiten die altindischen Texte ein weiteres bedeutendes Ereignis:

*Eine Woche nach dem höchsten religiösen Fest einer der beiden großen christlichen Kirchen* (Ostern ist für den katholischen Teil der Christenheit zumindest aus theologischer Sicht immer noch das höchste religiöse Fest –

Anm. Th. R.*) wird das seit mehr als zwei Jahrzehnten amtierende Oberhaupt dieser Kirche sterben (*Papst Johannes Paul II. verstarb am 02.04.2005 – eine Woche nach dem Osterfest, Anm. Th. R.*). Sein Tod wird große Trauer und Anteilnahme unter den Gläubigen dieser Kirche auslösen, aber auch zeigen, dass dieser Mann bei anderen Religionen ebenfalls geachtet war (*Die Beisetzung Johannes Pauls II. war eines der größten Begräbnisse in der christlichen Geschichte. Mehr als eine halbe Million Pilger, zahlreiche Staatsmänner und auch die geistlichen Führer der anderen Weltreligionen waren dabei anwesend – Anm. Th. R.*). Zum Nachfolger des Verstorbenen als Oberhaupt dieser christlichen Kirche wird ein Mann gewählt werden, der dem Verstorbenen sehr nahe stand und selbst schon lange Zeit in einer sehr hohen Position dieser Kirche wirkte. Seine Wahl wird schnell erfolgen und überraschend erscheinen, es aber in Wirklichkeit nicht sein, da er der Tradition seiner Kirche genau so verbunden ist wie der Verstorbene. Das neue Oberhaupt der Kirche wird aus Deutschland stammen und den Namen „Der Gesegnete" tragen. Seine Amtszeit wird etwa 8 Jahre dauern.*

Der nach dem Tod von Johannes Paul II. neu gewählte Papst trägt den Namen Benedikt XVI. (lateinisch *Benedictus PP. XVI*). Dieser Name bedeutet im Lateinischen tatsächlich „Der Gesegnete." Bürgerlich heißt er *Joseph Alois Ratzinger*, geboren am 16. April 1927 in Marktl am Inn, Bayern. Er wurde am 19. April 2005 bereits im vierten Wahlgang nach nur 26 Stunden Konklave recht überraschend zum Nachfolger von Johannes Paul II. gewählt. Benedikt XVI., nach kirchlicher Zählung der 265. Papst in der Geschichte der Katholischen Kirche, war zuvor Dekan des Kardinalskollegiums und Präfekt der Kongregation für die Glaubenslehre (ex Heiliges Offizium, ex Heilige Inquisition). Er galt als einer der bedeutendsten Kardinäle und wurde häufig als theologisch und kirchenpolitisch rechte Hand Papst Johannes Pauls II. bezeichnet. In der öffentlichen Wahrnehmung gilt Benedikt XVI. als eher konservativ und war in der Vergangenheit sowohl innerkirchlich als auch in seiner Außenwahrnehmung umstritten.

Auf den vorangegangenen Seiten habe ich Aussagen des alttamilischen Prophezeiungstextes dargestellt, die bereits von der Realität eingeholt wurden, und sie mit den tatsächlichen Ereignissen verglichen. Doch wie wird es weitergehen?

# SCHLUSS MIT LUSTIG

Im folgenden sollen weitere durch Ganeshbabu Shastri bereits übersetzte Teile aus dem ersten Kapitel des Palmblattmanuskriptes dargestellt werden, ohne dass ich diese Aussagen zunächst einer Bewertung unterziehen will, die dem Leser eine bestimmte, in diesem Fall meine Meinung suggerieren würde.

Eine vollständige Übersetzung des Palmblattmanuskriptes ist bislang nicht möglich gewesen, da der Palmblattleser im März 2004 während einer Pooja (ritueller Tempeldienst) im Vaikuntha-Perumal Tempel in Kanchipuram an Herzversagen verstarb. Sein Vermächtnis sind die von ihm übersetzten Texte, welche Prognosen für die Entwicklung der westlichen Welt in den nächsten Jahrzehnten enthalten. Das Manuskript beginnt mit einer kurzen Beschreibung des nach dem hinduistischen Kalender gegenwärtig herrschenden Kali-Yuga, des dunkelsten der vier Weltzeitalter:

*Man verehrt nur den Reichtum, Leidenschaft ist das einzige Band zwischen den Geschlechtern. In Rechtsstreitigkeiten ist Falschheit das einzige Mittel für Erfolg. Frauen werden nur als Objekte zur sinnlichen Befriedigung gesehen. Gewalttätige Herrscher, Verfall der Länder und der moralischen Werte, freiwillige Abtreibung der Kinder, Nichtbeachtung der göttlichen Gesetze, Agnostizismus unter den Menschen. Danche folgt ein neues, besseres Zeitalter.*

Für die Zukunft Deutschlands in der kommenden Zeit heißt es weiter:

***Im Herbst des Jahres 2005 nach westlicher Zeitrechnung wird es zu einer Veränderung in der Regierung kommen. Die bislang Regierenden haben ihre Arbeit aufgekündigt, obwohl sie nach dem Gesetz noch ein Jahr weiter regieren könnten. Sie hoffen, dadurch eine neue, klare Situation für die Menschen des Landes zu schaffen, die nun entscheiden sollen, wie es mit ihrem Lande weitergeht. Doch die Menschen haben das Vertrauen in all jene verloren, die das Land regieren wollen, da sie zu erkennen beginnen, dass ihre Interessen schon lange nicht mehr die Interessen der von Ihnen mit der Ausübung der Herrschaft Beauftragten sind.. Sie sind bereit, eher denjenigen zu glauben, die in schwieriger Zeit einfache Lösungen versprechen.***

*Es werden neue Regenten kommen, doch ihre Taten werden nicht besser sein als die der vorangegangen Herrscher. Sie werden den Menschen vor ihrem Machtantritt ebenfalls vieles versprechen, das sie nicht halten können und auch nicht halten wollen. Der Unterschied zwischen den zahlreichen, die arm sind, den vielen, die verarmen und den wenigen Reichen wird auch in der Zeit der neuen Regierung immer größer werden, viel schneller sogar, als es bislang der Fall gewesen ist. Immer weniger Menschen werden Arbeit haben, weil man sie nicht mehr braucht. Maschinen übernehmen ihre Tätigkeiten. In den nächsten Jahren wird es ein Luxus sein, Arbeit zu haben, und nicht vom Staat versorgt zu werden. Diese Situation tritt jedoch nicht nur in Deutschland, sondern auch in den anderen Ländern Europas ein, ja, diese Entwicklung ist sogar weltweit zu beobachten. Dabei werden die Belastungen der einfachen Menschen, Steuern, Abgaben und andere Lasten, unverhältnismäßig hoch zu den erzielten Einkünften sein. Die Regierenden haben es vor dem Machtantritt anders versprochen, doch sie werden sich nicht an diesen Versprechen messen lassen. Diejenigen aber, denen die großen Fabriken und Geschäfte gehören, die weltweit handeln, werden glänzende Geschäfte machen, und sich immer weiter von der Masse der Bevölkerung entfernen. Für sie wird es wie ein neues, glorreiches Zeitalter sein, das all ihre Wünsche und Hoffnungen erfüllt. Sie werden nach Belieben schalten und walten, wie es ihnen gefällt. Kein Land wird vor ihnen sicher sein. Sie werden die Menschen als ihre Sklaven betrachten, und ihre Fabriken nur dort bauen, wo sie den Menschen möglichst wenig Lohn für deren Arbeit zahlen müssen, wo sie für das Land und seine Einwohner keine Verpflichtungen haben, und wo sie von den Herrschern der Länder große Geschenke erhalten, damit sie ihre Fabriken und Handelshäuser dort ansiedeln. So werden sie zu den eigentlich Mächtigen der Welt. Sie sind schon lange auf diesem Weg, doch jetzt erst werden die einfachen Menschen beginnen, dies klar zu sehen und zu verstehen. Und sie werden erkennen müssen, dass dieser Weg falsch ist. In der westlichen Welt wird es in den kommenden Jahren für immer mehr Menschen immer weniger geben, dass sie sich noch leisten können. Die meisten werden damit beschäftigt sein, ihre alltägliche Existenz zu sichern. Gern werden sie daher auch die Angebote der Einrichtungen annehmen, die im Westen „Medien" genannt werden, um sich zu zerstreuen und von ihrem Überlebenskampf abzulenken. Sie werden in der Musik, im Sport, im Fernsehen, in (Computer-) Spielen* (bei diesen Begriffen handelt es sich um Interpretationen der alt-tamischen Beschreibungen – Anm. Th. R.)*, billiger, die niederen Triebe des Menschen befriedigender Unterhaltung, in Sensationen und scheinbaren Abenteuern sich eine Ersatzrealität schaffen, die ihnen den harten Alltag erträglich macht. Die Gesellschaft wird zerfallen, in jene,* *die sich aufgrund ihres Einkommens das leisten können, was sie sich wünschen, und jene, für die eine Erfüllung ihrer Wünsche unerreichbar bleibt, weil sie von geringsten Einkommen leben müssen. Doch die Wünsche werden keine wirklichen Bedürfnisse sein, sondern nur Schein, erzeugt von den Medien und denen, die produzieren lassen und handeln, um die Menschen abzuhalten von dem, was wirklich wichtig für ihre Entwicklung ist, und sie in den Fesseln der Materie zu binden. Es wird die Zeit sein, in der Maya* (der indische Begriff für Täuschung und Betrug – Anm. Th. R.) *Triumphe feiern.*

*Die allgemein immer stärker zu spürende Verschlechterung der Situation in Deutschland führt zu erheblicher Unsicherheit. Die meisten Menschen werden wissen, dass das System, in dem sie gelebt haben, nicht mehr funktioniert. Damit kündigt sich nicht nur hier, sondern weltweit eine Zeit großer Umwälzungen an. Dies ist im Rad der Yugas* (dem Verlauf der Weltzeitalter – Anm. Th. R.) *durch den Übergang vom Kali-Yuga* (dem finstersten der vier Weltzeitalter – Anm. Th. R.) *zu einem neuen Sathya-Yuga* (goldenes oder spirituelles Zeitalter – Anm. Th. R.) *bedingt. Doch das Ende des Kali-Yuga ist mit Unruhen, großen Widerständen gegen eine Weiterentwicklung, scheinbarer Perspektivlosigkeit und zunehmender Gewalt verbunden. Dies ist kommt daher, weil die meisten Menschen in den Fesseln der Materie und den Täuschungen des Maya verstrickt sind. Sie sehen keinen Weg aus der Krise, daher wenden Sie den Blick rückwärts und sehnen sich nach vergangenen Zeiten, die sie nun als besser empfinden, denn sie fürchten die Zukunft und erwarten nichts Gutes von ihr. Doch diese Sichtweise ist keine Lösung. Viele Menschen hoffen auch auf einen starken, weisen Alleinherrscher, der die schlechten Zustände im Land bereinigt und die dafür Verantwortlichen mit harter Hand straft. Tatsächlich werden in einem späteren Stadium des Verfalls in Deutschland und Europa für eine Zeit solche autokratischen Herrscher auftreten, weil die Völker sie gerufen haben, um in einer Welt, die in Gewalt und Unsicherheit zu versinken droht, wieder Ordnung zu schaffen. Dies wird in der Zeit ab dem Jahr 2019 nach westlicher Zeitrechnung bis zum Jahre 2046 nach westlicher Zeitrechnung der Fall sein. Doch die Menschen werden auch erkennen, dass diese Lösung ihrer Zeit nicht mehr gemäß ist. Sie werden allmählich begreifen, dass nur sie selbst durch ihre ganz persönliche Verantwortung für ihr Leben, ihre Familie und für das Leben der Menschen, mit denen sie in Berührung kommen, ihre Lebensumstände zum Positiven zu verändern vermögen. Doch bis zu dieser Erkenntnis haben die Menschen in Deutschland und in Europa einen weiten Weg vor sich, und noch weiter ist der Weg von dieser Erkenntnis bis zu ihrer Umsetzung im alltäglichen Leben. Eine neue Gesellschaft in Deutschland und Europa wird nicht vor dem Jahr 2048 westlicher Zeitrechnung entstehen. Bis dahin ist die Entwicklung vom Verfall und der endgültigen Auflösung des bestehenden Systems gekennzeichnet. Während die Menschen zunächst versuchen, allein oder sogar auf Kosten ihrer Mitmenschen zu überdauern, werden sie dann zusammenfinden, wenn die Not groß genug ist, um zu begreifen, dass sie nur gemeinsam diese Zeit überstehen können. Der Staat, in dem sie leben, wird dann nicht mehr fähig sein, Ihren Lebensunterhalt zu sichern. Gegenseitige Hilfe und das Zusammenrücken der Familien wird diese Jahrzehnte kennzeichnen.*

# DAS ENDE DES TURBOKAPITALISMUS

*Deutschland ist in ein System der Politik und Wirtschaft eingebunden, zu dem die meisten Völker Europas inzwischen gehören. Diese Gemeinschaft wurde ursprünglich von sechs europäischen Ländern gegründet, mit dem Ziel, die Lebensbedingungen der Menschen zu verbessern, den Handel zwischen den einzelnen Ländern zu beleben und allgemein die Wirtschaft zu fördern. Diese Gemeinschaft der europäischen Länder ist im Lauf der Zeit gewachsen und immer mächtiger geworden. Etliche Regenten aus Deutschland haben sich um die Stärkung dieser Union verdient gemacht. Im Jahr 2002 westlicher Zeitrechnung werden alle Mitgliedsländer eine gemeinsame Währung bekommen. Doch mit ihrer zunehmenden Größe wird es immer schwieriger, die Gemeinschaft zu lenken, und ihre Aufgaben der Erfordernisse der Menschen der einzelnen Länder dieser Gemeinschaft anzupassen. Die Gemeinschaft verselbständigt sich, wird zum Selbstzweck und dient nicht mehr länger den Menschen in den Ländern, die Mitglied dieser Gemeinschaft sind. Die Einrichtungen der Union, ihre Gesetze und ihre Macht dienen nur noch den wirtschaftlich und gesellschaftlich Mächtigen, die damit ihre Ziele durchsetzen. Im Jahr 2004 westlicher Zeitrechnung wird diese Gemeinschaft abermals um viele Mitglieder erweitert. Die neuen Länder werden aus dem Osten Europas kommen, und hatten alle bis zum Jahr 1989 westlicher Zeitrechnung ein anderes wirtschaftliches und Wertesystem als Grundlage ihrer Gesellschaft. Viele Menschen in diesen Ländern sind arm. Sie hoffen auf die Mitgliedschaft in der Gemeinschaft, da sie glauben, dass sich ihre Lebenssituation dadurch verbessern wird. Doch dies soll ein Traum bleiben. Die Mächtigen werden diese Erweiterung der Gemeinschaft nutzen, um sich auf Kosten der einfachen Menschen rücksichtslos zu bereichern, und diese Menschen im Kampf um Existenz und Arbeit gegeneinander auszuspielen. Sie werden allen Wohlstand versprechen und damit locken, die Lebensbedingungen in der Gemeinschaft überall anzugleichen. Doch sie werden nicht sagen, dass diese neue Gleichheit eine Gleichheit in Armut für die meisten Einwohner der Länder dieser Gesellschaft sein wird.*

***Die Pläne der Mächtigen werden sich jedoch nicht erfüllen, denn die Zeichen der Zeit zeigen das kommende Ende des Kali-Yuga, zeigen Verfall und Niedergang. Während die Regenten der einzelnen Länder der Gemeinschaft uneins sich, ob sie sich dem von den USA bereits 2001 begonnenen und 2003 weiter geführten Kriegen gegen Länder im Orient anschließen***

***sollen, wird sich erster Widerstand unter den einfachen Menschen regen. Im Jahr 2005 werden die Mächtigen der Wirtschaft und Gesellschaft glauben, es sei an der Zeit, in der ganzen Gemeinschaft ein einziges Gesetz gültig werden zu lassen. Doch die Einführung dieses einheitlichen Gesetzes wird scheitern. In zwei Nachbarländern Deutschlands werden sich die Menschen weigern, dieses Gesetz anzuerkennen (tatsächlich stimmten sowohl Franzosen als auch Niederländer im Volksentscheid gegen die Einführung der Europäischen Verfassung – Anm. Th. R.). Damit beginnt eine langwierige Krise dieser Gemeinschaft, die schließlich zum Zerfall dieses Systems in seiner bestehenden Form führen wird.***

*Da sich die Lebensgrundlagen in den beteiligten Ländern stetig verschlechtern, wird es ab dem Jahr 2004 westlicher Zeitrechnung verstärkt zu sozialen Spannungen auch in Deutschland kommen. Die Menschen versuchen, sich den wachsenden Belastungen zu stellen. Sie werden sich zunächst in den Schutz ihrer Familien, und wo diese nicht existieren, in den Schutz des Freundeskreises zurückzuziehen. Gleichzeitig flammen in den Nachbarländern, jedoch ebenso in Deutschland immer wieder Proteste auf, die sich gegen Menschen richten, die fremden Völkerschaften angehören, jedoch in Deutschland oder den anderen Ländern der Gemeinschaft leben.*

*Ab dem Jahr 2007 nach westlichem Kalender wird es in den großen Städten Deutschlands zu verstärkten Protesten der einfachen Menschen gegen die Politik der Regierung und gegen die wirtschaftlich Mächtigen kommen. Zunächst wird es so scheinen, als ob diese Proteste Auswirkungen auf die Handlungen der Regenten haben, doch dies ist nur eine Täuschung. Die Forderungen und Argumente der Protestierenden werden zerredet und der Lächerlichkeit preisgegeben. Menschen, die sich öffentlich gegen die Mächtigen äußern, werden herabgewürdigt, ihrer Existenz beraubt oder als Verbrecher dargestellt und verurteilt. Die Situation in der Gesellschaft spitzt sich ab dem Frühling des Jahres 2007 nach westlichem Kalender immer mehr zu. Gewalt und Unsicherheit regieren, vor allem in den großen Stätten, wo die Probleme am dringendsten sind. Die Regenten sind nicht mehr in der Lage, für den Schutz und die Sicherheit der Menschen in ihren Ländern zu sorgen. Die Situation verschlechtert sich zunehmend, da zu dieser Zeit auch viele Menschen aus anderen Erdteilen nach Europa kommen. Sie flüchten vor Hunger, Krieg und großer Dürre, die ihre Länder in Wüsten verwandelt. Die Gemeinschaft Europas, aber auch die Gesellschaften der einzelnen Länder beginnen von innen her zu zerfallen. Es wird im Jahr 2011 nach westlicher Zeitrechnung sein, als sich große wirtschaftliche Schwierigkeiten ankündi-*

*gen. Zunächst in den USA, doch dann auch in Europa wird das Geld immer schneller und stärker an Wert verlieren. Diese Entwicklung ist das Resultat einer verfehlten Wirtschafts- und Geldpolitik, die auf dem System des Zinseszinses und dem Glauben an unbegrenzte wirtschaftliche Entwicklungsmöglichkeiten beruht. Die Mächtigen der Gesellschaft in den USA und in Europa haben Jahrzehnte geglaubt, die Welt sei ein Spielplatz ihrer Gier und ihres Eigennutzes, den sie sich nach ihren Vorstellungen beliebig herrichten können. Sie haben geglaubt, es würde von allem immer mehr geben. Doch sie werden sich getäuscht sehen, von den Fallstricken des Maya, denn die Gier hat ihren Verstand geblendet. Die irdische Welt ist nicht unendlich und so wird es in dieser Welt nie unbeschränktes Glück und niemals unbeschränktes Wachstum geben. Ihr System wird an seine Grenzen stoßen. Im Herbst des Jahres 2012 wird in den USA das Finanzsystem einen Kollaps erleiden. Der Staat wird seine Verpflichtungen gegenüber den Bediensteten des Staates nicht mehr erfüllen können. Es wird keinen Sold für Soldaten, keinen Lohn für Beamte geben, da das Geld nichts mehr wert ist. Diese Situation wird die Gesellschaft in große Unordnung bringen. Zahlreiche Geschäfte und Fabriken, aber auch Banken werden schließen müssen, viele Menschen ihre Arbeit und ihre Existenzgrundlage verlieren. Es wird zu Plünderungen und Unruhen vor allem in den Großstädten kommen, bewaffnete Städter werden auf dem Lande plündern. Bei den Unruhen werden sehr viele Menschen zu Tode kommen. Die Regierung wird versuchen, die Kontrolle über die Lage durch den Einsatz ihr noch ergebener militärischer Kräfte wieder zu erlangen. Dies wird allerdings nur teilweise der Fall sein. Der Zerfall der amerikanischen Wirtschaft führt zu bürgerkriegsähnlichen Unruhen, die bis in die zweite Hälfte des Jahres 2017 anhalten werden. Dann werden militärische Einheiten des nördlichen Nachbarlandes in den Konflikt eingreifen, und ihn weitgehend unter Kontrolle bringen. Es wird der größte Konflikt in den USA seit dem Bürgerkrieg im 19. Jahrhundert sein. Die Fronten verlaufen quer durch das Land. Jedoch werden im Gegensatz zum ersten Bürgerkrieg nicht der Norden gegen den Süden, sondern der Osten gegen den Westen kämpfen.*

*Vom Niedergang der amerikanischen Wirtschaft und dem Verfall des Geldes sind auch die Länder Europas betroffen, insbesondere auch Deutschland aufgrund seiner wirtschaftlichen Struktur. Es wird auch hier zu einer Entwertung des Geldes kommen, jedoch nicht in dem Umfang wie in den Vereinigten Staaten. Dennoch sind die Folgen dieser Entwicklung gerade auch für die einfachen Menschen sehr gravierend. Viele werden ihre Existenz verlieren und in Armut leben. In den Großstädten wird es zu Ausschreitungen gegen Gebäude und Repräsen-*

*tanten des Staates und der wirtschaftlich Mächtigen sowie zu Plünderungen kommen. Das Ausmaß der Gewalt, die in den USA herrscht, wird nicht erreicht, da in Deutschland nicht so viele Waffen in Privatbesitz sind, und es auch nicht zu einem Zerfall von Sicherheitsorganen wie der Polizei oder Armee kommen wird. In Amerika hingegen werden unbezahlte Soldaten und Polizisten revoltieren und auch nicht vor dem Einsatz von Gewalt zurückschrecken.*

*In den europäischen Metropolen wird es Aufstände geben, die sich zum großen Teil auch gegen dort ansässige Ausländer richten werden. Besonders blutige Kämpfe werden sich in Paris und Rom, aber auch in Madrid, London und Prag abspielen. In Rom wird auch der Sitz des Oberhauptes der katholischen Kirche gestürmt. Zahlreiche Würdenträger sterben bei den Plünderungen, auch der Papst, der zwar zunächst fliehen kann, jedoch außerhalb von Rom in einen Hinterhalt von Plünderern gerät. Am wenigsten von der Krise betroffen sind Russland, Indien und China, die ihre Wirtschaftssysteme gegenseitig stützen.*

*Die Unruhen in Deutschland und Europa werden bis in den Herbst das Jahres 2016 anhalten. Die bürgerkriegsähnliche Zeit wird in Europa durch den Einsatz von russischen und chinesischen Schutztruppen beendet, die von den Regenten Europas zu Hilfe gerufen werden.*

# KRIEG IM NAMEN GOTTES

*Bis zum Zerfall des amerikanischen Währungssystems und der amerikanischen Wirtschaft werden die Mächtigen dieses Landes und ihre Verbündeten alles unternehmen, um den bevorstehenden Niedergang aufzuhalten. Wie bereits zweimal im 20. Jahrhundert westlicher Zeitrechnung geschehen, sollen Kriege und Zerstörung in anderen Ländern und Erdteilen die Wirtschaft Amerikas beleben. So wird die amerikanische Armee mit ihren Verbündeten aus Europa und anderen Erdteilen auch weiter Krieg führen in aller Welt. Offiziell werden die Regenten die Einsätze damit begründen, Frieden und Freiheit zu retten, doch es geht ihnen um Land und macht. Außerdem fühlt sich der Regent der Vereinigten Staaten, der im Januar des Jahres 2005 seine 2. Amtszeit begann, sich von dem Gott, an den er glaubt, dazu berufen, die christliche Religion in aller Welt zu verbreiten. Mehrfach wird er diesen Anspruch auch öffentlich deutlich machen. Doch auch in den angegriffenen Ländern, in Afghanistan und im Irak etwa, gibt es Menschen, die glauben, ihre Religion sei die einzig wahre, der alle Menschen auf dieser Welt folgen müssten. Sie rufen ebenfalls zu einem „heiligen Krieg“ auf. Die Amerikaner planen nach dem Einmarsch im Irak, das Nachbarland Iran ebenfalls zu erobern, schrecken aber vor den möglichen Waffen, die der Iran einsetzen könnte, zurück. Diese Waffen sind denen, welche die Amerikaner einsetzen können, in ihrer tödlichen Wirkung ebenbürtig. Daher errichten die USA zunächst in den meisten Nachbarländern des Iran Stützpunkte, um das Land auf diese Weise von allen Seiten bedrohen zu können. Im 6. Monat des Jahres 2005 westlicher Zeitrechnung kommt dann ein Mann im Iran überraschend an die Macht, der den Amerikanern ein Dorn im Auge ist. Dieser Mann ist jedoch ein kluger Politiker, der verhindern kann, dass der amerikanische Angriff auf den Iran im Jahr 2005 stattfindet. Der Regent der USA verschiebt den Angriff auf das darauf folgende Jahr. Seine Armee wird in den Jahren bis 2011 noch zahlreiche weitere militärische Aktionen durchführen, die sich gegen Länder in Afrika, und Asien richten. Einsatzgebiete werden Somalia und der Sudan, aber auch Jemen, Syrien, Libyen, Indonesien, Malaysia, Nordkorea und Saudi Arabien sein. Diese Militäraktionen werden zu einer weiteren Polarisierung der Welt führen. Auch die Länder Europas werden sich in verschiedene Lager spalten, in eines, das die amerikanische Politik unterstützt, während das andere den Amerikanern die Gefolgschaft verweigert. Ab dem Herbst des Jahres 2005 nach westlichem Kalender werden sich die Regenten Deutschlands wieder verstärkt den Amerikanern zuneigen. Doch ihre Unterstützung wird nie so vorbehaltlos sein wie die durch andere Länder. Die amerikanische Armee wird zwar Krieg in alle Welt tragen, doch einen solchen Konflikt, wie es ihn zweimal im 20. Jahrhundert westlicher Zeitrechnung gab, wird die Welt nicht erleben. Dennoch wird es an vielen Orten begrenzte Kampfhandlungen geben, in Europa vor allem auf dem Gebiet des Balkan, in Albanien, Serbien und Bosnien-Herzegowina. Diese Konflikte werden mit Unterbrechungen bis ins Jahr 2040 dauern. In Zentralafrika wird es schwere Auseinandersetzungen geben, die viele Menschen zur Flucht zwingen. Auch in Mittelasien, in Usbekistan, Kirgisien und Tadschikistan wird es zu lang anhaltenden Bürgerkriegen kommen. Ab dem Jahr 2008 flammen im Osten der heutigen Türkei wieder bürgerkriegsähnliche Unruhen auf. Ab dem Jahr 2009 westlicher Zeitrechnung werden in Teilen Afrikas und Asiens die Kriege nicht mehr um Land und Beute, sondern um Wasser geführt.*

***Auch im Nahen Osten wird sich der Konflikt zwischen den Palästinensern und Israel nach einer Zeit der scheinbaren Entspannung durch die Ermordung eines hohen palästinensischen Würdenträgers zu einem neuen Krieg ausweiten, in den auch Nachbarländer wie Syrien und Jordanien hineingezogen werden. Dies wird im Jahr 2011 der Fall sein.***

*In Mitteleuropa wird es keinen Krieg geben in dieser Zeit, wohl aber werden die Menschen in diesen Staaten die Folgen der Kriege in den anderen Erdteilen zu spüren bekommen. Höhere Abgaben und Steuern, Teuerungen für Nahrungsmittel und Rohstoffe, aber auch zahllose Einwanderer aus den betroffenen Ländern, insbesondere aus Afrika, dem Nahen Osten und aus der Türkei sind die Auswirkungen.*

***Mittel- und Westeuropa werden ebenso wie die USA Ziel terroristischer Aktivitäten sein. Die Anzahl der Anschläge wird dabei relativ gering sein, ihre Auswirkungen dafür umso verheerender.***

*Im siebten Monat des Jahres 2005 an dessen siebten Tag nach westlichem Kalender wird die Hauptstadt Englands von Anschlägen heimgesucht. Diese Anschläge werden nach dem Muster der Attentate von Madrid erfolgen. In öffentlichen Verkehrsmitteln, die unter der Erde verkehren (*gemeint ist hier wahrscheinlich die Londoner Metro – Anm. Th. R.*) werden an mehreren Stellen Explosionen in den Fahrzeugen erfolgen. Der gesamte unterirdische Verkehr wird zum Stillstand kommen. Dort werden zahlreiche Menschen sterben und noch mehr verletzt werden. Eine weitere Explosion wird in einem öffentlichen Verkehrsmittel erfolgen, das oberirdisch verkehrt (*vielleicht in einem Bus? –

Anm. Th. R.). *Auch dort werden viele Menschen sterben oder verletzt werden. Die Ausmaße der Anschläge von Madrid wird das Geschehen in London jedoch nicht erreichen.*

**Im Jahr 2007 in der zweiten Woche des achten Monats wird in Dänemark ein Anschlag die Hauptstadt treffen. Hier werden mehrere Explosionen im Zentrum der Stadt in öffentlichen Gebäuden und am Hafen stattfinden. Das öffentliche Leben wird für mehrere Tage gelähmt. Der Anschlag erfolgt sehr überraschend. Es gibt zahlreiche Tote und noch viel mehr Verletzte.**

**Im gleichen Jahr, nur einen Monat später wird Norwegen Ziel von Anschlägen sein. Hier werden sich die Attentate gegen zivile Schiffe und gegen die Ölförderanlagen dieses Landes richten. Eine Ölbohrinsel vor der Südküste von Norwegen wird durch eine gewaltige Explosion vernichtet. Am frühen Morgen des gleichen Tages wird ein Passagierschiff mit zahlreichen Menschen an Bord, die sich dort erholen (*wahrscheinlich ein Kreuzfahrtschiff – Anm. Th. R.*) im größten Fjord Norwegens, an einer der engsten Stellen dieser Bucht mit explosiven Geschossen unter Wasser angegriffen (*Seeminen oder ein Torpedoangriff? – Anm. Th. R.*). Das Schiff versinkt sehr rasch. Da zu dieser Zeit die meisten Menschen an Bord des Schiffes noch schlafen, gibt es sehr viele Tote. Nur wenige werden den Untergang des Schiffes überleben.**

Auch Deutschland bleibt von terroristischen Angriffen nicht verschont:

*Im Frühling es Jahres 2008, in der ersten Woche des vierten Monats wird es in zwei großen Städten Deutschlands Attentate geben, in der Hauptstadt des Landes und in der Stadt, die als Hauptstadt des Geldhandels gilt (*Berlin und Frankfurt / Main – Anm. Th. R.*). In der Hauptstadt werden öffentliche Verkehrsmittel das Ziel der Angriffe sein. Es wird an sechs verschiedenen Stellen Explosionen unter der Erde geben. Das gesamte öffentliche Leben wird lahm gelegt werden. Eine Explosion ereignet sich in unmittelbarer Nähe des Regierungsviertels, eine weitere an einem Platz, der in den vergangenen Jahren zum neuen Zentrum der Hauptstadt wurde (*möglicherweise der Potsdamer Platz – Anm. Th, R.*).*

*In der Hauptstadt des Geldhandels wird es auch Angriffe auf öffentliche Verkehrsmittel geben. Hier finden jedoch nur vier Explosionen im Untergrund statt.*

*Dafür explodieren Sprengsätze in zwei verschiedenen großen Gebäuden, in denen Banken ihre Büros unterhalten. Hier wie auch in der Hauptstadt Deutschlands kommt es zu schweren Verwüstungen mit zahlreichen Toten und vielen Verletzten. Diese Anschläge übertreffen das Maß der Attentate von Madrid.*

**In zunehmendem Maße werden von diesen Attacken auch Erholungsgebiete vor allem in Spanien und Italien betroffen sein. Dort wird es in den Jahren 2007 im Sommer und 2010 erneut in der Metropole Spaniens zu großen Verlusten an Menschenleben kommen. Eine zunehmende Anzahl der Anschläge wird religiös motiviert sein. Es wird aber auch Menschen geben, die solche Angriffe im Namen des Schutzes der Erde unternehmen. Diese Organisation, die erstmals im Jahr 2008 in Erscheinung treten wird, greift vor allem nuklear getriebene Schiffe, Kernkraftwerke, genmanipulierte Pflanzungen, Ölbohrinseln und Fischfangflotten an. Sie wird sich „Kommandounternehmen Erde" nennen (*Ganeshbabu Shastri übertrug den Namen der ökologisch motivierten Bombenbauer als „Earth Commandos" ins Englische – Anm. Thomas Ritter*).**

**Vor allem aber wird Europa unter den gewaltigen Einwanderungsbewegungen zu leiden haben, welche die Kriege in anderen Weltgegenden auslösen. Die europäischen Sozialsysteme werden mit der Integration von Millionen Flüchtlingen überfordert sein, so dass die Infrastruktur Europas ihre Belastungsgrenze erreicht. Dies trifft nicht nur für Deutschland, sondern auch für die zentraleuropäischen Nachbarstaaten zu. Lediglich in Nordeuropa werden die Auswirkungen der Einwanderungsbewegung geringer sein.**

**Mit ganz ähnlichen Problemen werden sich die Vereinigten Staaten konfrontiert sehen. Dies führt zu einer fortschreitenden Destabilisierung der Volkswirtschaften und der Währung der westlichen Industrienationen. Diese Entwicklung wird im Jahr 2012 zu dem bereits erwähnten Zusammenbruch der amerikanischen Währung führen. Dadurch werden sowohl in den USA als auch in Europa schwere Unruhen ausgelöst, welche bürgerkriegsähnliche Zustände annehmen. Dies führt zu einer langwierigen Krise der westlichen Gesellschaften, in deren Folge die USA in außenpolitischer Bedeutungslosigkeit versinken. In den Jahren bis 2014 werden sich die amerikanischen Truppen fast gänzlich aus dem Ausland zurückziehen.**

In Europa sind vor allem Italien, Spanien und Frankreich von inneren Unruhen betroffen, die insbesondere in den Großstädten ausgetragen werden. Aber auch in Deutschland wird es zu bürgerkriegsähnlichen Situationen vor allem in Berlin, München, Frankfurt Main, Hamburg, dem Rheinland und dem Ruhrgebiet kommen. Der Einmarsch zu Hilfe gerufener russischer und chinesischer Verbände in Mitteleuropa wird dieses Geschehen beenden. Viele Menschen in den besetzten Ländern werden die fremden Truppen jedoch nicht als Helfer, sondern als Besatzer sehen.

Die Regierenden nutzen die neue Lage, um ihre Position zu festigen, was auch für einige Zeit gelingt. In Form von Monarchien und Diktaturen entstehen ab dem Jahr 2018 neue, streng hierarisch gegliederte Gesellschaften, in denen die Traditionen des jeweils eigenen Volkes beherrschend sind. Die Gemeinschaft der Europäischen Staaten zerfällt weiter. Neue Allianzen entstehen. Diese Gesellschaftsformen führen zunächst tatsächlich zu einer Beruhigung der Lage, und werden es ermöglichen, dass sich die Wirtschaft Europas aber auch der USA wieder stabilisiert. Die Menschen werden bereit sein, für die Sicherheit ihrer Existenz einen großen Teil ihrer persönlichen Freiheiten aufzugeben.

# MUTTER ERDE WEHRT SICH

***Doch die Zeiten ab dem Jahr 2017 werden nur scheinbar ruhig sein. Neue Gefahren drohen. Nicht durch Krieg, sondern durch eine weltweit im rascher fortschreitende Veränderung des Klimas. Die jährlichen Durchschnittstemperaturen steigen weiter. Dadurch wird der Golfstrom, der Milliarden Liter von Tropen-Wasser in den Norden pumpt, an Kraft verlieren, seine Richtung ändern und plötzlich ganz kollabieren. Durch die enormen Süßwassermengen, die von schmelzenden Gletschern und Polareis freigesetzt werden, verliert der Golfstrom innerhalb einiger weniger Jahre deutlich an Kraft. Die Folge werden verheerende Dürren im Süden der USA und Überschwemmungen in China sein. Skandinavien wird sich in eine Eiswüste verwandeln, dicht besiedelte Küstenstaaten wie Holland oder Bangladesh werden überflutet. Millionen hungernder Flüchtlinge werden ihre Heimat verlassen und in die reichen Länder drängen. Diese Ereignisse werden in den Jahren 2029 bis 2034 nach westlichem Kalender erfolgen. Eisige Winde brausen dann über Nordeuropa hinweg, verheerende Stürme und Fluten verwüsten die Küsten. Die Wälder sterben ab, die Ebenen an Nord- und Ostsee gefrieren zur Tundra.***

*Die dramatischen Klimaänderungen bringen Menschen und Regierungen in Not. Brennstoffe werden knapp, die wenigen noch vorhandenen friedenssichernden Bündnisse erodieren. Blutige Konflikte brechen aus, Kriege um Rohstoffe und Nahrung verwüsten die Kontinente. Innerhalb weniger Jahre wird die Welt an den Rand der totalen Anarchie geraten.*

*Länder mit labiler Regierung wie Pakistan werden versucht sein, ihr Nukleararsenal einzusetzen, um sich Nahrung oder Rohstoffe zu erkämpfen. So wird es zwischen Pakistan und Indien im Jahr 2029 ebenfalls zu einer erneuten bewaffneten Auseinandersetzung kommen. Es besteht dabei die Gefahr, dass die Kampfhandlungen auch mit nuklearen Waffen ausgetragen werden, was zu einer weitgehenden Verwüstung von Teilen Indiens und Pakistans führen wird.*

Das es in Mitteleuropa kaum ausreichende Vorräte gibt, setzen autoritäre Herrscher synthetische Gifte ein, um eine Bevölkerungsreduktion herbeizuführen, da in jener Zeit das Problem einer Überbevölkerung durch Flüchtlinge als Hauptursache der Probleme angesehen wird. Zum

Einsatz vor allem in Großbritannien kommt ein Thanaton genanntes Mittel, das einen schmerzfreien Tod ermöglichen soll.

**Durch eine rasante Abkühlung der Erdatmosphäre, bedingt durch den Zusammenbruch des Golfstromes und die Vereisung großer Flächen vor allem im Norden der USA und Skandinaviens, wird nach einigen Jahren der Zyklus des Golfstroms erneut beginnen und zu einer Klimastabilisierung führen. Sie wird ab dem Jahr 2035 beginnen. Verbunden damit sind erneut bessere Ernten und eine allmähliche Beruhigung der gesellschaftlichen Verhältnisse. In den Jahren der Naturkatastrophen und Wirren treten weltweit neue, aber auch längst besiegt geglaubte Krankheiten wieder auf und fordern Millionen Todesopfer.**

**Neben Seuchen wie der Pest und Cholera, die zu Zeiten der Bürgerkriege aufgrund mangelhafter hygienischer Verhältnisse wüten, sorgt der Klimawandel auch für die Zunahme gesundheitlicher Risiken. Während der Klimaerwärmung wird es vor allem in Afrika und Asien, aber auch in den vielen Gebieten Europas zu einer erheblichen Zunahme der Sonneneinstrahlung kommen, die verstärkt Hautprobleme und Geschwulsterkrankungen bei den Menschen ebenso wie bei Tieren hervorruft.**

**Flüchtlinge aus Afrika schleppen ab 2023 eine tödliche Seuche nach Europa, die Kunu genannt wird. Die Erkrankten leiden an hohem Fieber, ihre inneren Organe zersetzen sich innerhalb weniger Tage. Die Krankheit verläuft fast immer tödlich und verbreitet sich wie Grippe.**

*Bereits zwei Jahre zuvor treten Blutwürmer auf. Es handelt sich dabei um winzige Spulwürmer, die innere Organe des Menschen, vor allem das Herz und die Leber befallen, und sie innerhalb kürzester Zeit zerstören. Die Infizierten überleben selten länger als eine Woche. Die Blutwürmer werden durch tierische Nahrung übertragen (*vor allem durch Rind- und Schweinefleisch, heute gibt es diese Krankheit bei Haustieren wie Hunden oder Katzen. Sie gilt als – noch – nicht auf den Menschen übertragbar – Anm. Th. R*).*

*In den Jahren ab 2018 wird eine merkwürdige Krankheit in den USA aber auch in Europa und Asien hunderttausende töten. Die Infizierten sind anfällig für jede an sich harmlose Krankheit, wie Erkältungen oder Infektionen selbst kleinster Wunden, die bei Ihnen jedoch schwerste Infektionen bis hin zum Tod hervorrufen können. Die Kräfte der Erkrankten schwinden sehr rasch, selten* *dauert es mehr als drei Tage bis zum Tod (*Ganeshbabu Shastri nannte diese Krankheit in seinen Aufzeichnungen RISC – **R**apid **I**mmun **S**ystem Collaps – beschleunigter Zusammenbruch des körpereigenen Immunsystems – Anm. Th. R.*). Die Sterblichkeitsrate unter den Infizierten ist sehr hoch. Erst nach Jahrzehnten, in der Zeit nach dem Jahr 2048, wird bekannt werden, dass es sich bei RISC um eine biologische Waffe handelte, die auf Betreiben einflussreicher Kreise der USA freigesetzt wurde, um dem Bevölkerungswachstum entgegenzuwirken.*

***Einen Höhepunkt der Katastrophen wird das Jahr 2046 darstellen. Von den Astronomen weltweit unbemerkt, kommt ein großer Himmelskörper aus den Tiefen des Alls auf die Erde zu. Es wird sich dabei um einen Planetoiden handeln, welcher auf seinem Weg durch das Sonnensystem der Erde sehr nahe kommt. Seine Bahn verläuft zwischen der Bahn des Mondes und der Bahn der Erde hindurch. Wenige Tage vor seinem Vorbeigang wird dieser Himmelskörper auch mit dem bloßen Auge sichtbar sein. Dieser Vorgang wird im Spätherbst des Jahres 2046 stattfinden. Durch die Anziehungskraft des Planetoiden wird es weltweit zu großen Erdbeben und Überschwemmungen kommen. Kalifornien erlebt das größte Erdbeben seit Menschengedenken, aber auch Japan und China sind betroffen. Große Teile dieser Regionen versinken im Ozean. In Deutschland werden starke Erdbeben im Vogtland und in der Eifel auftreten. Auch die Nachbarländer Deutschlands sind von den Naturkatastrophen betroffen. An den Küsten von Nord- und Ostsee kommt es zu schweren Überschwemmungen, die weit ins Binnenland reichen. Auch Frankreich und Großbritannien, ebenso wie die Mittelmeerländer werden von Erdbeben und Überschwemmungen heimgesucht. In Italien und Griechenland brechen zahlreiche Vulkane aus. Doch auch die ruhenden Vulkane in Böhmen werden zu neuer Aktivität erweckt und verwüsten bei großen Ausbrüchen die Umgebung. Bei den tektonischen Aktivitäten werden neben Lava und Asche auch große Mengen vulkanischer Dämpfe und Gase freigesetzt, die teilweise sehr giftig sind. Aus diesen Wolken kondensieren aggressive Niederschläge stark ätzender Flüssigkeiten. Durch die See- und Erdbeben kommen weltweit Millionen Menschen ums Leben. In den betroffenen Regionen Mitteleuropas wird besonders in den Städten viel Bausubstanz zerstört.***

# DIE WELT IN FÜNFZIG JAHREN

**Bald nach der Katastrophe werden die Überlebenden mit den Aufräumarbeiten beginnen. Unzählige Leichen und Tierkadaver müssen beseitigt werden, um Seuchen entgegenzuwirken. Allmählich kommt die Wirtschaft wieder in Gang, gibt es doch infolge der Zerstörungen eine große Nachfrage in allen Bereichen.**

**Nach der Katastrophe erwärmt sich das Klima in Mitteleuropa erheblich und erinnert an das Klima des Mittelmeeres. Schnee im Winter wird es nur noch in den Gebirgen geben. Die Landwirtschaft wird durch das Klima begünstigt und bringt gute Erträge. Durch die tektonischen Veränderungen hat sich auch die Geographie der Erde verändert. Viele ehemalige Küstengebiete und Inseln, so ein Teil Japans und Kaliforniens, der Ostküste Nordamerikas und Gebiete Englands sind im Meer versunken, während gleichzeitig vor allem im Bereich des Atlantik neues Land empor gestiegen ist.**

*Der Wiederaufbau, der vor allem in Deutschland rasch voranschreitet, hat mit dem Problem der stark beschädigten Primärindustrie zu kämpfen. Viele wichtige Rohstoffe sind Mangelware.*

*In jener Zeit wird auch die Herausbildung einer neuen Gesellschaft in Europa beginnen. Diese neue Gesellschaft, deren Aufgabe es sein wird, das kommende Sathya-Yuga zu schaffen, wird gekennzeichnet sein von großer persönlicher Freiheit des Einzelnen, verbunden aber und untergeordnet seiner Verpflichtung für das Gemeinwohl. Die bis zu jener Zeit stattfindenden Ereignisse werden die Menschen lehren, wie verderblich Eigennutz auf Kosten der Gemeinschaft ist. Diese neue Gesellschaft wird eine Ausdehnung von der westlichen Küste Europas bis hin zu den östlichen Küsten Asiens haben, aber sehr regional ausgerichtet sein. Die Menschen werden die ihnen wichtigen Dinge vor Ort entscheiden, ohne auf die Genehmigung einer fernen Autorität warten zu müssen. Eine neue Verfassung garantiert allen Gebieten, die sich der neuen Eurasischen Union anschließen, äußere Sicherheit und innere Souveränität.*

*Wirtschaftliche Grundlage der neuen Gesellschaft wird ein zinsloses Geldsystem sein, welches ab dem Jahr 2048 erprobt und eingeführt wird (*arabische Banken arbeiten bereits jetzt bei der Vergabe von Krediten zinslos wegen des Zinsverbotes des Korans, und kassieren stattdessen eine Bearbeitungsgebühr. Auch die Bibel enthält übrigens ein Zinsverbot – Anm. Th. R.*)* .

*Ebenso wird eine bereits zu Beginn des 20. Jahrhunderts westlicher Zeitrechnung entdeckte und erforschte, aber noch nicht allgemein angewandte Energieform Grundlage für das Aufblühen dieser Gesellschaft sein. Man wird diese Energie nach Ihrem Entdecker benennen (*sehr wahrscheinlich ist hier die sog. Tesla-Energie gemeint – Anm. Th. R.*). Diese Energie belastet die Erde nicht so, wie es die vorher verwandten Energieformen getan haben. Es wird an dieser Energie kein Mangel herrschen. Ihre Anwendung wird für den Einzelnen nicht mehr mit Kosten verbunden sein.*

*Grund und Boden sowie Wasservorräte werden nicht mehr in privatem Eigentum stehen, da sich die Erkenntnis durchsetzen wird, dass niemand ein Recht darauf hat, sich anzueignen, was schon vor ihm existierte, und was ebenso nach ihm exisieren wird. Wohl aber wird jeder das Recht haben, ein Haus oder sonstige Bauten, die er geschaffen oder gekauft hat, sein Eigen zu nennen.*

***Ab dem Jahr 2049 wird sich weltweit die Erkenntnis durchsetzen, dass die Menschen nicht allein im All sind. Bei den Wiederaufbauarbeiten in Europa aber auch im Nahen Osten werden Artefakte entdeckt, die nichtirdischen Ursprungs sind. Diese Erkenntnis hat sehr umfassende Auswirkungen auf Religionen und Philosophien.***

***Das Zeitalter ab 2048 wird der Beginn eines neuen, spirituell ausgerichteten Zeitalters, des kommende Sathya-Yuga sein.***

# DETAILLIERTE PALMBLATT-PROPHEZEIUNGEN FÜR DIE JAHRE 2007 BIS 2012

**Für die Zukunft Deutschlands und Europas heißt es da, betreffend das Jahr 2007:**

*Immer weniger Menschen werden Arbeit haben, weil man sie nicht mehr braucht. Maschinen übernehmen ihre Tätigkeiten. In den nächsten Jahren wird es ein Luxus sein, Arbeit zu haben, und nicht vom Staat versorgt zu werden. Diese Situation tritt jedoch nicht nur in Deutschland, sondern auch in den anderen Ländern Europas ein, ja, diese Entwicklung ist sogar weltweit zu beobachten. Dabei werden die Belastungen der einfachen Menschen, Steuern, Abgaben und andere Lasten, unverhältnismäßig hoch zu den erzielten Einkünften sein. Die Regierenden haben es vor dem Machtantritt anders versprochen, doch sie werden sich nicht an diesen Versprechen messen lassen. Diejenigen aber, denen die großen Fabriken und Geschäfte gehören, die weltweit handeln, werden glänzende Geschäfte machen, und sich immer weiter von der Masse der Bevölkerung entfernen. Für sie wird es wie ein neues, glorreiches Zeitalter sein, das all ihre Wünsche und Hoffnungen erfüllt. Sie werden nach Belieben schalten und walten, wie es ihnen gefällt. Kein Land wird vor ihnen sicher sein. Sie werden die Menschen als ihre Sklaven betrachten, und ihre Fabriken nur dort bauen, wo sie den Menschen möglichst wenig Lohn für deren Arbeit zahlen müssen, wo sie für das Land und seine Einwohner keine Verpflichtungen haben, und wo sie von den Herrschern der Länder große Geschenke erhalten, damit sie ihre Fabriken und Handelshäuser dort ansiedeln. So werden sie zu den eigentlich Mächtigen der Welt. Sie sind schon lange auf diesem Weg, doch jetzt erst werden die einfachen Menschen beginnen, dies klar zu sehen und zu verstehen. Und sie werden erkennen müssen, dass dieser Weg falsch ist. In der westlichen Welt wird es in den kommenden Jahren für immer mehr Menschen immer weniger geben, dass sie sich noch leisten können. Die meisten werden damit beschäftigt sein, ihre alltägliche Existenz zu sichern. Gern werden sie daher auch die Angebote der Einrichtungen annehmen, die im Westen „Medien" genannt werden, um sich zu zerstreuen und von ihrem Überlebenskampf abzulenken. Sie werden in der Musik, im Sport, im Fernsehen, in (Computer-) Spielen (bei diesen Begriffen handelt es sich um Interpretationen der alt-tamilischen Beschreibungen – Anm. Th. R.), billiger, die niederen Triebe des Menschen befriedigender Unterhaltung, in Sensationen und scheinbaren Abenteuern sich eine Ersatzrealität schaffen, die ihnen den harten Alltag erträglich macht. Die Gesellschaft wird zerfallen, in jene, die sich aufgrund ihres Einkommens das leisten können, was sie sich wünschen, und jene, für die eine Erfüllung ihrer Wünsche unerreichbar bleibt, weil sie von geringsten Einkommen leben müssen. Doch die Wünsche werden keine wirklichen Bedürfnisse sein, sondern nur Schein, erzeugt von den Medien und denen, die produzieren lassen und handeln, um die Menschen abzuhalten von dem, was wirklich wichtig für ihre Entwicklung ist, und sie in den Fesseln der Materie zu binden. Es wird die Zeit sein, in der Maya* (der indische Begriff für Täuschung und Betrug – Anm. Th. R.) *Triumphe feiert.*

*Ab dem Jahr 2007 nach westlichem Kalender wird es in den großen Städten Deutschlands zu verstärkten Protesten der einfachen Menschen gegen die Politik der Regierung und gegen die wirtschaftlich Mächtigen kommen. Zunächst wird es so scheinen, als ob diese Proteste Auswirkungen auf die Handlungen der Regenten haben, doch dies ist nur eine Täuschung. Die Forderungen und Argumente der Protestierenden werden zerredet und der Lächerlichkeit preisgegeben. Die Mächtigen hinter den Regenten werden dafür sorgen, dass in der Öffentlichkeit die wahre Lage verschleiert wird. Sie werden viele Informationen geben, die nicht der Wahrheit entsprechen, aber von einzelnen nicht überprüft werden können. So wird es heißen, dass sich die Wirtschaft sehr gut entwickelt und viele Menschen wieder Arbeit finden, verschwiegen wird jedoch, dass diese Menschen von dem Lohn für diese Arbeit nicht leben können. Die Geschäfte der großen, weltweit agierenden Unternehmen werden sich jedoch auch im Jahr 2007 sehr gut entwickeln. Auf der einen Seite werden jene, die schon viel besitzen, ihre Macht und ihren Einfluss ausbauen. Anderseits wird für die Masse der Menschen, nicht nur in Deutschland, sondern auch in den Nachbarländern das Leben durch Mehrbelastungen in Form von Steuern, Abgaben und Teuerungen immer schwerer. Zwar zeichnet sich im Jahr 2007 bereits die weitere wirtschaftliche Entwicklung ab, welche bis zum Jahr 2012 zu einer schweren finanziellen Krise insbesondere des US-Dollars führen wird, doch wird diese Tendenz von den wirtschaftlich und gesellschaftlich Mächtigen noch verschleiert, obwohl vor allem an den Plätzen, an denen mit Geld Geld verdient wird* (Börsen? – Anm. Th. R.) *dieser Zusammenbruch bereits absehbar ist . Mit Hilfe der Medien wird es gelingen, ein verzerrtes Bild der wirklichen Lage zu zeichnen, und die Menschen gegeneinander auszuspielen, indem jene, die noch in Arbeit sind, gegen diejenigen aufgebracht werden, die von staatlicher Unterstützung leben müssen, Jungen eingeredet wird, die Schuld an ihrer Misere trügen die Alten und umgekehrt. Die Fallstricke des*

*Maya sind vielfältig und die Mächtigen wissen sich dieser zu bedienen, um ihre Macht zu sichern. In Wirklichkeit wissen die Mächtigen um den wahren Zustand in Europa und auch Amerika, und sind entschlossen, auch von dieser Entwicklung zu profitieren. So sichern sie sich auch 2007 weiter weltweit den Besitz von Ressourcen wie Land, Bodenschätze und vor allem Wasser. Auf diese Weise hoffen sie, für die kommenden Zeiten der Krisen gerüstet zu sein.*

*Menschen, die sich öffentlich gegen die Mächtigen äußern, werden herabgewürdigt, ihrer Existenz beraubt oder als Verbrecher dargestellt und verurteilt. Dies betrifft all jene, die sich mit den Hintergründen der wirklichen Entwicklung in der Wirtschaft und auch der Medizin befassen. Von den Auffassungen der westlichen Medizin abweichende Auffassungen werden nur geduldet, so lange sie die Interessen der wirtschaftlich Mächtigen nicht berühren.*

*Die Situation in der Gesellschaft spitzt sich ab dem Frühling des Jahres 2007 nach westlichem Kalender immer mehr zu. Gewalt und Unsicherheit regieren, vor allem in den großen Stätten, wo die Probleme am dringendsten sind. Von den Medien aber werden Demonstrationen und Gewaltakte weitgehend totgeschwiegen.*

*In der ersten Woche des Monats Juni 2007 werden sich die Regenten der acht mächtigsten Länder der Welt in Deutschland zu Gesprächen treffen. Dieses Treffen findet im Norden Deutschlands statt, in einem kleinen Ort an der Küste des Meeres. Dieses Treffen ist von langer Hand vorbereitet und wird unter den größten denkbaren Sicherheitsvorkehrungen durchgeführt. Der kleine Ort, in dem sich die Regenten treffen, gleicht einer Festung. Dieses Treffen wird nur wenige Tage dauern, doch es wird zu den kostspieligsten seiner Art gehören. Viele Menschen werden den Anlass dieser Begegnung der Mächtigen nutzen, um gegen die Vorgänge in Deutschland und Europa zu protestieren. Ein Großteil dieser Proteste wird friedlich verlaufen, doch in der nächsten größeren Stadt an der Meeresküste wird es zu gewalttätigen Protesten kommen, ebenso wie in anderen großen Städten Deutschlands, so auch der Hauptstadt. Die Ausschreitungen werden zu einer weiteren Verschärfung der Gesetze im Namen der Sicherheit führen. Im Zusammenhang mit diesen Ereignissen wird es gegen Ende des sechsten Monats des Jahres 2007 auch zu einer Umbildung in der Regierung kommen.*

*Die Mächtigen werden auf ihrem Treffen vorgeblich über den Schutz der Natur und die weltweiten Veränderungen des Wetters sprechen. Doch dies ist nur ein Vorwand, denn in Wirklichkeit sind die Regenten dieser acht Länder in anderen Fragen vollkommen uneins. Zwischen Amerika, den Ländern Europas auf der einen Seite und Russland auf der anderen Seite wird es zu Spannungen kommen, die ihren Grund in der Situation auf dem Balkan haben. Der scheinbar beendete Konflikt zwischen den Ländern dieses Gebietes von Europa ist nicht ausgestanden und wird zu neuen bewaffneten Auseinandersetzungen ab dem dritten Monat des Jahres 2009 führen.*

*Das Jahr 2007 wird zu den wärmsten Jahren seit Menschengedenken gehören, jedoch wird es auch zu überraschenden Wetteränderungen kommen, so zu plötzlichen Temperaturstützen, verbunden mit Sturm und starkem Regen. Besonders in der vierten Woche des 3. Monats 2007 und in den ersten beiden Wochen des 8. Monats 2007 drohen plötzliche Änderungen des Wetters.*

*Mittel- und Westeuropa werden ebenso wie die USA Ziel terroristischer Aktivitäten sein. Die Anzahl der Anschläge wird dabei relativ gering sein, ihre Auswirkungen dafür umso verheerender.*

*Im Jahr 2007 in der zweiten Woche des achten Monats wird in Dänemark ein Anschlag die Hauptstadt treffen. Hier werden mehrere Explosionen im Zentrum der Stadt in öffentlichen Gebäuden und am Hafen stattfinden. Das öffentliche Leben wird für mehrere Tage gelähmt. Der Anschlag erfolgt sehr überraschend. Es gibt zahlreiche Tote und noch viel mehr Verletzte.*

*Im gleichen Jahr, nur einen Monat später wird Norwegen Ziel von Anschlägen sein. Hier werden sich die Attentate gegen zivile Schiffe und gegen die Ölförderanlagen dieses Landes richten. Eine Ölbohrinsel vor der Südküste von Norwegen wird durch eine gewaltige Explosion vernichtet. Am frühen Morgen des gleichen Tages wird ein Passagierschiff mit zahlreichen Menschen an Bord, die sich dort erholen (*wahrscheinlich ein Kreuzfahrtschiff – Anm. Th. R.*) im größten Fjord Norwegens, an einer der engsten Stellen dieser Bucht mit explosiven Geschossen unter Wasser angegriffen* (Seeminen oder ein Torpedoangriff? – Anm. Th. R.). *Das Schiff versinkt sehr rasch. Da zu dieser Zeit die meisten Menschen an Bord des Schiffes noch schlafen, gibt es sehr viele Tote. Nur wenige werden den Untergang des Schiffes überleben.*

Auch Deutschland soll von terroristischen Angriffen nicht verschont bleiben.

*Diese Angriffe haben ihren Grund in der verstärkten Anlehnung der deutschen Politik an amerikanische Ziele. Die Entsendung von noch mehr Soldaten in Kriegsgebiete macht Deutschland zum Ziel für terroristische Anschläge. Die Anfang des 3. Monats des Jahres 2007 von den Regierenden getroffenen Ent-*

*scheidung, Vimanas* (Flugzeuge, Anm. Th. R.) *als Späher für die Truppen der westlichen Verbündeten nach Afghanistan zu entsenden, ist nicht die ganze Wahrheit. Diese Vimanas sollen angeblich nur als Späher dienen, doch in Wirklichkeit tragen sie Himmelspfeile* (Raketen und Maschinenwaffen – Anm. Th. R.) *und sollen diese auch einsetzen.*

*Im Frühling es Jahres 2008, in der ersten Woche des vierten Monats wird es in zwei großen Städten Deutschlands Attentate geben, in der Hauptstadt des Landes und in der Stadt, die als Hauptstadt des Geldhandels gilt* (Berlin und Frankfurt / Main – Anm. Th. R.). *In der Hauptstadt werden öffentliche Verkehrsmittel das Ziel der Angriffe sein. Es wird an sechs verschiedenen Stellen Explosionen unter der Erde geben. Das gesamte öffentliche Leben wird lahm gelegt werden. Eine Explosion ereignet sich in unmittelbarer Nähe des Regierungsviertels, eine weitere an einem Platz, der in den vergangenen Jahren zum neuen Zentrum der Hauptstadt wurde* (möglicherweise der Potsdamer Platz – Anm. Th, R.).

*In der Hauptstadt des Geldhandels wird es auch Angriffe auf öffentliche Verkehrsmittel geben. Hier finden jedoch nur vier Explosionen im Untergrund statt. Dafür explodieren Sprengsätze in zwei verschiedenen großen Gebäuden, in denen Banken ihre Büros unterhalten. Hier wie auch in der Hauptstadt Deutschlands kommt es zu schweren Verwüstungen mit zahlreichen Toten und vielen Verletzten.*

In Bezug auf die Kriege Amerikas im Nahen Osten hieß es in der bisherigen Übersetzung des Manuskriptes:

*Die Amerikaner planen nach dem Einmarsch im Irak, das Nachbarland Iran ebenfalls zu erobern, schrecken aber vor den möglichen Waffen, die der Iran einsetzen könnte, zurück. Diese Waffen sind denen, welche die Amerikaner einsetzen können, in ihrer tödlichen Wirkung ebenbürtig. Daher errichten die USA zunächst in den meisten Nachbarländern des Iran Stützpunkte, um das Land auf diese Weise von allen Seiten bedrohen zu können. Im 6. Monat des Jahres 2005 westlicher Zeitrechnung kommt dann ein Mann im Iran überraschend an die Macht, der den Amerikanern ein Dorn im Auge ist. Dieser Mann ist jedoch ein kluger Politiker, der verhindern kann, dass der amerikanische Angriff auf den Iran im Jahr 2005 stattfindet. Der Regent der USA verschiebt den Angriff auf das darauf folgende Jahr.*

Im Jahr 2006 gab es nun keinen Angriff auf den Iran, doch es bestand gemäß den Aussagen des Palmblattmanuskriptes ein Zeitfenster für eine solche Aggression im Zeitraum vom 02.09.06 bis zum 03.12.06. In dieser Zeit fand tatsächlich eine krisenhafte Zuspitzung des Streites um das iranische Atomprogramm statt, die glücklicherweise nicht in einer bewaffneten Auseinandersetzung eskalierte. Doch leider ist damit die Gefahr nicht gebannt, denn ein weiteres Zeitfenster für einen solchen Angriff besteht vom 02.03.07 bis 31.05.07. Angreifer würden in diesem Fall nicht nur die USA, sondern auch Israel sein.

Doch es gibt auch positive Tendenzen für das Jahr 2007.

*Religionen und Spiritualität werden weiter an Bedeutung gewinnen, und immer mehr Menschen suchen Orientierung in geistigen Werten. Unter dem Eindruck der Geschehnisse im Außen wenden sich die Menschen der eigenen Entwicklung im Innen zu, da sie dies als einzige Möglichkeit für ihren weiteren Lebensweg ansehen. Es werden in diesem Jahr sowohl in Deutschland als auch in den Nachbarländern religiöse Gebäude errichtet werden. Die meisten dieser Gebäude gehören jedoch einer Religionsgemeinschaft, die einen anderen Glauben vertritt, als die Einwohner der Länder* (möglicherweise sind hier islamische Moscheen gemeint, Anm. Th. R.). *Die Errichtung dieser Gebäude stößt bei den Einwohnern der jeweiligen Orte nur auf wenig Verständnis, führt jedoch dazu, dass sich diese Menschen wieder verstärkt ihren eigenen Wurzeln und Traditionen zuwenden.*

*In einem westlichen Nachbarland Deutschlands wird im April 2007 eine neue Regierung an die Macht gelangen.* (Frankreich? Hier verzichtete dieser Tage Jaques Chirac auf eine weitere Amtszeit – Anm. Th. R.) *Die Beziehungen zu diesem Land werden sich in den folgenden Monaten des Jahres 2007 verbessern.*

*Das Jahr 2007 wird auch bedeutende Neuentwicklungen im Bereich von Telekommunikation und Computertechnik bringen. Eine neue Form der Telekommunikation, die sehr preiswert ist, wird beginnen, sich weltweit durchzusetzen*

## Vorhersagen des Manuskriptes für das Jahr 2008

Das Jahr 2007 gestaltete sich turbulent, im Kleinen, wie im Großen. Zum einen manifestierten sich die in den Prophezeiungen des Palmblattmanuskriptes vorhergesagten wirtschaftlichen und gesellschaftlichen

Probleme (Finanzkrise in den USA ebenso wie Deutschland, insbesondere Sachsen, Unruhen um den G 8 Gipfel in Heiligendamm, Weg in den Überwachungsstaat etc.) sowie die weltweiten Klimaveränderungen, zum anderen wurden erhebliche Anstrengungen unternommen, um die Aussagen des Palmblattmanuskriptes ebenso wie den Autor dieser Übersetzungen zu diffamieren und unglaubwürdig zu machen, wie diverse Kontroversen im Internet zeigten.

Diese Reaktionen waren vorhersehbar und änderten nichts an meiner Arbeit, die ich auch im Jahr 2007 nach besten Kräften und nach bestem Gewissen fortführt. Einige entscheidende Fortschritte waren trotz meiner begrenzten Mittel zu verzeichnen. So gelang es, die Struktur des Palmblattmanuskriptes zu entschlüsseln. Dabei wurden deutliche Parallelen zu jenen Schriften entdeckt, die persönliche Vorhersagen enthalten.

Zum besseren Verständnis habe ich nachfolgend die einzelnen Kapitel eines individuellen Manuskriptes der Palmblattbibliothek von Kanchipuram und danach die Kapitel des Manuskriptes mit den globalen Vorhersagen aufgelistet:

## Kapitel mit persönlichen Vorhersagen – Lesung in der Bibliothek von Kanchipuram

### 1. Kapitel:

Generelle Einführung mit der Festlegung Ihres Sternzeichens nach dem indischen Horoskop und der Einteilung Ihres Lebens in verschiedene, besonders Glück verheißende oder problematische Abschnitte unter dem Einfluss bestimmter Planeten, sowie Angaben über Ihre Eltern, Geschwister, Ehepartner und Kinder und Ihren derzeitigen Beruf.

### 2. Kapitel:

Finanzielle Umstände, Familie, Ausbildung und beruflicher Werdegang mit Hinweisen zu den besten Möglichkeiten für persönliche Zufriedenheit und Reichtum.

**3. Kapitel:**

Nähere Angaben zu Ihren Geschwistern und zu Ihrem Verhältnis zu ihnen, sowie Lernaufgaben in dieser Beziehung und Ratschläge für eine Verbesserung des Zusammenhalts innerhalb der Familie und der gegenseitigen Unterstützung.

**4. Kapitel:**

Nähere Angaben zu Ihren Eltern, Ihrer Kindheit, Ihrem Zuhause und Ihren besonderen Fähigkeiten, Neigungen und Interessen.

**5. Kapitel:**

Nähere Angaben zu Ihren Kindern bzw. Informationen über die Kinder, die Sie später haben werden, mit einer Vorausschau auf die spätere Entwicklung und den Lebensweg Ihrer Kinder.

**6. Kapitel:**

Besonders gefährdete Bereiche Ihres Körpers; Krankheiten in der Vergangenheit, Gegenwart und Zukunft; Hinweise zur Vermeidung von Krankheiten bzw. zu ihrer Heilung; Warnung vor Feinden im privaten und geschäftlichen Umfeld.

**7. Kapitel:**

Zeitpunkt der Begegnung mit Ihrem Seelenpartner und Ihrer Heirat; Aussichten auf die zukünftige Entwicklung Ihrer Partnerschaft in Verbindung mit dem sich daraus ergebenden Möglichkeiten und Aufgaben.

**8. Kapitel:**

Angaben über evtl. Phasen von Unfall- bzw. Lebensgefahr zur besonderen Vorsicht; Ihre vorbestimmte Lebensdauer – oft auch in Verbindung mit dem Ort und den Umständen Ihres Todes.

**9. Kapitel:**

Ratschläge für den Besuch bestimmter Orte und Tempel für Ihre spirituelle Entwicklung; Angaben zu Personen, die Sie fördern bzw. die Sie selbst positiv beeinflussen können; Ihre Aufgaben auf sozialem Gebiet.

**10. Kapitel:**

Ihr derzeitiger Beruf und Ihre eigentliche Begabung; Vorhersagen zur weiteren beruflichen Entwicklung bzw. zu späteren Veränderungen, Ortswechseln und guten bzw. schlechten Einflüssen in diesem Bereich.

**11. Kapitel:**

Chancen für geistigen und materiellen Gewinn und eine evtl. weitere Beziehung oder sogar Heirat zur Verbesserung der „Quellen Ihres Glücks" und zur Erfüllung Ihrer Lebensaufgabe.

**12. Kapitel:**

Weitere Unternehmungen und Reisen in ferne Länder; wichtige Begegnungen und Gelegenheiten; Ihr Weg zu einem erfüllten Leben; Ort und Umstände Ihrer nächsten Inkarnation.

**13. Kapitel:**

Ort und Umstände Ihrer vergangenen Inkarnationen, die Ihre Fähigkeiten und Ihr Schicksal heute beeinflussen; Fehler in Ihren vorherigen Leben, die Auswirkungen auf Ihr jetziges Karma haben; Wege zur Verbesserung und Auflösung des Karmas.

Analog zu diesen Kapiteln lässt sich die Struktur des Manuskriptes mit den Vorhersagen zur Zukunft Europas wie folgt darstellen:

## Kapitel mit globalen Vorhersagen

**1. Kapitel:**

Generelle Inhaltsübersicht und Einteilung der Epochen in verschiedene, besonders Glück verheißende oder problematische Abschnitte, sowie Angaben über Traditionen eines Volkes sowie deren Verbündete und Unterstützer, Beschreibung der jeweiligen Lage in wirtschaftlicher, gesellschaftlicher und politischer Hinsicht

**2. Kapitel:**

Finanzielle Situation der Volkswirtschaft, weiterer Werdegang mit Hinweisen zu den besten Möglichkeiten für das Gedeihen des Volkes in Frieden und Wohlstand.

**3. Kapitel:**

Nähere Angaben zu den Verbündeten des Volkes und zu dem Verhältnis mit ihnen sowie Lernaufgaben in dieser Beziehung und Ratschläge für eine Verbesserung des Zusammenhalts innerhalb der Völkergemeinschaft und Beschreibung der Formen gegenseitiger Unterstützung.

**4. Kapitel:**

Nähere Angaben zur Tradition und Geschichte des Volkes.

**5. Kapitel:**

Künftige Entwicklung der Bevölkerungszahl (Wachstum oder Schwund sowie die Gründe dafür), Vorausschau auf die Entwicklung der kommenden Generationen.

**6. Kapitel:**

Besondere Gefahren für den Bestand der Volksgemeinschaft in gesundheitlicher oder sonstiger Hinsicht; Gründe dafür in der Vergangenheit, Gegenwart und Zukunft; Hinweise zur Vermeidung von Krankheiten und Epidemien bzw. zu ihrer Heilung; Warnung vor Feinden im Innern und in internationalen Umfeld, Warnung vor Katastrophen (Naturkatastrophen ebenso wie schwerwiegende Störfälle technischer oder wirtschaftlicher Natur).

**7. Kapitel:**

Entscheidende Unterstützung für die weitere Entwicklung eines Volkes oder einer Nation durch strategische Bündnisse, Zeitpunkt und Aussichten für die künftige Entwicklung der Partnerschaften in Verbindung mit dem sich daraus ergebenden Möglichkeiten und Aufgaben.

**8. Kapitel:**

Phasen von Kriegsgefahr oder anderen Umständen, welche die weitere Existenz eines Volkes oder einer Nation bedrohen, Hinweise zur besonderen Vorsicht; vorbestimmte Existenzdauer eines Staatswesens – oft auch in Verbindung mit den Umständen des Unterganges oder Wandels der Gesellschaft.

**9. Kapitel:**

Religiöse und / oder spirituelle Entwicklung des Volkes; Angaben zu Personen, die eine solche Entwicklung fördern oder sie positiv beeinflussen können; Aufgaben der Gemeinschaft im sozialen Bereich und der allgemeinen Existenzsicherung.

**10. Kapitel:**

Eigentliche Bestimmung der Gemeinschaft, ihre Stellung in der Völkergemeinschaft; Vorhersagen zur weiteren gesellschaftlichen Entwicklung und zu späteren Veränderungen, positiven bzw. negativen Einflüssen in diesem Bereich.

**11. Kapitel:**

Chancen für geistigen und materiellen Gewinn der Gesellschaft durch wissenschaftliche oder technische Neuerungen bzw. Erfindungen, Vorhersagen zur gerechten Gestaltung der Gesellschaft.

**12. Kapitel:**

Internationale Unternehmungen und Kontakte; wichtige Begegnungen und Bündnisse; der Weg des Volkes zu seinem Platz in der Völkergemeinschaft; Wandel und Transformation der Gesellschaft.

**13. Kapitel:**

Kollektives Karma, welches die Entwicklung der Gemeinschaft heute beeinflusst; Fehler vorangegangener Generationen, die Auswirkungen auf das Karma der heutigen Gesellschaft haben; Wege zur Verbesserung und Auflösung des Karmas.

**Für die Zukunft Deutschlands und Europas heißt es in den bislang übersetzten Vorhersagen für das Jahr 2008:**

*Die Belastungen der einfachen Menschen durch Steuern, Abgaben und andere Lasten, werden sowohl in Deutschland, als auch in den benachbarten Ländern im Jahr 2008 weiter zunehmen, und unverhältnismäßig hoch zu den erzielten Einkünften sein. Diejenigen, die weltweit handeln, werden hingegen glänzende Geschäfte machen, und sich immer weiter von der Masse der Bevölkerung entfernen. Für sie wird es ein neues, glorreiches Zeitalter sein, das all ihre Wünsche und Hoffnungen erfüllt. Sie werden nach Belieben schalten und walten, wie es ihnen gefällt. Sie werden die Menschen als ihre Sklaven betrachten, und ihre Fabriken und Handelshäuser nur dort bauen, wo sie den Menschen möglichst wenig Lohn für deren Arbeit zahlen müssen, wo sie für das Land und seine Einwohner keine Verpflichtungen haben, und wo sie von den Herrschern der Länder große Geschenke erhalten, damit sie ihre Fabriken und Handelshäuser dort ansiedeln. So werden sie zu den eigentlich Mächtigen der Welt.*

*In der westlichen Welt wird es in den kommenden Jahren für immer mehr Menschen immer weniger geben, dass sie sich noch leisten können. Die meisten werden damit beschäftigt sein, ihre alltägliche Existenz zu sichern. Gern werden sie daher auch die Angebote der Einrichtungen annehmen, die im Westen „Medien" genannt werden, um sich zu zerstreuen und von ihrem Überlebenskampf abzulenken. Sie werden in der Musik, im Sport, im Fernsehen, in (Computer-) Spielen* (bei diesen Begriffen handelt es sich um Interpretationen der alttamilischen Beschreibungen – Anm. Th. R.), *billiger, die niederen Triebe des Menschen befriedigender Unterhaltung, in Sensationen und scheinbaren Abenteuern sich eine Ersatzrealität schaffen, die ihnen den harten Alltag erträglich macht.*

*In 2008 wird die Aufmerksamkeit der Menschen durch die Manipulation der Medien vor allem auf sportliche Ereignisse gerichtet werden. Im August des Jahres 2008 findet in einem bedeutenden Land der östlichen Hemisphäre eines der bedeutendsten Sportereignisse statt, welches eine große Tradition genießt und zum friedlichen Zusammenleben der Völker beitragen soll. Dieses Treffen der Sportler aus allen Ländern der Welt wird mit großem Pomp begangen werden, und lange Zeit vor und nach seinem Stattfinden ein großes Thema in den Medien sein. Doch all diese Berichte dienen nur dazu, um zu verschleiern, wie gespalten die Völker der Welt tatsächlich sind, und welche wirklichen Probleme die Menschen bewegen.*

*Die Gesellschaft im Jahr 2008 immer rascher zerfallen, in jene, die sich aufgrund ihres Einkommens das leisten können, was sie sich wünschen, und jene, für die eine Erfüllung ihrer Wünsche unerreichbar bleibt, weil sie von geringsten Einkommen leben müssen. Doch die Wünsche des Einzelnen werden keine wirklichen Bedürfnisse sein, sondern nur Schein, erzeugt von den Medien und denen, die produzieren lassen und handeln, um die Menschen abzuhalten von dem, was wirklich wichtig für ihre Entwicklung ist, und sie in den Fesseln der Materie zu binden.*

*Deutschland gehört zu einem System der Politik und Wirtschaft, in welches inzwischen die meisten Völker Europas eingebundne sind. Diese Gemeinschaft wurde ursprünglich von sechs europäischen Ländern gegründet, mit dem Ziel, die Lebensbedingungen der Menschen zu verbessern, den Handel zwischen den einzelnen Ländern zu beleben und die Wirtschaft zu fördern. Diese Gemeinschaft der europäischen Länder ist im Lauf der Zeit gewachsen und mächtiger geworden. Etliche Regenten aus Deutschland haben sich um die Stärkung dieser Union verdient gemacht. Im letzten Monat des Jahres 2007 westlicher Zeitrechnung sind die inneren Grenzen zwischen allen Mitgliedsländern abgeschafft worden.*

*Doch mit ihrer zunehmenden Größe wird es immer schwieriger, die Gemeinschaft zu lenken, und ihre Aufgaben den Erfordernissen der Menschen der einzelnen Länder dieser Gemeinschaft anzupassen. Die Gemeinschaft verselbständigt sich, wird zum Selbstzweck und dient nicht mehr länger den Menschen in den Ländern, die Mitglied dieser Gemeinschaft sind. Die Einrichtungen der Union, ihre Gesetze und ihre Macht dienen nur noch den wirtschaftlich und gesellschaftlich Mächtigen, die damit ihre Ziele durchsetzen. Ab dem Jahr 2008 westlicher Zeitrechnung werden die neuen Mitglieder dieser Gemeinschaft, aus dem Osten Europas kommen, immer neue und höhere Forderungen stellen, die von den ursprünglichen Mitgliedsländern der Gemeinschaft nicht mehr erfüllt werden können. So ist ein Auseinanderbrechen der Gemeinschaft unvermeidlich. Es wird in den Jahren des allgemeinen wirtschaftlichen und gesellschaftlichen Verfalls – 2010 bis 2017 nach westlicher Zeitrechnung – erfolgen.*

*Auch im Jahr 2008 nach westlichem Kalender wird es in den großen Städten Europas zu Protesten der einfachen Menschen gegen die Politik der Regierung und gegen die wirtschaftlich Mächtigen kommen. Es wird so scheinen, als ob diese Proteste Auswirkungen auf die Handlungen der Regenten haben, doch dies ist nur eine Täuschung. Die Forderungen und Argumente der Protestierenden werden zerredet und der Lächerlichkeit preisgegeben. Die Mächtigen hinter den*

*Regenten werden dafür sorgen, dass in der Öffentlichkeit die wahre Lage verschleiert wird. Sie werden viele Informationen geben, die nicht der Wahrheit entsprechen, aber von einzelnen nicht überprüft werden können. So wird es heißen, dass sich die Wirtschaft auch weiterhin sehr gut entwickelt und viele Menschen wieder Arbeit finden, verschwiegen wird jedoch, dass diese Menschen von dem Lohn für diese Arbeit nicht leben können. Doch auch die Geschäfte der großen, weltweit agierenden Unternehmen werden sich im Jahr 2008 nicht so gut entwickeln, wie erwartet.*

*Für die meisten Menschen, nicht nur in Deutschland, sondern auch in den Nachbarländern wird das Leben durch Mehrbelastungen in Form von Steuern, Abgaben und Teuerungen immer schwerer.*

*Im Jahr 2008 zeichnet sich eine weitere Verschärfung der im Jahr 2007 begonnenen wirtschaftliche Entwicklungen ab, die bis zum Jahr 2012 zu einer schweren finanziellen Krise insbesondere des US-Dollars führen wird. Sowohl der US-Dollar als auch der Euro werden weiter extrem an Wert verlieren. Teuerungen, weitere Bankenzusammenbrüche und Verlust von Erspartem wird viele Menschen in den USA, aber auch in Deutschland und seinen Nachbarländern betreffen. Dennoch wird diese Tendenz von den wirtschaftlich und gesellschaftlich Mächtigen verschleiert, obwohl für sie dieser Zusammenbruch im Jahr 2008 bereits Gewissheit ist.*

*Mit Hilfe der Medien wird es ihnen jedoch gelingen, ein verfälschtes Bild der wirklichen Lage zu zeichnen, und die Menschen gegeneinander auszuspielen. Die Fallstricke der Materie sind vielfältig und die Mächtigen wissen sich dieser zu bedienen, um ihre Macht zu sichern. In Wirklichkeit wissen die Mächtigen um den wahren Zustand in Europa und auch Amerika, und sind entschlossen, auch von dieser Entwicklung zu profitieren. So sichern sie sich auch 2008 weltweit den Besitz von Ressourcen wie Land, Bodenschätze und vor allem Wasser. Auf diese Weise hoffen sie, für die kommenden Krisen gerüstet zu sein.*

*Menschen, die sich gegen die Mächtigen äußern oder alternative Ideen einer gerechteren Gesellschaft leben und propagieren , werden herabgewürdigt, ihrer Existenz beraubt oder als Verbrecher dargestellt und verurteilt. Dies betrifft im Jahr 2008 vor allem jene, die sich mit den Hintergründen der wirklichen Entwicklung im Bankwesen, in der Wirtschaft und der Politik befassen.*

*Die Situation in der Gesellschaft spitzt sich im Jahr 2008 nach westlichem Kalender weiter zu. Gewalt und Unsicherheit werden in den großen Städten*

*Europas regieren, in jenen Vierteln, wo die Probleme am größten sind. Von den Medien aber werden Demonstrationen und Gewaltakte wie bereits im vorangegangen Jahr, weitgehend totgeschwiegen.*

*Im zweiten Monat des Jahres 2008 verschärft sich die Lage auf dem Balkan. Ein Gebiet, welches bisher dort zu einem souveränen Land gehörte, erklärt seine Eigenständigkeit. Die ist darin begründet, dass die Einwohner dieses Landstriches einen anderen Glauben und eine andere Kultur haben, als die übrigen Einwohner dieses Landes. Diese Erklärung wird für erhebliche Unruhe und gewaltsame Auseinandersetzungen in dieser Region sorgen. Das neue kleine Land wird in den folgenden Jahren ein ständiger Unruheherd sein, und eine Region, in der stellvertretend für andere Länder in Europa, Konflikte ausgetragen werden. Zwischen den Ländern Westeuropas und Russland wird die Unabhängigkeitserklärung dieses Landes für erhebliche Spannungen in Politik und Wirtschaft sorgen. Neue kriegerische Auseinandersetzungen drohen. Zwischen Amerika, den Ländern Europas auf der einen Seite und Russland auf der anderen Seite wird es zu Spannungen kommen, die ihren Grund in der Situation auf dem Balkan haben. Der scheinbar beendete Konflikt zwischen den Ländern dieses Gebietes von Europa ist nicht ausgestanden, und wird zu neuen bewaffneten Auseinandersetzungen ab dem dritten Monat des Jahres 2009 führen. Russland wird in dieser Zeit durch konsequente Regenten geführt, die Verbündete des russischen Regenten sind, der im Frühling des Jahres 2008 seine Macht offiziell abgeben wird, aber weiter sehr einflussreich bleibt.*

*Vor allem aber wird Mittel- und Westeuropa unter den gewaltigen Einwanderungsbewegungen zu leiden haben, welche ihre Ursache in der Erweiterung der Gemeinschaft der Länder Europas und im Wegfall der nationalen Grenzen haben. Der wirkliche Grund dafür aber sind die Kriege in anderen Weltgegenden, vor allem in Afrika und Asien. Die europäischen Sozialsysteme werden mit der Integration von Millionen Flüchtlingen überfordert sein, so dass die Infrastruktur Europas in den Jahren zwischen 2008 und 2012 ihre Belastungsgrenze erreicht. Dies trifft nicht nur für Deutschland, sondern auch für die zentraleuropäischen Nachbar-Staaten zu. Lediglich in Nordeuropa werden die Auswirkungen der Einwanderungsbewegung geringer sein.*

*In Europa sind vor allem Italien, Spanien und Frankreich in dieser Zeit von inneren Unruhen betroffen, die insbesondere in den Großstädten ausgetragen werden. Aber auch in Deutschland wird es ab dem Sommer 2010 zu gewalttäti-*

*gen Unruhen vor allem in Berlin, München, Frankfurt/Main, Hamburg, dem Rheinland und dem Ruhrgebiet kommen.*

*Diese Entwicklungen führen dazu, dass die Mächtigen durch weitere Gesetze noch mehr Einschränkungen der Freiheiten des einzelnen Menschen durchsetzen. Bereits ab dem Frühsommer 2008 wird die komplette Überwachung jeder Handlung einer Person technisch möglich sein. Die Regenten werden betonen, dass die Überwachungsgesetze im Interesse des Volkes und zu seinem Schutz erlassen werden. Sie werden sagen, dass sich die Überwachung nur gegen die Feinde des Landes richtet, welche die Menschen mit Gewalt bedrohen. In Wirklichkeit dienen diese Gesetze und die angestrebte komplette Überwachung der Menschen aber nur dazu, um Unruhen und Revolten in den Zeiten des wirtschaftlichen Zusammenbruchs vorzubeugen.*

*Im Frühling des Jahres 2008 nach westlicher Zeitrechnung wird es zu einer Veränderung in der Regierung der USA kommen. Die bislang Regierenden werden ihre Macht verlieren, und durch politische Kontrahenten ersetzt werden. Doch dieser Machtwechsel ist nur scheinbar, denn sowohl die bislang Regierenden als auch ihre Herausforderer sind nur die Ausführenden der Beschlüsse der wahrhaft Mächtigen der Welt. Die Taten der neuen Regenten werden nicht besser sein als die der vorangegangen Herrscher. Sie werden den Menschen vor ihrem Machtantritt ebenfalls vieles versprechen, das sie nicht halten können und auch nicht halten wollen. Den Krieg in Arabien* (Irak – Anm. Thomas Ritter), *den ihr Vorgänger begonnen hat, werden auch sie nicht beenden können. Dieser Kampf wird noch lange Jahre dauern, doch es ist kein Krieg für Freiheit und Gerechtigkeit, sondern um Rohstoffe und Land, um den Einfluss der USA in dem Gebiet, in dem sich der Irak befinde, auszuweiten. Doch die USA werden diesen Krieg nicht gewinnen können. Sie haben Jahrzehnte vorher bereits in einem anderen Land eine ähnlich vernichtende Niederlage erlitten, wie sie ihnen im Irak bevorsteht. Im Jahr 2008 westlicher Zeitrechnung, im 5. Monat werden sie das Land schmachvoll verlassen müssen.*

*Die Mächtigen hinter den Regenten der westlichen Welt planten bereits für das Jahr 2005 das Nachbarland Iran ebenfalls zu erobern, schreckten aber vor den möglichen Waffen, die der Iran einsetzen könnte, zurück. Diese Waffen sind denen, welche die Amerikaner einsetzen können, in ihrer tödlichen Wirkung ebenbürtig. Daher errichten die USA zunächst in den meisten Nachbarländern des Iran Stützpunkte, um das Land auf diese Weise von allen Seiten bedrohen zu können. Im 6. Monat des Jahres 2005 westlicher Zeitrechnung kam dann ein*

*Mann im Iran überraschend an die Macht, der den Amerikanern ein Dorn im Auge ist. Dieser Mann ist jedoch ein kluger Politiker, der verhindern konnte, dass der amerikanische Angriff auf den Iran im Jahr 2005 stattfindet. Der Regent der USA verschob den Angriff auf das darauf folgende Jahr. Doch auch 2006 und 2007 wichen die amerikanischen Truppen einer direkten Konfrontation mit dem Heer des Iran aus. Auch im Jahr 2008 wird kein direkter Angriff auf den Iran stattfinden. Die Mächtigen haben ihre Pläne angesichts der starken iranischen Armee und des Rückhaltes, den der iranische Regent im Volk genießt, geändert. Sie planen in den Jahren 2008 und 2009 eine Allianz gegen ihn im eignen Land zu schaffen. Der iranische Regent soll auf diese Weise entmachtet werden. Statt seiner sollen jene an die Macht gelangen, welche bereit sind, ihr Land an die Interessen der Mächtigen zu verkaufen. Intrigen zur Entmachtung des iranischen Regenten wird es im Jahr 2008 mehrere geben. Sie werden allerdings keinen Erfolg haben.*

*Im Verlauf des Jahres 2008 wird sich weltweit allmählich die Erkenntnis unter jenen, die sich mit den Veränderungen des Wetters befassen, dass die weltweiten Veränderungen des Klimas nicht von einem Gas verursacht werden, welches bei der Verbrennung von Kohle, Holz oder Öl entsteht, sondern dass diese Veränderungen Teil eines natürlichen Prozesses sind. Im 14. und 15. Jahrhundert nach westlicher Zeitrechnung erlebte Europa eine Zeit großer Kälte, die nun allmählich von einem wärmeren Klima abgelöst wird. Dies ist der eigentliche Grund für das Ansteigen der Temperaturen. Dabei verändert sich das Klima so, dass Europa trockenere und wärmere Sommer, aber auch trockenere Winter erleben wird, während in Asien sich ein feuchteres Klima durchsetzt, dort also die Menge des Regens in den kommenden Jahren noch zunehmen wird. Gleiches gilt für die Regionen Mittel- und Südamerikas sowie des Ostens der USA. Auch dort wird es in den nächsten Jahren zu verstärkten Regenfällen kommen, während im Westen und Süden der USA Trockenheit und Dürre das Klima bestimmen. Dies führt zu ausgedehnten Bränden. In Europa und Nordamerika treten auch 2008 verstärkt bis dahin unbekannte Wetterphänomene wie Wirbelstürme und Starkregen auf. Diese Phänomene sind das Resultat von Experimenten, welche von einigen Nationen, darunter den USA, mit dem Klima veranstaltet werden* (sind hier HAARP oder auch die Chemtrails gemeint? – Anm. Thomas Ritter).

*Deutschland soll von terroristischen Angriffen nicht verschont bleiben. Diese Angriffe haben ihren Grund in der verstärkten Anlehnung der deutschen Politik an amerikanische Ziele. Die Entsendung von noch mehr Soldaten in Kriegsgebiete macht Deutschland zum Ziel für terroristische Anschläge. Die Anfang des 3.*

*Monats des Jahres 2007 von den Regierenden getroffenen Entscheidung, Vimanas* (Kampfflieger, Anm. Th. R.) *als Späher für die Truppen der westlichen Verbündeten nach Afghanistan zu entsenden, ist nicht die ganze Wahrheit. Diese Vimanas sollen angeblich nur als Späher dienen. In Wirklichkeit tragen sie Himmelspfeile* (Raketen und Maschinenwaffen – Anm. Th. R.), *und sollen diese auch einsetzen.*

*Im Frühling es Jahres 2008, in der ersten Woche des vierten Monats wird es in zwei großen Städten Deutschlands Attentate geben, in der Hauptstadt des Landes und in der Stadt, die als Hauptstadt des Geldhandels gilt* (Berlin und Frankfurt / Main – Anm. Th. R.). *In der Hauptstadt werden öffentliche Verkehrsmittel das Ziel der Angriffe sein. Es wird an sechs verschiedenen Stellen Explosionen unter der Erde geben. Das gesamte öffentliche Leben wird lahm gelegt werden. Eine Explosion ereignet sich in unmittelbarer Nähe des Regierungsviertels, eine weitere an einem Platz, der in den vergangenen Jahren zum neuen Zentrum der Hauptstadt wurde* (möglicherweise der Potsdamer Platz – Anm. Th, R.).

*In der Hauptstadt des Geldhandels wird es auch Angriffe auf öffentliche Verkehrsmittel geben. Hier finden jedoch nur vier Explosionen im Untergrund statt. Dafür explodieren Sprengsätze in zwei verschiedenen großen Gebäuden, in denen Banken ihre Büros unterhalten. Hier wie auch in der Hauptstadt Deutschlands kommt es zu schweren Verwüstungen mit zahlreichen Toten und vielen Verletzten.*

Es gibt jedoch auch positive Entwicklungen im Jahr 2008.

*Die persönliche Entwicklung des Einzelnen und seine Spiritualität gewinnen weiter an Bedeutung. Immer mehr Menschen werden Orientierung in geistigen Werten suchen, und diese in ihrem Leben auch umsetzen, und sich so von der bestehenden Gesellschaft abheben. Die persönliche Suche und Transformation spielen für weitaus mehr Menschen als in den vergangenen Jahren eine lebensentscheidende Rolle. Es wird im Jahr 2008 in der Hauptstadt Deutschlands ein religiöses Gebäude errichtet, das seinesgleichen sucht. Dabei handelt es sich um das Bauwerk einer Religionsgemeinschaft, die einen anderen Glauben vertritt, als die Einwohner des Landes* (möglicherweise ist hier der hinduistische Tempel gemeint, welcher in Berlin entsteht – der größte außerhalb Indiens, Anm. Th. R.). *Die Errichtung dieses Gebäudes führt auch dazu, dass sich die Menschen in Deutschland verstärkt ihren eigenen Traditionen zuwenden.*

**Prophezeiungen des Palmblattmanuskriptes für das Jahr 2009**

Im vergangenen Jahr 2008 bestätigten sich die Vorhersagen des Manuskriptes vor allem in Bezug auf die wirtschaftlichen Entwicklungen Europas und Nordamerikas.

So manifestierten sich die in den Prophezeiungen des Palmblattmanuskriptes vorhergesagten wirtschaftlichen und gesellschaftlichen Probleme (amerikanische Finanzkrise wird zu einer weltweiten Krise, Unruhen Deutschland, insbesondere Berlin – siehe dazu hier: http://www.youtube.com/watch?v=CCVKHnSz1yY sowie die Ausschreitungen von Athen) ebenso wie die Hilflosigkeit der Regierenden bei der Lösung dieser Probleme.

Glücklicherweise trafen die Vorhersagen bezüglich der für Deutschland geplanten Attentate nicht ein. Für die Zukunft Deutschlands und Europas heißt es in den bislang übersetzten Vorhersagen für das Jahr 2009:

*Die Belastungen der einfachen Menschen durch Steuern, Abgaben und andere Lasten, werden sowohl in Deutschland, und den anderen Ländern Europas im Jahr 2009 weiter zunehmen. Scheinbare Erleichterungen, welche die Regenten verheißen, erweisen sich rasch als Trug und Illusion. Diejenigen, die weltweit handeln, haben in der Vergangenheit glänzende Geschäfte gemacht, nun sehen sie, welchen Schaden ihre Gier verursacht. Doch sie werden aus ihren Fehlern nicht lernen, sondern weiter nach Belieben schalten und walten wollen, wie es ihnen gefällt. Dazu werden sie die Regenten der einzelnen Staaten erpressen, um Geld von ihnen zu erhalten, mit dem sie ihre Geschäfte weiter führen können. Denn sie betrachten die Menschen schon längst als ihre Sklaven. Ihre Fabriken und Handelshäuser werden sie dort schließen, wo sich Geschäfte für sie nicht mehr lohnen – das wird vor allem in Europa und in Nordamerika der Fall sein. Sie werden nur dort bauen, wo sie den Menschen möglichst wenig Lohn für deren Arbeit zahlen müssen, wo sie für das Land und seine Einwohner keine Verpflichtungen haben, und wo sie von den Herrschern der Länder große Geschenke erhalten, damit sie ihre Fabriken und Handelshäuser dort ansiedeln. Und sie werden so tun, als sei ihr Handeln nicht von ihrer eigenen Gier, sondern von Gesetzen geprägt, die der menschlichen Natur innewohnen, um so über ihre Fehler hinwegzutäuschen.*

*So wird es sich in der westlichen Welt im Jahr 2009 bemerkbar machen, dass es für immer mehr Menschen immer weniger geben wird, dass sie sich noch leisten können. Die meisten werden damit beschäftigt sein, ihre alltägliche Existenz zu sichern. Sie werden sich einschränken, und auf eine Verbesserung der Situation hoffen. Sie werden untätig sein, und die Dinge geschehen lassen. Das ist ihr Verderben. Doch es wird im Jahr 2009 zunächst so scheinen, als ob die Situation sich tatsächlich zum besseren wendet. Im Frühling und frühen Sommer wird es so aussehen, als ob das Schlimmste in der Wirtschaft überstanden ist, und Normalität wieder einkehrt. Doch das ist nur Schein. In der zweiten Hälfte des Jahres 2009 wird Auflösung beginnen, die Wirtschaft und Gesellschaft der westlichen Welt zu beherrschen. Doch die einfachen Menschen werden diesen Prozess nicht auf ihr Leben beziehen, sondern glauben, dass dies nur die Reichen, Spekulanten und Mächtigen betrifft. Sie werden noch mehr als sonst die Angebote der Einrichtungen annehmen, die im Westen „Medien" genannt werden, um sich zu zerstreuen und von ihrem Überlebenskampf abzulenken. Sie werden in der Musik, im Sport, im Fernsehen, in (Computer-) Spielen* (bei diesen Begriffen handelt es sich um Interpretationen der alt-tamilischen Beschreibungen – Anm. Th. R.), *billiger, die niederen Triebe des Menschen befriedigender Unterhaltung, in Sensationen und scheinbaren Abenteuern sich eine Ersatzrealität schaffen, die ihnen den harten Alltag erträglich macht. Die meisten werden sich ohnmächtig fühlen und Glück nur noch im Privaten und dem Familienkreis suchen. Andere, vor allem junge Menschen, werden ihrer Ohnmacht und ihrem Hass darüber mit Gewalt Ausdruck verleihen, die sich gegen Symbole der Mächtigen aber auch gegen Menschen richten wird. Zunehmend werden auch Gebäude sowie Vertreter und Mitarbeiter staatlicher Institutionen (Verwaltung, Justiz etc.) zur Zielscheibe der Gewalt.*

*Im Jahr 2009 wird die Aufmerksamkeit der Menschen durch die Manipulation der Medien vor allem auf ein politisches Ereignis gerichtet werden. Im ersten Monat des Jahres 2009 tritt in Nordamerika ein neuer Regent sein Amt an, der (wie bereits für 2008 vorhergesagt) bei den Wahlen im vergangenen Jahr gewann. An seiner Person hängen viele Hoffnungen. Die Menschen glauben, dass er die Situation zum Besseren wenden kann. Doch dies ist ein naiver Glaube. Der neue Regent ist ebenso wie seine Vorgänger von all denen abhängig, die ihm zur Macht verholfen haben, und er wird alles tun um deren Interessen zu dienen.*

*Die Gesellschaft wird auch im Jahr 2009 immer rascher zerfallen, in jene, die sich aufgrund ihres Einkommens das leisten können, was sie sich wünschen, und jene, für die eine Erfüllung ihrer Wünsche unerreichbar bleibt, weil sie von ge-*

*ringsten Einkommen leben müssen. Doch die Wünsche des Einzelnen werden keine wirklichen Bedürfnisse sein, sondern nur Schein, erzeugt von den Medien und denen, die produzieren lassen und handeln, um die Menschen abzuhalten von dem, was wirklich wichtig für ihre Entwicklung ist, und sie in den Fesseln der Materie zu binden.*

*Deutschland gehört zu einem System der Politik und Wirtschaft, in welches inzwischen die meisten Völker Europas eingebundne sind. Diese Gemeinschaft wurde ursprünglich von sechs europäischen Ländern gegründet, mit dem Ziel, die Lebensbedingungen der Menschen zu verbessern, den Handel zwischen den einzelnen Ländern zu beleben und die Wirtschaft zu fördern. Diese Gemeinschaft der europäischen Länder ist im Lauf der Zeit gewachsen und mächtiger geworden. Etliche Regenten aus Deutschland haben sich um die Stärkung dieser Union verdient gemacht. Im letzten Monat des Jahres 2007 westlicher Zeitrechnung sind die inneren Grenzen zwischen allen Mitgliedsländern abgeschafft worden.*

*Doch mit ihrer zunehmenden Größe wird es immer schwieriger, die Gemeinschaft zu lenken, und ihre Aufgaben der Erfordernisse der Menschen der einzelnen Länder dieser Gemeinschaft anzupassen. Die Gemeinschaft verselbständigt sich, wird zum Selbstzweck und dient nicht mehr länger den Menschen in den Ländern, die Mitglied dieser Gemeinschaft sind. Die Einrichtungen der Union, ihre Gesetze und ihre Macht dienen nur noch den wirtschaftlich und gesellschaftlich Mächtigen, die damit ihre Ziele durchsetzen. Seit dem Jahr 2008 westlicher Zeitrechnung stellen die neuen Mitglieder dieser Gemeinschaft, aus dem Osten Europas kommen, immer neue und höhere Forderungen stellen, die von den ursprünglichen Mitgliedsländern der Gemeinschaft nicht mehr erfüllt werden können. So ist ein Auseinanderbrechen der Gemeinschaft unvermeidlich. Es wird in den Jahren des allgemeinen wirtschaftlichen und gesellschaftlichen Verfalls – 2010 bis 2017 nach westlicher Zeitrechnung – erfolgen.*

*So wie es im Jahr 2008 nach westlichem Kalender in den großen Städten Europas zu Protesten der einfachen Menschen gegen die Politik der Regierung und gegen die wirtschaftlich Mächtigen kam, wird es auch 2009 geschehen. Doch nun werden diese Proteste keine Auswirkungen mehr auf die Handlungen der Regenten haben. Die Forderungen und Argumente der Protestierenden werden zerredet und der Lächerlichkeit preisgegeben. Die Regenten werden immer strengere Gesetze gegen jene erlassen, die es wagen, sich aufzulehnen. Die Mächtigen hinter den Regenten werden dafür sorgen, dass in der Öffentlichkeit die wahre Lage weiter verschleiert wird, wenn ihnen dies auch immer weniger gelingt.*

*Vor allem in der 2. Hälfte des Jahres 2009 wird sich eine weitere Verschärfung der im Jahr 2007 begonnenen wirtschaftliche Entwicklungen abzeichnen, die bis zum Jahr 2012 zu einer schweren finanziellen Krise insbesondere des US-Dollars führen wird. Sowohl der US-Dollar als auch der Euro werden weiter extrem an Wert verlieren. Teuerungen, weitere Bankenzusammenbrüche und Verlust von Erspartem wird viele Menschen in den USA, aber auch in Deutschland und seinen Nachbarländern betreffen. Dennoch wird diese Tendenz von den wirtschaftlich und gesellschaftlich Mächtigen verschleiert, obwohl für sie dieser Zusammenbruch seit dem Jahr 2008 bereits Gewissheit ist. Von den zunehmenden Problemen werde die Länder des englischsprachigen Kulturkreises (Großbritannien, USA, Australien) jedoch wesentlich stärker betroffen sein, als der deutschsprachige Kulturraum.*

*Mit Hilfe der Medien wird es ihnen jedoch gelingen, ein verfälschtes Bild der wirklichen Lage zu zeichnen, und die Menschen gegeneinander auszuspielen. Die Fallstricke der Materie sind vielfältig und die Mächtigen wissen sich dieser zu bedienen, um ihre Macht zu sichern. In Wirklichkeit wissen die Mächtigen um den wahren Zustand in Europa und auch Amerika, und sind entschlossen, auch von dieser Entwicklung zu profitieren. So haben sie sich in den vergangenen Jahren weltweit den Besitz von Ressourcen wie Land, Bodenschätze und vor allem Wasser gesichert. Auf diese Weise hoffen sie, für die kommenden Krisen gerüstet zu sein.*

*Menschen, die sich gegen die Mächtigen äußern oder alternative Ideen einer gerechteren Gesellschaft leben und propagieren , werden herabgewürdigt, ihrer Existenz beraubt oder als Verbrecher dargestellt und verurteilt. Dies betrifft im Jahr 2009 vor allem jene, die sich mit ernsthaften Alternativen zu dem bestehenden Gesellschaftssystem befassen, und es wagen, die Frage nach der Richtigkeit und Gerechtigkeit der Handlungen der Regenten und der Mächtigen zu stellen.*

*Die Situation in der Gesellschaft spitzt sich in der zweiten Hälfte des Jahres 2009 nach westlichem Kalender zu. Gewalt und Unsicherheit werden in vielen großen Städten Europas zur Normalität, vor allem in jenen Vierteln, wo die Probleme am größten sind. Von den Medien aber werden Demonstrationen und Gewaltakte wie bereits in den letzten Jahren, weitgehend totgeschwiegen.*

*Im dritten Monat des Jahres 2009 besteht Kriegsgefahr auf dem Balkan. Ein Gebiet, welches bis zum Februar 2008 dort zu einem souveränen Land gehörte, hatte seine Eigenständigkeit erklärt. Diese Erklärung sorgte für erhebliche Unruhe und gewaltsame Auseinandersetzungen in dieser Region. Das neue kleine*

*Land wird in den folgenden Jahren ein ständiger Unruheherd sein, und eine Region, in der stellvertretend für andere Länder in Europa, Konflikte ausgetragen werden. Zwischen den Ländern Westeuropas und Russland wird die Unabhängigkeitserklärung dieses Landes für erhebliche Spannungen in Politik und Wirtschaft sorgen. Neue kriegerische Auseinandersetzungen drohen. Zwischen Amerika, den Ländern Europas auf der einen Seite und Russland auf der anderen Seite wird es zu Spannungen kommen, die ihren Grund in der Situation auf dem Balkan haben. Der scheinbar beendete Konflikt zwischen den Ländern dieses Gebietes von Europa ist nicht ausgestanden, und wird zu neuen bewaffneten Auseinandersetzungen ab dem dritten Monat des Jahres 2009 führen. Russland wird in dieser Zeit durch konsequente Regenten geführt, die Verbündete des russischen Regenten sind, der im Frühling des Jahres 2008 seine Macht offiziell abgab, aber weiter sehr einflussreich ist*

*Vor allem aber wird Mittel- und Westeuropa unter den gewaltigen Einwanderungsbewegungen zu leiden haben, welche ihre Ursache in der Erweiterung der Gemeinschaft der Länder Europas und im Wegfall der nationalen Grenzen haben. Der wirkliche Grund dafür aber sind die Kriege in anderen Weltgegenden, vor allem in Afrika und Asien. Die europäischen Sozialsysteme werden mit der Integration von Millionen Flüchtlingen überfordert sein, so dass die Infrastruktur Europas in den Jahren zwischen 2008 und 2012 ihre Belastungsgrenze erreicht. Dies trifft nicht nur für Deutschland, sondern auch für die zentraleuropäischen Nachbarstaaten zu. Lediglich in Nordeuropa werden die Auswirkungen der Einwanderungsbewegung geringer sein. Allerdings wird es im Jahr 2009 auch in den großen Städten dieser Staaten gewaltsame Unruhen geben, die von Menschen ausgehen, die sich von der Gesellschaft verraten und im Stich gelassen fühlen.*

*In Europa sind vor allem Skandinavien, Italien, Spanien, Griechenland und Frankreich in dieser Zeit von inneren Unruhen betroffen, die insbesondere in den Großstädten ausgetragen werden. In Städten Osteuropas wird es ebenfalls im zweiten Halbjahr 2009 Unruhen geben, die soziale Hintergründe haben. Aber auch in Deutschland wird es ab dem Sommer 2010 zu gewalttätigen Unruhen vor allem in Berlin, München, Frankfurt/Main, Hamburg, dem Rheinland und dem Ruhrgebiet kommen.*

*Diese Entwicklungen führen dazu, dass die Mächtigen durch weitere Gesetze noch mehr Einschränkungen der Freiheiten des einzelnen Menschen durchsetzen. Bereits seit dem Frühsommer 2008 ist die komplette Überwachung jeder Hand-*

*lung einer Person technisch möglich. Die Regenten werden betonen, dass die Überwachungsgesetze im Interesse des Volkes und zu seinem Schutz erlassen werden. Sie werden sagen, dass sich die Überwachung nur gegen die Feinde des Landes richtet, welche die Menschen mit Gewalt bedrohen. In Wirklichkeit dienen diese Gesetze und die angestrebte komplette Überwachung der Menschen aber nur dazu, um Unruhen und Revolten in den Zeiten des wirtschaftlichen Zusammenbruchs vorzubeugen.*

*Im ersten Monat des Jahres 2009 nach westlicher Zeitrechnung wird ein neuer Regent in den USA zur Macht kommen. Doch dieser Machtwechsel ist nur scheinbar, denn sowohl die bislang Regierenden als auch ihre Nachfolger sind nur die Ausführenden der Beschlüsse der wahrhaft Mächtigen der Welt. Die Taten der neuen Regenten werden nicht besser sein als die der vorangegangen Herrscher. Sie werden den Menschen vor ihrem Machtantritt ebenfalls vieles versprechen, das sie nicht halten können und auch nicht halten wollen. Den Krieg in Arabien (Irak – Anm. Thomas Ritter), den ihr Vorgänger begonnen hat, werden auch sie nicht beenden können. Dieser Kampf wird noch lange Jahre dauern, doch es ist kein Krieg für Freiheit und Gerechtigkeit, sondern um Rohstoffe und Land, um den Einfluss der USA in dem Gebiet, in dem sich der Irak befinde, auszuweiten. Doch die USA werden diesen Krieg nicht gewinnen können. Sie haben Jahrzehnte vorher bereits in einem anderen Land eine ähnlich vernichtende Niederlage erlitten, wie sie ihnen im Irak bevorsteht. Sie werden jedoch versuchen, ihre Verbündeten in diesen Kampf mit hinein zu ziehen. Auch Deutschland soll im Jahr 2009 mehr seiner Soldaten nach Arabien senden.*

*Die Mächtigen hinter den Regenten der westlichen Welt planten bereits für das Jahr 2005 das Nachbarland Iran ebenfalls zu erobern, schreckten aber vor den möglichen Waffen, die der Iran einsetzen könnte, zurück. Diese Waffen sind denen, welche die Amerikaner einsetzen können, in ihrer tödlichen Wirkung ebenbürtig. Daher errichten die USA zunächst in den meisten Nachbarländern des Iran Stützpunkte, um das Land auf diese Weise von allen Seiten bedrohen zu können. Im 6. Monat des Jahres 2005 westlicher Zeitrechnung kam dann ein Mann im Iran überraschend an die Macht, der den Amerikanern ein Dorn im Auge ist. Dieser Mann ist jedoch ein kluger Politiker, der verhindern konnte, dass der amerikanische Angriff auf den Iran im Jahr 2005 stattfindet. Der Regent der USA verschob den Angriff auf das darauf folgende Jahr. Doch auch 2008 wichen die amerikanischen Truppen einer direkten Konfrontation mit dem Heer des Iran aus. Auch im Jahr 2009 wird kein direkter Angriff auf den Iran stattfinden. Die Mächtigen haben ihre Pläne angesichts der starken iranischen Armee und des Rückhaltes, den der iranische Regent im Volk genießt, geändert. Sie planen in den Jahren 2008 und 2009 eine Allianz gegen ihn im eignen Land zu schaffen. Der iranische Regent soll auf diese Weise entmachtet werden. Statt seiner sollen jene an die Macht gelangen, welche bereit sind, ihr Land an die Interessen der Mächtigen zu verkaufen. Intrigen zur Entmachtung des iranischen Regenten wird es auch im Jahr 2008 mehrere geben. Sie werden keinen Erfolg haben.*

*Der neue Regent Amerikas wird ebenfalls versuchen, seine Macht in Asien weiter auszudehnen, und vor allem China, Russland und Indien gegeneinander auszuspielen. Bereits 2008 hatte einer seiner Vasallen einen Angriff gegen Russland versucht, dabei aber eine Niederlage erlitten. Mit weiteren militärischen Operationen und Kriegszügen im Frühling und Sommer 2009 soll versucht werden, Russland in Mittelasien in die Defensive zu drängen. Auch zwischen Indien und Pakistan verschärft sich 2009 die Lage weiter.*

*Im Verlauf des Jahres 2009 werden weltweit, jedoch vor allem in Südeuropa und den USA neue, bislang noch nicht bekannte Krankheiten, Menschen und Tiere heimsuchen. Ursache dieser Krankheiten sind die weltweiten Veränderungen des Klimas. Im 14. und 15. Jahrhundert nach westlicher Zeitrechnung erlebte Europa eine Zeit großer Kälte, die nun allmählich von einem wärmeren Klima abgelöst wird. Dies ist der eigentliche Grund für das Ansteigen der Temperaturen. Dabei verändert sich das Klima so, dass Europa trockenere und wärmere Sommer, aber auch trockenere Winter erleben wird, während in Asien sich ein feuchteres Klima durchsetzt, dort also die Menge des Regens in den kommenden Jahren noch zunehmen wird. Gleiches gilt für die Regionen Mittel- und Südamerikas sowie des Ostens der USA. Auch dort wird es in den nächsten Jahren zu verstärkten Regenfällen kommen, während im Westen und Süden der USA Trockenheit und Dürre das Klima bestimmen. Dies führt zu ausgedehnten Bränden. In Europa und Nordamerika treten seit auch 2008 verstärkt bis dahin unbekannte Wetterphänomene wie Wirbelstürme und Starkregen auf. Diese Phänomene und auch die neuen Krankheitsbilder sind das Resultat von Experimenten, welche von einigen Nationen, darunter den USA, mit dem Klima veranstaltet werden* (sind hier HAARP oder auch die Chemtrails gemeint? – Anm. Thomas Ritter).

*Deutschland soll von terroristischen Angriffen nicht verschont bleiben. Die für 2008 vorhergesagten Angriffe wurden zwar nicht ausgeführt, da es unter den Attentätern Streit und Machtkämpfe gab. Dennoch soll es im Herbst des Jahres 2009, in der zweiten Woche des zehnten Monats in zwei großen Städten*

*Deutschlands Attentate geben, in der Hauptstadt des Landes und in der Stadt, die als Hauptstadt des Geldhandels gilt* (Berlin und Frankfurt / Main – Anm. Th. R.). *In der Hauptstadt werden öffentliche Verkehrsmittel das Ziel der Angriffe sein. Es wird an sechs verschiedenen Stellen Explosionen unter der Erde geben. Das gesamte öffentliche Leben wird lahm gelegt werden. Eine Explosion ereignet sich in unmittelbarer Nähe des Regierungsviertels, eine weitere an einem Platz, der in den vergangenen Jahren zum neuen Zentrum der Hauptstadt wurde* (möglicherweise der Potsdamer Platz – Anm. Th, R.).

*In der Hauptstadt des Geldhandels wird es auch Angriffe auf öffentliche Verkehrsmittel geben. Hier finden jedoch nur vier Explosionen im Untergrund statt. Dafür explodieren Sprengsätze in zwei verschiedenen großen Gebäuden, in denen Banken ihre Büros unterhalten. Hier wie auch in der Hauptstadt Deutschlands kommt es zu schweren Verwüstungen mit zahlreichen Toten und vielen Verletzten.*

Dieses Zeitfenster besteht für Attentate im Jahr 2009. Es bleibt zu hoffen, dass diese Vorhersage nicht in Erfüllung geht.

Auch im Jahr 2009 wird es positive Entwicklungen geben.

*Die bewusste Entscheidung des Einzelnen für seine eigene Entwicklung und seine Spiritualität gewinnt an Bedeutung. Immer mehr Menschen werden Orientierung in geistigen Werten suchen, und diese in ihrem Leben auch umsetzen, um sich so von der bestehenden Gesellschaft abzuheben. Die persönliche Suche und Transformation spielen für weitaus mehr Menschen als in den vergangenen Jahren eine lebensentscheidende Rolle. Aus dieser Suche heraus entstehen Verbindungen unter den Suchenden, die zur Vorbereitung einer neuen Gesellschaft, geistig ausgerichteten Gesellschaft dienen werden. Diese persönlichen Verbindungen werden vielen Menschen in den kommenden Jahren der Wendezeit auch von großem persönlichen Nutzen im Alltagsleben sein.*

*Was im vergangenen Jahr 2008 den Menschen bewusst geworden ist - die „Ent-Täuschung" von den Fallen des Maya und der Materie, verlangt 2009 nach Erneuerungen. Dieser Erneuerungsprozess wird alle Lebensbereiche umfassen. So werden etwa neue Berufe und neue Formen des menschlichen Zusammenlebens entstehen und erprobt werden. Die ersten Monate des neuen Jahres werden relativ ruhig verlaufen, da in diesem Zeitraum ein Prozess des Rückzuges und Überdenkens im Gange ist. In der zweiten Jahreshälfte besteht dann die Möglichkeit, mit dieser in der Stille angesammelten Kraft wahrhaft große Umwälzungen zu bewirken. Allerdings geht hiermit die Gefahr einher, dass materieller, egobezogner Ehrgeiz die Oberhand gewinnt, was sich – wie bereits beschrieben - in zunehmender Aggression und Zerstörung äußert.*

## Prophezeiungen des Palmblattmanuskriptes für das Jahr 2010

Im Jahr 2009 haben sich die Vorhersagen des Manuskriptes vor allem in Bezug auf die wirtschaftlichen Entwicklungen Europas und Nordamerikas sowie des Auftretens neuer Krankheiten in den USA und Europa bestätigt.

Bei dieser neuen „Krankheit", der „Schweinegrippe" handelt es sich um den Versuch einer provozierten Pandemie, welche einigen wenigen Unternehmen sagenhafte Gewinne bescheren sollte. Dieser Versuch wird auch 2010 nicht gelingen.

Die in den Prophezeiungen des Palmblattmanuskriptes vorhergesagten wirtschaftlichen und gesellschaftlichen Probleme (amerikanische Finanzkrise wird zu einer weltweiten Krise, Unruhen in Deutschland sowie die Ausschreitungen von Athen) ebenso wie die Hilflosigkeit der Regierenden bei der Lösung dieser Probleme.

Die Vorhersagen in Bezug auf die für Deutschland geplanten Attentate sind jedoch 2009 nicht eingetroffen. Für die Zukunft Deutschlands und Europas heißt es in den bislang übersetzten Vorhersagen für das Jahr 2010:

*Kosmische Ereignisse verheißen Zerfall des Alten, Not, Unheil, aber auch Transformation. Vor allem die seltene Sonnenfinsternis im ersten Monat des Jahres 2010 und eine weitere Sonnenfinsternis im siebten Monat deuten im Zusammenhang mit der dreifachen Konjunktion von Jupiter und Uranus auf tief greifende Umwälzungen und die Bedeutung des Jahres 2010 als Jahr der Entscheidung hin.*

*Dieses Jahr wird ein sehr schweres Jahr für die Menschen der westlichen Welt. Sie werden im materiellen Bereich vieles verlieren, dass sie als gewohnt und selbstverständlich betrachteten. Die Belastungen der einfachen Menschen durch Steuern, Abgaben und andere Lasten, werden in Deutschland und den anderen Ländern Europas im Jahr 2010 sehr stark zunehmen. Insbesondere im Bereich der*

*Gesundheitsvorsorge und -erhaltung, aber auch bei der Versorgung mit Nahrungsmitteln und Dingen, die jeder Mensch täglich braucht, wird es zu erheblichen Teuerungen kommen. Die von den Regenten im vergangenen Jahr verheißenen Erleichterungen erweisen sich jetzt als Trug. Bei staatlichen Versorgungen, Renten und Pensionen wird es zu Kürzungen kommen.*

*Diejenigen, die weltweit handeln, erkennen, welchen Schaden ihre Gier verursacht. Doch sie haben aus ihren Fehlern nicht gelernt, sondern wollen nach wie vor nach Belieben schalten und walten, wie es ihnen gefällt. Sie werden die Regenten der einzelnen Staaten gegeneinander ausspielen, um auch weiterhin Geld von ihnen zu erhalten, mit dem sie ihre Geschäfte weiter führen können. Viele Fabriken und Handelshäuser werden in Europa und Nordamerika im Jahr 2010 schließen. Das wird nicht nur international tätige Konzerne treffen, sondern immer mehr auch Unternehmen, die in ihrer Region verwurzelt sind und dort bislang für Arbeit sorgten.*

*Auch die Regenten der Länder in Europa und Nordamerika werden immer weniger in der Lage sein, ihren Verpflichtungen nachzukommen. Öffentliche Einrichtungen, Verkehrsverbindungen aber auch die Versorgung Bedürftiger werden darunter erheblich leiden. Zunächst in den USA, dann aber auch in immer mehr Staaten Europas werden die Regenten dazu übergehen, die Hilfeleistungen für Bedürftige nicht mehr in Geld, sondern nur noch gegen Bezugsscheine zu leisten.*

*Diejenigen, welche für die Probleme eigentlich verantwortlich sind, werden sich geschickt aus der Verantwortung zu stehlen wissen, und dafür sorgen, dass sie, ihre Familien und ihr Reichtum geschützt werden. Sie werden so tun, als sei ihr Handeln nicht von ihrer eigenen Gier, sondern von Gesetzen geprägt, die der menschlichen Natur innewohnen, um so über ihre Fehler hinwegzutäuschen. Die Mächtigen hinter den Kulissen werden sich im Jahr 2010 immer stärker aus der Öffentlichkeit und in für sie sichere Gebiete zurückziehen. Dazu gehören Länder wie die Schweiz, Neuseeland, Teile Österreichs und Gebiete Südamerikas wie Chile, Paraguay und Uruguay.*

*Die meisten Menschen in der westlichen Welt werden indessen vor allem damit beschäftigt sein, ihre alltägliche Existenz zu sichern. Sie werden sich weiter einschränken, und auf eine Besserung der Situation hoffen. Sie werden jedoch überwiegend untätig sein, die Dinge geschehen lassen und abwarten. Das ist ihr Verderben. Obwohl die Regenten und die Verantwortlichen in der Wirtschaft behaupten, dass das Schlimmste überstanden sei, wird 2010 keine Normalität einkehren. In der ersten Hälfte des Jahres 2010 werden die Zeichen der Auflösung für jedermann sichtbar, und beginnen, die Wirtschaft und Gesellschaft der westlichen Welt zu beherrschen. Die einfachen Menschen werden nun erkennen, dass dieser Prozess auch ihre Existenz betrifft, und nicht nur eine Strafe für die Reichen, Spekulanten und Mächtigen ist. Da aber noch keine funktionierende Alternative zu dem System existiert, in dem sie leben, werden sie versuchen, die Augen vor der Wirklichkeit zu verschließen. Sie werden in den Angeboten der Einrichtungen, die in der westlichen Welt als "Medien" bezeichnet werden, Möglichkeiten suchen, um sich zu zerstreuen und von ihrem Überlebenskampf abzulenken. Sie werden in der Musik, im Sport, im Fernsehen, in (Computer-) Spielen (bei diesen Begriffen handelt es sich um Interpretationen der alt-tamilischen Beschreibungen - Anm. Th. R.), billiger, die niederen Triebe des Menschen befriedigender Unterhaltung, in Sensationen und scheinbaren Abenteuern sich eine Ersatzrealität schaffen, die ihnen den harten Alltag erträglich macht.*

*Vor allem ältere Menschen fühlen sich ohnmächtig. Sie suchen Glück nur noch im Privaten und dem Familienkreis. Junge Menschen hingegen werden ihrer Ohnmacht und ihrem Hass darüber mit Gewalt Ausdruck verleihen, die sich gegen Symbole der Mächtigen, aber auch gegen Menschen richten wird. Im Jahr 2010 werden auch Einrichtungen sowie Vertreter und Mitarbeiter staatlicher Institutionen (Verwaltung, Justiz, Polizei etc.) immer öfter zur Zielscheibe von Gewalt.*

*Im Jahr 2010 wird die Aufmerksamkeit der Menschen durch die Manipulation der Medien vor allem auf sportliche Ereignisse gerichtet werden. Vor allem im sechsten und zu Beginn des siebten Monats 2010 wird der Sport alle Schlagzeilen beherrschen. Mit Berichten über ein sportliches Ereignis im Süden Afrikas, an dem die ganze Welt teilhat, sollten die Menschen von ihren Problemen abgelenkt werden. Doch dieser Plan der Mächtigen wird nicht aufgehen. Die Wettkämpfe werden bereits im Vorfeld und auch während ihrer Durchführung von schweren, gewaltsamen Unruhen überschattet, mit denen die Armen auf ihre Situation aufmerksam machen wollen. Diese Proteste werden eine überaus scharfe Reaktion der Mächtigen nach sich ziehen, welche ihre wahren Absichten verrät.*

*Der Regent Nordamerikas verliert im Jahr 2010 immer mehr an Respekt und an Anhängerschaft. An seiner Person hängen viele Hoffnungen. Die Menschen haben seinen Versprechen geglaubt, dass er die Situation zum Besseren wenden kann. Doch dies war naiv. Denn der Regent ist ebenso wie seine Vorgänger von all denen abhängig, die ihm zur Macht verholfen haben, und er wird alles tun um deren Interessen zu dienen. Der Vertrauensverlust in seine Regentschaft wird er im 11. Monat des Jahres 2010 sehr hart zu spüren bekommen, wenn in den einzelnen Regionen seines Landes neue lokale Regenten gewählt werden. Diese Wahl wird seine Herrschaft sowohl im Innern als auch nach außen nachhaltig schwächen.*

*Die Gesellschaft der westlichen Welt zerfällt Jahr 2010 in jene, die sich aufgrund ihres Einkommens das leisten können, was sie sich wünschen, und jene, für die eine Erfüllung ihrer Wünsche unerreichbar bleibt, weil sie von geringen Einkommen oder staatlichen Zuwendungen existieren müssen. Doch die Wünsche des Einzelnen werden keine wirklichen Bedürfnisse sein, sondern nur Schein, erzeugt von den Medien und denen, die produzieren lassen und handeln, um die Menschen abzuhalten von dem, was wirklich wichtig für ihre Entwicklung ist, und sie in den Fesseln der Materie zu binden.*

*Deutschland gehört zu einem System der Politik und Wirtschaft, in welches die meisten Völker Europas eingebunden sind. Diese Gemeinschaft wurde ursprünglich von sechs europäischen Ländern gegründet, mit dem Ziel, die Lebensbedingungen der Menschen zu verbessern, den Handel zwischen den einzelnen Ländern zu beleben und die Wirtschaft zu fördern. Diese Gemeinschaft der europäischen Länder ist im Lauf der Zeit gewachsen und mächtiger geworden. Etliche Regenten aus Deutschland haben sich um die Stärkung dieser Union verdient gemacht. Im letzten Monat des Jahres 2007 westlicher Zeitrechnung sind die inneren Grenzen zwischen allen Mitgliedsländern abgeschafft worden.*

*Doch mit ihrer zunehmenden Größe wird es immer schwieriger, die Gemeinschaft zu lenken, und ihre Aufgaben den Erfordernissen der Menschen der einzelnen Länder dieser Gemeinschaft anzupassen. Die Gemeinschaft verselbständigt sich, wird zum Selbstzweck und dient nicht mehr länger den Menschen in den Ländern, die Mitglied dieser Gemeinschaft sind. Die Einrichtungen der Union, ihre Gesetze und ihre Macht dienen nur noch den wirtschaftlich und gesellschaftlich Mächtigen, die damit ihre Ziele durchsetzen. Seit dem Jahr 2008 westlicher Zeitrechnung stellen die neuen Mitglieder dieser Gemeinschaft, die aus dem Osten Europas kommen, immer neue und höhere Forderungen, die von den ursprünglichen Mitgliedsländern der Gemeinschaft nicht mehr erfüllt werden können. Im Jahr 2010 wird es offensichtlich, dass diese Forderungen nicht mehr erfüllt werden können.*

*Auch andere Mitgliedsländer der Union werden in den Jahren 2010 und 2011 in massive finanzielle Schwierigkeiten geraten, so auch das Land, welches in der ersten Hälfte des Jahres 2010 den Vorsitz über die Union hat* (Spanien, Anm. Th. Ritter). *Andere Länder aus dem Süden Europas* (Griechenland, Italien - Anm. Th. Ritter) *und aus dem äußersten Westen der Union* (vielleicht Irland oder Portugal – Anm. Th. Ritter) *werden ihren Verpflichtungen nicht mehr nachkommen können, und auf die Hilfe der anderen Unionsstaaten angewiesen sein. Diese Situation wird vor allem für die Menschen in Österreich und Deutschland zu einer schweren Bürde, da sie nach dem Willen der Regenten die finanziellen Hauptlasten des Ausgleichs tragen sollen. Dies wird in den Ländern zu verstärkten sozialen Spannungen führen. So ist ein Auseinanderbrechen der Gemeinschaft unvermeidlich. Es wird in den Jahren des allgemeinen wirtschaftlichen und gesellschaftlichen Verfalls - 2010 bis 2017 nach westlicher Zeitrechnung – erfolgen.*

*So wie es im Jahr 2009 nach westlichem Kalender in den großen Städten Europas zu Protesten der einfachen Menschen gegen die Politik der Regierung und gegen die wirtschaftlich Mächtigen kam, wird es auch 2010 geschehen. Doch diese Proteste werden keine Auswirkungen mehr auf die Handlungen der Regenten haben. Die Regenten werden immer strengere Gesetze gegen jene erlassen, die es wagen, sich aufzulehnen. Die Mächtigen hinter den Regenten werden dafür sorgen, dass in der Öffentlichkeit die wahre Lage weiter verschleiert wird, wenn ihnen dies auch immer weniger gelingt.*

*Ab der 1. Hälfte des Jahres 2010 wird sich eine erhebliche Verschärfung der im Jahr 2007 begonnenen wirtschaftliche Entwicklungen abzeichnen, die bis zum Jahr 2012 zu einer schweren finanziellen Krise insbesondere des US-Dollars führen wird. Vor allem der US-Dollar, aber auch der Euro werden weiter extrem an Wert verlieren. Teuerungen, weitere Bankenzusammenbrüche und Verlust von Erspartem wird viele Menschen in den USA, aber auch in Deutschland und seinen Nachbarländern betreffen. Dennoch wird diese Tendenz von den wirtschaftlich und gesellschaftlich Mächtigen verschleiert, obwohl für sie dieser Zusammenbruch seit dem Jahr 2008 bereits Gewissheit ist. Von diesen Problemen werden die Länder des englischsprachigen Kulturkreises (Großbritannien, USA, Australien) jedoch wesentlich stärker betroffen sein, als der deutschsprachige Kulturraum.*

*Nur der Schweiz wird es gelingen, mit konsequenten Entscheidungen sowohl die Wirtschaft als auch ihre Gesellschaft zu stabilisieren. Dieses Land wird daher in den Jahren 2010 bis 2015 für viele Menschen zum Vorbild und auch zum Zufluchtsort werden. Diese vermehrte Zuwanderung wird jedoch von der*

*Schweiz mit drastischen Mitteln begrenzt. Diese Maßnahmen führen zu starken Spannungen zwischen Zuwanderern und Einheimischen, welche in den großen Städten ab dem Jahr 2011 auch zu gewalttätigen Auseinandersetzungen führen. Im Jahr 2010 soll eine neue Version der Währung des Landes eingeführt werden, die jedoch bei der Bevölkerung auf Misstrauen stößt, da die Menschen befürchten, dass hiermit eine Abwertung ihres Geldes in großem Stil beginnen soll.*

*Mit Hilfe der Medien wird es den Mächtigen auch 2010 noch gelingen, ein verfälschtes Bild der Wirklichkeit zu zeichnen, und die Menschen gegeneinander auszuspielen. Die Fallstricke der Materie sind vielfältig und die Mächtigen wissen sich dieser zu bedienen, um ihre Macht zu sichern. Die Mächtigen wissen um den wahren Zustand in Europa und auch Amerika, und sind entschlossen, von dieser Entwicklung zu profitieren. Sie haben sich in den vergangenen Jahren weltweit den Besitz von Ressourcen wie Land, Bodenschätze und vor allem Wasser gesichert. Auf diese Weise hoffen sie, für die kommenden Krisen gerüstet zu sein. In einem Inselarchipel der Südsee existiert ein geheimer Zufluchtsort, von dem nur wenige Eingeweihte wissen. Er soll ihre letzte Zuflucht sein, wenn die Lage in der westlichen Welt unkontrollierbar wird.*

*Menschen, die sich gegen die Mächtigen äußern oder alternative Ideen einer gerechteren Gesellschaft leben und propagieren , werden ihrer Existenz beraubt oder als Verbrecher dargestellt und verurteilt. Dies betrifft im Jahr 2010 vor allem jene, die sich aktiv mit dem Aufbau einer neuen Gesellschaft befassen, und es wagen, die Frage nach der Richtigkeit und Gerechtigkeit der Handlungen der Regenten und der Mächtigen zu stellen.*

*Die Situation in der Gesellschaft spitzt sich in der ersten Hälfte des Jahres 2010 nach westlichem Kalender weiter erheblich zu. Dazu tragen Firmenzusammenbrüche, vermehrte Arbeitslosigkeit, sowie kulturelle und religiöse Auseinandersetzungen stark bei. Gewalt und Unsicherheit werden in vielen großen Städten Europas zur Normalität, vor allem in jenen Vierteln, wo die Probleme am größten sind. Von den Medien aber werden Demonstrationen und Gewaltakte weiter verschleiert.*

*Im 11. Monat des Jahres 2010 besteht Kriegsgefahr zwischen Indien und Pakistan. Ein Gebiet, welches von beiden Staaten beansprucht wird (Kashmir – Anm. Th. Ritter), sorgt für Spannungen. Bei Verhandlungen über eine Lösung für die Grenzstreitigkeiten kommt es zu einem Attentat auf hohe Würdenträger beider Staaten. In der Folge brechen Kämpfe zwischen Pakistan und Indien aus, welche von anderen Staaten (USA, aber auch Afghanistan) geschürt werden.*

*Diese Kampfhandlungen können sich im Jahr 2011 weiter ausweiten und für längere Zeit den Frieden in dieser Region nachhaltig bedrohen. Zwischen Amerika, den Ländern Europas auf der einen Seite und Russland und China auf der anderen Seite wird es zu Spannungen kommen, die ihren Grund in diesen Kämpfen haben. Der Westen ist uneins in seiner Vorgehensweise. Viele Bemühungen zur Befriedung der Region werden scheitern.*

*Vor allem aber leiden Mittel- und Westeuropa 2010 und 2011 unter den gewaltigen Einwanderungsbewegungen, welche ihre Ursache in der Erweiterung der Gemeinschaft der Länder Europas und im Wegfall der nationalen Grenzen haben. Der wirkliche Grund dafür sind die wirtschaftlichen Probleme in den ärmeren Ländern der Union und die Kriege in anderen Weltgegenden, vor allem in Afrika und Asien. Die europäischen Sozialsysteme werden mit der Integration von Millionen Flüchtlingen überfordert sein, so dass die Infrastruktur Europas bis 2012 ihre Belastungsgrenze erreicht. Dies trifft nicht nur für Deutschland, sondern auch für die zentraleuropäischen Nachbarstaaten zu. Lediglich in Nordeuropa werden die Auswirkungen der Einwanderungsbewegung geringer sein. Auch im Jahr 2010 wird es in den großen Städten dieser Staaten gewaltsame Unruhen geben, die von Menschen ausgehen, die sich von der Gesellschaft verraten fühlen.*

*In Europa werden vor allem Skandinavien, Italien, Spanien, Griechenland und Frankreich in dieser Zeit von inneren Unruhen betroffen sein, die überwiegend in Großstädten ausgetragen werden. In den Städten Osteuropas wird es ebenfalls in den Wintermonaten des Jahres 2010 Unruhen geben, die vor allem aus der mangelnden Versorgung mit Energie und Brennstoff herrühren. Aber auch in Deutschland wird es ab dem Sommer 2010 zu gewalttätigen Unruhen vor allem in Berlin, München, Frankfurt/Main, Hamburg, dem Rheinland und dem Ruhrgebiet kommen.*

*Diese Entwicklungen führen dazu, dass die Mächtigen durch weitere Gesetze noch mehr Einschränkungen der Freiheiten des einzelnen Menschen durchsetzen. Bereits seit dem Frühsommer 2008 ist die komplette Überwachung jeder Handlung einer Person technisch möglich. Die Regenten werden betonen, dass die Überwachungsgesetze im Interesse des Volkes und zu seinem Schutz erlassen werden. Sie werden sagen, dass sich die Überwachung nur gegen die Feinde des Landes richtet, welche die Menschen mit Gewalt bedrohen. In Wirklichkeit dienen diese Gesetze und die angestrebte komplette Überwachung der Menschen aber nur dazu, um Unruhen und Revolten in den Zeiten des wirtschaftlichen Zu-*

*sammenbruchs vorzubeugen. Ab dem 11. Monat des Jahres 2010 werden alle Menschen in Deutschland mit einem neuen Identifikationsdokument versehen, welches eine permanente Überwachung der Betroffenen ermöglichen wird.*

*Der Regent der USA wird offiziell als Friedensbringer gefeiert werden, doch in Wirklichkeit ist auch er nur ein Ausführender der Beschlüsse der wahrhaft Mächtigen dieser Welt. Seine Taten sind nicht besser als die der vorangegangen Herrscher. Er hat den Menschen vor seinem Machtantritt vieles versprochen, das er nicht halten kann und auch nicht halten will. Den Krieg in Arabien* (Irak und Afghanistan – Anm. Thomas Ritter)*, den sein Vorgänger begonnen hat, wird er entgegen seiner Beteuerungen nicht beenden. Diese Kämpfe werden noch zahlreiche Jahre dauern. Doch es ist kein Krieg für Freiheit und Gerechtigkeit, sondern um Rohstoffe und Land, um den Einfluss der USA in dem Teil der Welt, in dem sich Afghanistan und der Irak befinden, auszuweiten. Doch die USA werden diesen Krieg nicht gewinnen können. Sie haben Jahrzehnte vorher bereits in einem anderen Land eine ähnlich vernichtende Niederlage erlitten, wie sie ihnen in Afghanistan und dem Irak bevorsteht. Sie werden jedoch ihre Verbündeten in diesen Kampf hineinziehen. Auch Deutschland wird im Jahr 2010 mehr Soldaten nach Arabien senden. Viele von ihnen werden dort in den kommenden Jahren einen sinnlosen Tod sterben.*

*Die Mächtigen hinter den Regenten der westlichen Welt planten bereits für das Jahr 2005 das Nachbarland Iran ebenfalls zu erobern, schreckten aber vor den möglichen Waffen, die der Iran einsetzen könnte, zurück. Diese Waffen sind denen, welche die Amerikaner einsetzen können, in ihrer tödlichen Wirkung ebenbürtig. Daher errichten die USA zunächst in den meisten Nachbarländern des Iran Stützpunkte, um das Land auf diese Weise von allen Seiten bedrohen zu können. Im 6. Monat des Jahres 2005 westlicher Zeitrechnung kam dann ein Mann im Iran überraschend an die Macht, der den Amerikanern ein Dorn im Auge ist. Dieser Mann ist jedoch ein kluger Politiker, der verhindern konnte, dass der amerikanische Angriff auf den Iran im Jahr 2005 stattfindet. Der Regent der USA verschob den Angriff auf das darauf folgende Jahr. Doch die amerikanischen Truppen wichen einer Konfrontation mit dem Heer des Iran aus. Auch im Jahr 2010 wird es keinen direkten Angriff auf den Iran geben. Die Mächtigen haben ihre Pläne angesichts der starken iranischen Armee und des Rückhaltes, den der iranische Regent im Volk genießt, geändert. Sie wollten in den Jahren 2008 und 2009 eine Allianz gegen ihn im eignen Land zu schaffen. Der iranische Regent sollte auf diese Weise entmachtet werden. Statt seiner sollen jene an die Macht gelangen, welche bereit sind, ihr Land an die Interessen der Mächtigen zu verkaufen. Intrigen zur Entmachtung des iranischen Regenten gab es im Jahr 2009. Sie hatten keinen Erfolg. Im Jahr 2010 werden die Mächtigen versuchen, den Iran auf dem Gebiet der Forschung und Energieerzeugung zu isolieren. Sie werden behaupten, Persien nutze seine Anlagen zur Herstellung von Waffen.*

*Der Regent Amerikas wird ebenfalls versuchen, seine Macht in Asien weiter auszudehnen, und vor allem China, Russland und Indien gegeneinander auszuspielen. Bereits 2008 hatte einer seiner Vasallen einen Angriff gegen Russland versucht, dabei aber eine Niederlage erlitten. Da sich zwischen Indien und Pakistan 2010 die Lage verschärft, wird die USA als Unterstützer Pakistans versuchen, die Situation dieser Region zu ihren Gunsten zu nutzen. Daraus wird sich ein weiterer Konflikt in Asien entwickeln.*

*Im Jahr 2010 wird eine aus Ostasien kommende Krankheit bekannt werden, die als „lachender Tod" bezeichnet wird. Die Betroffenen leiden an unerklärlichen Stimmungsschwankungen, die von grundloser Heiterkeit und Lachanfällen bis zu tiefster Depression reicht. Zehn bis zwölf Monate nach dem Auftreten der ersten Symptome verwirren sich die Sinne der Erkrankten. Sie sterben in geistiger Verwirrung. Diese Krankheit ist seit mehreren Jahrzehnten bekannt, jedoch bislang nur bei einem Eingeborenenstamm auf Papua Neuguinea aufgetreten.*

*In Deutschland kann es im Sommer des Jahres 2010, in jener Zeit, wenn viele Menschen ihren Jahresurlaub nehmen, zu Anschlägen kommen. Diese Anschläge werden Vimanas* (Flugzeugen – Anm. Th. Ritter) *gelten. Sie werden mit Himmelspfeilen* (Raketengeschossen – Anm. Th. Ritter) *angegriffen. Dies soll in der dritten Woche des siebten Monats und der zweiten Woche des achten Monats in zwei großen Städten Deutschlands geschehen. Zum einen in der Hauptstadt des Landes und zum anderen in der Stadt, die als Hauptstadt des Geldhandels gilt* (Berlin und Frankfurt / Main – Anm. Th. R.). *Hier kommt es bei den Anschlägen zu schweren Verlusten mit zahlreichen Toten und vielen Verletzten.*

Dieses Zeitfenster besteht für Anschläge in Deutschland im Jahr 2010. Es bleibt zu hoffen, dass diese Vorhersagen nicht eintreffen.

Doch im Jahr 2010 sind positive Entwicklungen zu verzeichnen.

*Immer mehr Menschen werden erkennen, dass alles, was sich nicht ins Fließen, also nicht in die Wandlung bringen lässt, aufbrechen oder sogar zerbrechen wird. Dies bedeutet, dass auch jede heutige Staatsform, jede Religions- oder Glaubensgemeinschaft mit ihrem vermeintlichen Alleinvertretungsanspruch überholt ist. Alles gilt nur nach eigenem Ermessen, mit allen Vor- und Nachtei-*

*len. Es gibt so viele Wege zu Gott wie es Menschen gibt. Auf diesem Wege ist Brüderlichkeit mit allen gefragt. Die bewusste Entscheidung des Einzelnen für seine eigene Entwicklung gewinnt weiter an Bedeutung. Die Menschen werden geistige Werte nicht nur suchen, sondern sie auch in ihrem Leben umsetzen. Daraus werden Verbindungen unter den Suchenden entstehen, neue Netzwerke, die zur Vorbereitung einer geistig ausgerichteten Gesellschaft dienen. Diese persönlichen Verbindungen werden vielen Menschen in der Wendezeit von großem persönlichem Nutzen im Alltagsleben sein. Der im vergangenen Jahr begonnene Erneuerungsprozess gewinnt 2010 an Dynamik.*

## Prophezeiungen des Palmblattmanuskriptes für die Jahre 2011 und 2012

*Jene Prozesse, die das Jahr 2010 geprägt haben, werden sich im Jahr 2011 vertiefen und beschleunigen. Der Zerfall des Alten und die Transformation werden das Leben der Menschen bestimmen. Sichtbar für jedermann werden die Auswirkungen dieser Ereignisse durch weltweit immer unberechenbarere Wetterschwankungen. Extreme Winter mit heftigen Schneefällen, Starkregen und Stürme, aber auch extreme Hitze im Sommer werden die Jahreszeiten prägen. Bereits im vergangenen Jahr wurde spürbar, dass die Erde unruhig zu werden beginnt. Auch im Jahr 2011 wird es heftige Erdbeben im Orient, Asien, aber auch in Amerika geben.*

*Das Jahr 2011 wird zeigen, dass die alte Ordnung der westlichen Welt endgültig beginnt zu zerfallen, und sich zu wandeln. Immer mehr Menschen hier werden sich erheblich einschränken müssen, und viel stärker als bisher von fremden Zuwendungen und staatlichen Hilfen abhängig sein. Die Mächtigen werden diese Situation benutzen, um ihre Interessen durchzusetzen, und die Schwachen in Abhängigkeit zu halten. Wenn auch Widerstand sich zu entwickeln beginnt, so wird dieser doch nicht geschlossen sein, sondern sich in einzelnen, gewalttätigen Aktionen entladen. Noch wird es den Herrschenden gelingen, die Menschen gegeneinander auszuspielen.*

*Es wird in der ersten Hälfte des Jahres 2011 so scheinen, als ob sich die Wirtschaft weltweit erhole. Insbesondere in den englischsprachigen Ländern wird diese Entwicklung zu beobachten sein. Doch dies ist nur Schein, Maya, Illusion. In Wahrheit treibt das alte System seinem Ende entgegen. Die wirkliche Macht verschiebt sich nach Osten und Süden. Vor allem Indien durchläuft einen tief greifenden Wandel seiner Wirtschaft und Gesellschaft. Neben Russland, China und einigen Ländern Südamerikas wie Venezuela, Argentinien und Brasilien wird Indien zu den neuen Weltmächten dieses Jahrhunderts gehören. In diesen Ländern stehen soziale Gerechtigkeit, die Gesundheit des Volkes sowie Verbesserungen in den Bereichen der Bildung, Kommunikation und Wissenschaft im Mittelpunkt der Entwicklung. Für China besteht allerdings aufgrund der engen Bindung an die amerikanische Wirtschaft die Möglichkeit zu erheblichen Problemen insbesondere in den Jahren 2012 bis 2015. Es gilt auch im Bereich der Politik und Gesellschaft Herausforderungen zu bestehen, vor allem in Bezug auf die Lage in Tibet und die Freiheit der Religionen.*

*Indien wird neue Regenten sehen, da der momentane Staatschef sein Amt im Verlauf des Jahres 2011 infolge von Intrigen und gesundheitlichen Problemen aufgeben wird. Sein Nachfolger ist Rahul Gandhi, der Indien zu einer führenden Nation in Asien machen wird. Die Zeit zwischen 2009 und 2024 ist für Indien eine Epoche des tiefen Wandels, der Neuorientierung, des Umbruches. Die Jahre 2011 und 2012 werden in wirtschaftlicher Hinsicht durch eine tief greifende Modernisierung der Industrie und umfangreiche Investitionen in Grundstücke geprägt sein. Die Anlage von Vermögen in Land, Rohstoffen und Edelmetallen wird in diesen Jahren auch weltweit sehr nachgefragt sein. Auf diese Weise versuchen die Menschen sich vor materiellen Verlusten abzusichern, da sie um das fürchten, was ihnen vertraut und gewohnt ist.*

*Russland wird in den Jahren 2011 und 2012 zwischen einer neuen Führungsrolle im Interesse der Völker Europas und eigenen Großmachtambitionen schwanken. Die beiden kooperierenden Regenten Russlands werden dem Land auch in den kommenden schwierigen Jahren innenpolitisch und wirtschaftlich Stabilität garantieren. Die Hilfe ihrer Streitkräfte bei den Unruhen der Jahre 2012 bis 2016 in Westeuropa wird jedoch in diesen Ländern Ängste vor einer Abhängigkeit von Russland schüren, und von vielen Menschen dort abgelehnt werden. In den kommenden Jahren werden die Russen den Westen sowohl mit technischen Errungenschaften, aber auch mit außergewöhnlichen spirituellen Fähigkeiten und neuen gesellschaftlichen Lebensentwürfen überraschen.*

*Die Länder West- und Mitteleuropas werden in den nächsten Jahren vor allem in Bezug auf die Lieferung von Rohstoffen und Energie von Russland abhängig werden. Hier besteht auch die Gefahr von Spannungen, die von den Mächtigen ausgenutzt werden, um Europa gegen Russland auszuspielen. In der Zeit von März 2011 bis Februar 2012 besteht für Russland ein hohes Risiko, durch Klimaveränderungen schwere Nachteile zu erleiden. Erdbeben im Osten und*

*Süden des Landes sind ebenso wie Unfälle im Zusammenhang mit der Energieerzeugung und Schiffstransporten möglich. Während überall auf der Welt solche Ereignisse zur Verschärfung der Verhältnisse zwischen den Menschen und Nationen führen, wird sich Russland jedoch in den kommenden Jahren als ehrlicher Garant von Frieden und Ausgleich bewähren.*

*In Europa, insbesondere in Großbritannien, wird die Zeit zwischen April und August 2011 noch einmal so erscheinen, als ob sich die wirtschaftliche und gesellschaftliche Situation entspanne. Dies ist jedoch nicht der Fall. Im September 2011 wird in England die Regierung in große Schwierigkeiten geraten. Auch in anderen Ländern Europas, unter anderem in Deutschland in Österreich werden sich die Menschen immer mehr von staatlichen Institutionen distanzieren, und diese allmählich als ihre Gegner betrachten.*

*In den Jahren 2011 und 2012 wird es in Wissenschaft und Technik zu einigen bahnbrechenden Erfindungen kommen, welche nachfolgende Generationen beeinflussen werden. Neue Energien, neue Formen der Kommunikation und des Reisens werden ebenso entwickelt, wie neue, bedrohliche Waffen, welche in den Konflikten der folgenden Jahre schreckliche Verheerungen anrichten können. Die Möglichkeit, nicht nur durch den Raum, sondern auch durch die Zeit zu reisen, wird durch Experimente im Jahr 2012 sowohl in der Schweiz als auch in Australien bewiesen werden. Diese Experimente haben jedoch Auswirkungen, welche das Gleichgewicht von Raum und Zeit bedrohen. Ungeachtet des Widerstandes der Menschen wird weltweit auch die Verwendung der Gentechnik in den Jahren 2011 und 2012 vorangetrieben. Dies führt in Europa, aber auch in einigen Teilen Asiens und Südamerikas zu lang anhaltenden und teilweise gewaltsamen Protesten.*

*Gleichzeitig wird der Wille der Mächtigen immer deutlicher, um jeden Preis eine neue Weltordnung zu installieren, welche ihre Herrschaft für Generationen sichern soll. Sie werden dabei mit jedes sich bietende Mittel nutzen, gleichzeitig als Hüter des Vertrauten und Bringer des Neuen auftreten. Doch ihr einziges Ziel ist und bleibt es, nach Belieben zu schalten und zu walten, wie es ihnen gefällt. Sie werden die Völker Europas und der westlichen Welt gegeneinander ausspielen. Sie werden Religionen und Ideologien nutzen, um ihre Macht auszubauen. Parteien, aber auch gesellschaftliche Organisationen und spirituelle Führer, Philosophen und Männer der Wirtschaft werden ihre Diener sein. Kunst und Kultur werden sie nutzen, um ihre Botschaft zu verkünden.*

*Indessen werden die Regenten der Länder in Europa und Nordamerika versuchen, sich aus ihrer Verantwortung gegenüber den Völkern zu stehlen. Öffentliche Einrichtungen werden geschlossen, Verkehrsverbindungen aufgelassen, und die Versorgung Bedürftiger weiter gekürzt. Dies führt dazu, dass immer mehr Menschen erkennen, dass sie sich nur noch auf sich selbst verlassen können, um ihre Situation zu ändern. Neue Lebensentwürfe, neue gesellschaftliche Konzepte werden erdacht und in die Realität umgesetzt.*

*Amerika wird in dieser Zeit immer mehr an Ansehen in der Welt verlieren, da sich die Hoffnungen, welche in den neuen Regenten gesetzt wurden, sich nicht erfüllen. Die Jahre 2011 und 2012 werden den Menschen Nordamerikas lehren, dass ihr bisheriger Weg falsch war. Diese Entwicklung stürzt die USA in eine tiefe Krise, welche im Oktober des Jahres 2012 zu einem Kollaps des amerikanischen Finanzsystems führt. Der Staat wird seine Verpflichtungen gegenüber den Bediensteten des Staates nicht mehr erfüllen können. Es wird keinen Sold für Soldaten, keinen Lohn für Beamte geben, da das Geld nichts mehr wert ist. Diese Situation wird die Gesellschaft in große Unordnung bringen. Zahlreiche Geschäfte und Fabriken, aber auch Banken werden schließen müssen, viele Menschen ihre Arbeit und ihre Existenzgrundlage verlieren. Es wird zu Plünderungen und Unruhen vor allem in den Großstädten kommen, bewaffnete Städter werden auf dem Lande plündern. Bei den Unruhen werden sehr viele Menschen zu Tode kommen. Die Regierung wird versuchen, die Kontrolle über die Lage durch den Einsatz ihr noch ergebener militärischer Kräfte wieder zu erlangen. Dies wird allerdings nur teilweise der Fall sein. Der Zerfall der amerikanischen Wirtschaft führt zu bürgerkriegsähnlichen Unruhen, die bis in die zweite Hälfte des Jahres 2017 anhalten werden. Dann werden militärische Einheiten des nördlichen Nachbarlandes in den Konflikt eingreifen, und ihn weitgehend unter Kontrolle bringen. Es wird der größte Konflikt in den USA seit dem Bürgerkrieg im 19. Jahrhundert sein. Die Fronten verlaufen quer durch das Land. Jedoch wird im Gegensatz zum ersten Bürgerkrieg nicht der Norden gegen den Süden, sondern der Osten gegen den Westen kämpfen.*

*Vom Niedergang der amerikanischen Wirtschaft und dem Verfall des Geldes sind auch die Länder Europas betroffen, insbesondere auch Deutschland aufgrund seiner wirtschaftlichen Struktur. Es wird auch hier zu einer Entwertung des Geldes kommen, jedoch nicht in dem Umfang wie in den Vereinigten Staaten. Dennoch sind die Folgen dieser Entwicklung gerade auch für die einfachen Menschen sehr gravierend. Viele werden ihre Existenz verlieren und in Armut leben. In den Großstädten wird es zu Ausschreitungen gegen Gebäude und Repräsen-*

*tanten des Staates und der wirtschaftlich Mächtigen sowie zu Plünderungen kommen. Das Ausmaß der Gewalt, die in den USA herrscht, wird nicht erreicht, da in Deutschland nicht so viele Waffen in Privatbesitz sind, und es auch nicht zu einem Zerfall von Sicherheitsorganen wie der Polizei oder Armee kommen wird. In Amerika hingegen werden unbezahlte Soldaten und Polizisten revoltieren und auch nicht vor dem Einsatz von Gewalt zurückschrecken.*

*In den europäischen Metropolen wird es Aufstände geben, die sich zum großen Teil auch gegen dort ansässige Ausländer richten werden. Besonders blutige Kämpfe werden sich in Paris und Rom, aber auch in Madrid, London und Prag abspielen. In Rom wird auch der Sitz des Oberhauptes der katholischen Kirche gestürmt. Zahlreiche Würdenträger sterben bei den Plünderungen, auch der Papst, der zwar zunächst fliehen kann, jedoch außerhalb von Rom in einen Hinterhalt von Plünderern gerät. Am wenigsten von der Krise betroffen sind Russland, Indien und China, die ihre Wirtschaftssysteme gegenseitig stützen.*

*Die Unruhen in Deutschland und Europa werden bis in den Herbst das Jahres 2016 anhalten. Die bürgerkriegsähnliche Zeit wird in Europa durch den Einsatz von russischen und chinesischen Schutztruppen beendet, die von den Regenten Europas zu Hilfe gerufen werden.*

*Bis zum Zerfall des amerikanischen Währungssystems und der amerikanischen Wirtschaft werden die Mächtigen dieses Landes und ihre Verbündeten alles unternehmen, um den bevorstehenden Niedergang aufzuhalten. Wie bereits zweimal im 20. Jahrhundert westlicher Zeitrechnung geschehen, sollen Kriege und Zerstörung in anderen Ländern und Erdteilen die Wirtschaft Amerikas beleben. So wird die amerikanische Armee mit ihren Verbündeten aus Europa und anderen Erdteilen auch weiter Krieg führen in aller Welt. Offiziell werden die Regenten die Einsätze damit begründen, Frieden und Freiheit zu retten, doch es geht ihnen um Land und Macht.*

*Im Nahen Osten besteht noch bis zum Juni 2011 die Gefahr eines neuen Krieges, der von Israel ausgeht. Danach wird der Regent dieses Landes in Schwierigkeiten geraten, und seine Macht verlieren. Kräfte, die den Ausgleich suchen, gelangen auf israelischer und auch auf arabischer Seite zu größerem Einfluss. Die Zeit zwischen Juni 2011 und Juni 2012 ist daher eine Zeit des Friedens.*

*Japan wird in den Jahren 2011 und 2012 beginnen, zu seinen Traditionen und Wurzeln zurückzufinden. Dies wird für das Land eine Quelle künftiger Stärke sein. Die Rückbesinnung wird mit einer zunehmenden Abkehr von ameri-*

*kanischen Einflüssen verbunden sein, und der Tendenz, auch in wirtschaftlicher Hinsicht wieder unabhängiger zu werden. Die Zusammenarbeit mit Indien und die Aussöhnung mit China wird für Japan in den kommenden Jahren bestimmend sein.*

*Die Jahre 2011 und 2012 sind vor allem in der westlichen Welt mit ebenso großen Ängsten wie Hoffnungen verbunden. Eine alte Prophezeiung einer vergangenen Kultur aus Mittelamerika ist der Grund dafür. Viele Menschen glauben, dass das Ende der Welt, wie sie sie kennen, unmittelbar bevorsteht. Doch es gibt keinen Grund zur Angst.*

*Die Erde wird nicht untergehen, und auch nicht unbewohnbar werden.*

*In den Jahren 2011 und 2012 wird es keinen weltumspannenden Krieg geben, ebenso wenig in den darauf folgenden Jahren.*

*Gerüchte besagen, dass die Erde mit einem anderen Himmelskörper zusammenstößt. Dies wird nicht geschehen. Die Erde wird sich auch nicht umdrehen* (damit dürfte eine Erdachsenverschiebung gemeint sein – Anm. Th. R.) *oder von Strahlen aus dem All versengt werden* (damit wird offenbar auf die Reduktion des Erdmagnetfeldes angespielt – Anm. Th. R.).

*Andere Menschen verbinden das Jahr 2012 mit übersteigerten Hoffnungen auf Erlösung. Sie glauben, dass Götter oder Wesen, die nicht von dieser Welt stammen, auf die Erde zurückkehren werden, um ihre Probleme zu lösen. Andere hoffen, dass die Erde ihre Energie oder Schwingung ändert und alle Wesen dadurch mühelos erlöst werden. Diese Hoffnungen werden sich so nicht erfüllen.*

*Wohl aber sind die Jahre 2011 und 2012 Teil eines Prozesses der Transformation, die zu einer Veränderung des Zusammenlebens der Menschen führen wird. Es ist das Ziel dieses Prozesses, einen Ausgleich zu schaffen, den Prinzipien der Mäßigung, Achtsamkeit und Gerechtigkeit Raum zu schaffen. So wird dieser Prozess dazu führen, dass die aktuellen Verteilungsprobleme in wenigen Jahrzehnten ein für allemal der Vergangenheit angehören werden. Diese Erde hat Raum und Nahrung für alle lebenden Wesen.*

*Die Menschen leiden im Kali Yuga an der Welt der Dualität und der Trennung von ihrem geistigen Ursprung. Es ist Zeit, diese Trennung als das zu erkennen, was sie ist – Maya, Täuschung, und sie zu überwinden. Im letzten Monat des Jahres 2012 wird in Mittelamerika uraltes Wissen entdeckt werden. Dabei spielen 13 Häupter aus Edel- und Halbedelstein eine sehr wichtige Rolle* (möglicherweise sind damit die Kristallschädel der Maya gemeint – Anm. Th. R.).

*Dadurch werden sich die gesellschaftlichen, politischen und wirtschaftlichen Regeln ein für allemal ändern. Alle traditionellen, hierarchischen, repressiven Systeme, die den Menschen durch Angst und Abhängigkeiten zu beherrschen trachten, werden bis zum Oktober 2012 ihr endgültiges Versagen offenbaren. Alles, was sich dem Fluss der Transformation entgegen stemmt, und an alten Strukturen haftet, wird zerbrechen. Diese Veränderungen werden die Menschen dazu bringen, ob sie dies nun wünschen oder auch nicht, Verantwortung für ihr Leben und ihre Taten zu übernehmen. Die alten Muster der gegenseitigen Schuldzuweisungen werden nicht mehr funktionieren. Durch Intuition, Kreativität, Kunst, Spiritualität und Wissenschaft werden die alten Werte der menschlichen Kultur wiedergeboren. Wirtschaft, Technik und Politik sollen künftig den Menschen dienen, anstatt sie in einem System, dass nur Gewinn für wenige bringt, zu versklaven. Die Jahre 2011 und 2011 markieren den Wendepunkt eines langen Transformationsprozesses. Das Alte wird von nun an weichen, um einer neuen, wahrhaft humanen Gesellschaft Raum zu geben.*

Wie dieser Prozess verläuft, liegt in der Hand eines jeden von uns.

Die Akasha-Chronik, welche in ihrer Eigenschaft als Weltgedächtnis den eigentlichen Grund für jegliche Zukunftsdeutung liefert, hat nicht ausschließlich beschreibenden Charakter. Sie gleicht vielmehr einer Art von virtuellem Speicher, der ständig Dinge und Ereignisse aufnimmt, die initialisiert oder verändert werden. Daher schreibt die Akasha-Chronik den Verlauf von Ereignissen nicht unausweichlich vor. Es ist vielmehr so, dass jeder Mensch durch die Kraft seiner Gedanken im Stande ist, aktiv an diesem Prozess teilzunehmen. Durch unsere Emotionen, unsere Gedanken, Worte und Taten setzen wir Ursachen, deren Auswirkungen wir später erleben. Die Hindus nennen dies Karma. Die Zukunftsdeutung ist in diesem Sinne ebenso wie die Akasha-Chronik lediglich Hilfsmittel zur Klärung von Ursachen, die in der Vergangenheit liegen und sich in der Gegenwart auswirken oder sich erst noch möglicherweise in der Zukunft auswirken werden. Die eigene Zukunft mittels des vedischen Horoskops oder einer Palmblattlesung zu kennen, bedeutet eben gleichzeitig auch, diese Zukunft beeinflussen zu können. Dies gilt in jeder Hinsicht. Angst, Panik oder das Festhalten am Althergebrachten in Anbetracht der bevorstehenden Veränderungen sind demnach die falschen Signale. Die Wendezeit, in der wir leben, hat gemäß den Aussagen der Schöpfer der Palmblattbibliotheken nichts Erschreckendes an sich. Sie ist vielmehr eine große Chance zur Weiterentwicklung jedes Individuums ebenso wie der gesamten Menschheit. Eine solche Chance erhalten wir nur einmal in vielen Tausend Jahren. Nutzen wir sie!

# DIE WAHRSCHEINLICHKEIT DES BESCHRIEBENEN GESCHEHENS

Den Beginn des neuen Jahrtausends verbinden viele Seher und Propheten, denen ebenso wie den Rishis zu verschiedenen Zeiten ein Teil der Informationen aus der Akasha-Chronik zugänglich gewesen ist, furchtbare Ereignisse – schreckliche Kriege und weltumspannende Naturkatastrophen, die einen Großteil der Menschheit auslöschen sollen.

Zwar sind die Prophezeiungen des altindischen Palmblattmanuskriptes ebenfalls keine Beschreibung einer rosigen Zukunft, jedoch stellen sie die Ereignisse als von Menschen gemacht und nicht als göttliches Strafgericht dar, was insbesondere bei christlichen Sehern oder Propheten der Fall ist. Diese Tatsache mag nun nicht unbedingt gegen die Voraussagen christlicher Visionäre sprechen, doch in einem wesentlichen Punkt unterscheidet sich die Aussage des Palmblattmanuskriptes deutlich von den in Europa bekannten Prophezeiungen. Ein Dritter Weltkrieg spielt nach dem alt-tamilischen Text in dem künftigen Geschehen keine Rolle.

Unabhängig von den Visionen europäischer Seher veröffentlichen auch professionelle Trendforscher Prognosen für die europäische Zukunft. So hat das Gottlieb-Duttweiler-Institut für Trends und Zukunftsgestaltung hat zwei mögliche Zukunftsszenarien publiziert, die so genannten GDI-Szenarien. Dabei handelt es sich um eine *optimistische* und eine *pessimistische* Darstellung der Zukunft, die im Folgenden anhand verschiedener Entwicklungen dargestellt werden sollen.

**Mögliche wirtschaftliche Entwicklungen (pessimistisch):**

- *Sinkende Massenkaufkraft*
- *Arbeitslosigkeit bei 40 %*
- *Niedergang des Euro*
- *EU-Protektionismus*

- *wenige Großkonzerne*
- *Computerprogramme steuern die wesentlichsten Wirtschafts-entscheidungen*
- *deliberalisierte Gentechnik, breiter Einsatz ohne ethische Grenzen*
- *Aufkommen von Techno-Religionen*
- *wachsende Umweltprobleme*
- *EU: veraltete Industrie, hohe Regulierungs- und Subventions dichte, - Handlungsunfähigkeit*
- *Reaktive bzw. passive Politik*

**oder aber optimistisch:**

- Liberalisierung der Wirtschaftsstrukturen
- Deregulierung des Arbeitsmarktes
- Verschwinden der Arbeitslosigkeit
- Wirtschaft geprägt von kleinen, unternehmerisch auto nomen Einheiten
- Zusammenschluss zu „virtuellen Organisationen"
- Menschen bestimmen selbst über Lebens- und Arbeitsbe dingungen
- Entmaterialisierung des Konsums, kulturelle Güter und Dienstleistungen boomen
- Keine automatisierten Beschäftigungen („Fliessbandjobs") mehr
- Wachstumsmärkte Pflege, Erziehung, Schönheit, Wohlbe finden, Kreation
- Individuen werden „Prosumenten", die Trennung zwischen Erwerbs- und Nichterwerbstätigkeiten verschwimmt

**Mögliche kulturelle und gesellschaftliche Entwicklungen (pessimistisch):**

- *Bevölkerungsmehrheit versinkt in Perspektivlosigkeit und ma terielle Not*
- *Sozialstaat ist überfordert*
- *Mittelstand verschwindet*
- *Polarisierung der Gesellschaft*
- *Mafiöse Strukturen allgegenwärtig*
- *Soziale Unruhen*
- *Reichen- bzw. Armenghettos*
- *Konditionierung und Programmierung der Bevölkerungsmehr heit durch herrschende Klasse mit dem Ziel der Stabilisierung des herrschenden Zustands*
- *Plutokratische Führer bzw. „Entertainer" bieten den Massen emotionalen Religions- und Glücksersatz*
- *Kritikfähigkeit der Massen wird durch Gehirn- bzw. Denkma nipulation lahm gelegt*
- *Gehirnkontrolle durch Chemikalien, Mikroimplantate usw.*
- *weltweite Verbreitung bedeutungsloser, uniformer Lebens- und Konsumstile*
- *Techno, Psycho, Cyber-Religionen*
- *Oberklasse definiert sich durch Zugang zu Wissensquellen*

**oder aber optimistisch:**

- Umbau des Wohlfahrtsstaats und des Bildungssystems

- Viele Menschen werden zu „Lebensunternehmern" (weg von der Fremd-, hin zur Selbststeuerung des eigenen Lebens)
- Hierarchien verschwimmen und verlieren Prestigefunktion
- Komplexität und Überangebot führen zum bewussten Er lernen von Verzichts- und Selektionsstrategien
- Individualisierung des Konsums, maßgeschneiderte Massenfabrikation
- Selbstsuche, Selbstbeschreibung und Selbstinszenierung werden zentral
- Selbstdesign durch intelligente Kosmetika sowie kosmeti sche, prothetische Transplantationschirugie
- Maßvoller Einsatz der Gentechnologie
- Kulturelle Werte helfen beim Management synergetischer Beziehungsnetzwerke
- Wissen ist allgemein zugänglich
- spezielle Förderung benachteiligter Personengruppen

**Mögliche technologische Entwicklungen (pessimistisch):**

- *Geschwindigkeit des technologischen und medizinischen Fort schritts geht zurück*
- *Unternehmen konzentrieren sich auf Größe, nicht auf Innova tion (Bildung von Monopolen)*
- *Auflösung der Grenze zwischen Mensch und Technik: Men schen werden den Maschinen ähnlich und umgekehrt*
- *Digitalisierung und Virtualisierung der Kommunikation*

- *Staatliche Kontrolle über Kommunikationstechnologie und In halte*
- *Multimedia-Entertainment als „Opium fürs Volk"*
- *Steigende Anzahl unerklärlicher, gravierender technischer Stör-fälle*
- *Suchterzeugende Medien, Schwerpunkt auf Einweginformatio nen, nicht auf Interaktion*
- *Anpassung der Menschen an die Technologie*
- *Veränderungswille der Intellektuellen erlischt*

**oder aber optimistisch:**

- verantwortungsvolle Nutzung von Technologie
- Rapider Fortschritt in allen Technologiebereichen
- Aufkommen der Biotechnik (Technologien nach Vorbild der Natur, Verbindung von Molekularbiologie, Gentechnologie und neuronalen Netzen)
- Ökologisches Gleichgewicht wird wiederhergestellt
- Intelligente Automaten erstellen jede gewünschte, indivi duelle Ware
- das „virtuelle Weltdorf" wird Realität, Bewusstsein einer Weltengemeinschaft entwickelt sich
- „Leben ist Lernen", Lernen wird umdefiniert und lustvoll umgesetzt
- Heimroboter dienen den Menschen, ohne sie zu verskla-ven
- Entwicklung fehlertoleranter Technologien

- Virtualisierung der Wirklichkeit findet statt, Grenze zwischen Wirklichkeit und + virtueller Welt bleibt jedoch sichtbar
- Virtualisierung wird Hilfsmittel bei Selbstverwirklichung im „realen" Leben (soziale Kontakte, Leben in der Natur usw.)

**Mögliche politische Entwicklungen (pessimistisch):**

- *Zerbrechen des Sozialstaats*
- *hierarchisches, zentral gesteuertes System*
- *Aushöhlung der nationalstaatlichen politischen Institutionen*
- *Demokratie, Gewaltentrennung und Rechtsstaat existieren nur noch auf dem Papier*
- *Politiker werden Marionetten der Wirtschaftsbosse, der Staat zum Erfüllungsgehilfen der Wirtschaft*
- *Schulen werden zu Kontroll- und Lernzentren mit dem Ziel*
- *Menschen an das System anzupassen*
- *Einsatz der Menschen im Wirtschaftsleben gemäß staatlicher Vorgabe*
- *Die EU wird – mit Unterstützung durch die Wirtschaft – zunehmend protektionistisch*
- *Handelskriege, EU wird zum „Paria der WTO"*

**oder aber optimistisch:**

- Umbau des Sozialstaates
- Einführung eines allgemeinen Grundeinkommens in Form einer negativen Einkommensteuer

- Wehrpflicht wird zum Sozialdienst
- Bildungssystem wird liberalisiert
- neue Formen des Lernens entstehen
- Aktive Maßnahmen zur Verhinderung einer Klassengesellschaft, gesellschaftlicher Solidaritätsgedanke erstarkt
- Subsidiaritätsprinzip auf EU-Ebene wird tatsächlich beachtet
- Gemeinsame europäische Außen- und Sicherheitspolitik
- Keine Schwächung der nationalen Identitäten innerhalb der EU
- Staat wird zum dynamischen Dienstleister

Bei einem Vergleich des Palmblattmanuskriptes mit diesen Prognosen zeigt sich, dass die Beschreibungen des *pessimistischen* GDI-Szenarios in beunruhigender Weise mit den Aussagen der alt-tamilischen Texte übereinstimmen.

Doch wie wahrscheinlich ist eine durch einen Einschlag oder den nahen Vorbeigang eines Planetoiden oder Asteroiden ausgelöste Naturkatastrophe? Blicken wir dazu in die Geschichte des beginnenden 20. Jahrhunderts zurück. Am 30. Juni 1908 ereignete sich in der Nähe der steinigen Tunguska (Nebenfluss des Jenisseijs) in Zentralsibirien eine Explosion von einer geschätzten Stärke von 10 bis 15 Megatonnen TNT, die 6.000 qkm Kiefernwald buchstäblich ausradierte. Die Explosion konnte in einem Umkreis von 1.000 km gehört werden und die seismischen Erschütterungen wurden rund um den ganzen Globus registriert. In noch 700 km Entfernung brachten die erdbebenähnlichen Erschütterungen beinahe die Transsibirische Eisenbahn zum Entgleisen. Die Explosionshitze war noch in 65 Kilometer Entfernung so stark, dass sich ein Bauer das Hemd vom Leib riss, weil er glaubte, dass es brenne. Augenzeugen sahen ein längliches Objekt vom Himmel herabfallen, das in bläulich weißem Licht leuchtete. Einer zwanzig Kilometer hohen Lichtsäule folgte eine schwarze pilzförmige Wolke. In den darauf folgenden drei Nächten war es in ganz Europa so hell, dass man im Freien Zeitung lesen konnte. In Kalifornien wurde eine lang anhaltende Verringerung der Sonnenstrahlen registriert.

An die hundert Hypothesen wurden im Laufe der Jahre aufgestellt, um den Tunguska Zwischenfall zu erklären. Die offiziell akzeptierte Version ist, dass ein Meteorit oder Komet, der vorwiegend aus Staub und Eis bestand, mit einer Geschwindigkeit von 100.000 km/h in die Erdatmosphäre eingetreten ist, sich erhitzt hat und dann explodiert ist, wodurch ein Feuerball und Schockwellen erzeugt wurden, jedoch kein Einschlagkrater. Alternative Erklärungen des Desasters sprechen von einem „verirrten schwarzen Miniloch", Antimaterie oder von einer nuklearen Detonation, möglicherweise infolge der Havarie eines außerirdischen Raumschiffs, dass bei seiner Explosion gewaltige Energien frei setzte.

Außer der Luftdruckwelle verursachte die Detonation von diesem Meteoritenfall eine die Erdrinde durchlaufende Welle, eine so genannte seismische Welle. Sie wurde von den Erdbeben registrierenden Geräten (Seismographen) in Irkutsk, Taschkent, Tbilissi (Tiflis) und sogar in Jena registriert. Die Ausbreitungsgeschwindigkeit der Luftdruckwelle und der seismischen Welle ist bekannt (erstere im Mittel 319 m/s, letztere 3000 m/s). Deshalb war auf der Grundlage der Geräteaufzeichnungen möglich, den Moment des Niederganges genau zu bestimmen. Es geschah um 0 Uhr 16 Minuten nach Greenwich-Zeit am 30. Juni 1908. Wäre der Meteorit um nur 4 Stunden und 48 Minuten eher niedergegangen, so hätte im Explosionszentrum das damalige St. Petersburg gelegen und niemand weiß, was dann davon übrig geblieben wäre.

Eines ist gewiss – irgendwo in den Weiten des Sonnensystems ziehen große Fels- und Eisenbrocken eine Bahn, auf der sie eines Tages mit der Erde zusammenstoßen werden. Wenden wir uns zuerst den Asteroiden zu. Die meisten Erdbahnkreuzer, also Asteroiden, die der Sonne so nahe kommen, dass sie überhaupt in die Nähe der Erde gelangen, wurden in jüngerer Zeit abgeschätzt. Ein paar hundert sind bekannt. Die Anzahl der Körper von vielen hundert Metern bis größer als einen Kilometer Durchmesser soll mindestens 2000 betragen. Körper von dieser Größe können gewaltige Katastrophen verursachen. Wir wollen nun die Chance eines Treffers abschätzen. Die 2000 Erdbahnkreuzer, die viele 100 Meter bis einen Kilometer groß sind und unter anderem den Einschlag in Nördlingen, Deutschland, vor 15 Millionen Jahren verursachten, führen in Erdbahnnähe in etwa zu einer Asteroidendichte von etwa 100 Exemplaren pro Kubik-AE (AE ist eine astronomische Einheit und entspricht ca. 150 Millionen Kilometer). Die mittlere freie Weglänge der Erde beträgt dann nach den Gesetzen der Physik 600.000 AE. Diese Strecke legt die Erde in 200.000 Jahren zurück, was der NASA-Schätzung (ein Einschlag alle 200.000 Jahre) entspricht.

Wie steht es mit den Kometen? Zurzeit werden jährlich zwei, drei Dutzend entdeckt, die der Sonne näher als 2 AE kommen. Wenn wir annehmen, dass tatsächlich etwa 100 pro Jahr diesen Bereich durchqueren, die größer als ein Kilometer sind, so ergäbe sich ein Kometentreffer alle 20 Millionen Jahre. Das ist nur eine Abschätzung der Größenordnung. Doch kann man doch daraus folgern, dass Asteroidentreffer häufiger sind als Kometentreffer. Unter diesen Umständen erscheint auch der nahe Vorbeigang eines solchen Himmelskörpers an der Erde mit allen daraus resultierenden Konsequenzen als logisch.

Dennoch ich bin überzeugt, dass die beschriebenen Ereignisse nicht unbedingt eintreten müssen. Die Akasha-Chronik und die aus ihr abgeleiteten Palmblattbibliotheken sind keine Goldenen Bücher des Schicksals, in denen alle Ereignisse unabwendbar festgeschrieben stehen. Vielmehr handelt es sich bei diesem Weltgedächtnis um eine Art von virtuellem Speicher, der ständig Dinge und Ereignisse aufnimmt, die initialisiert oder verändert werden. Die Rückwirkungen davon erleben wir alle Tag für Tag, denn unser Leben ist in unserem ureigenen Buch oder auf dem Palmblatt beschrieben. Doch diese Beschreibung wird ständig ergänzt. Was immer auch geschieht, es kommt auf jeden einzelnen an, was in der Akasha-Chronik durch die Aktionen und Reaktionen auf bestimmte Lebensumstände geschrieben steht. Daraus lässt sich aber ebenso ableiten, dass der von vielen ersehnte und propagierte Übergang in ein neues „Goldenes Zeitalter", das Satya Yuga, sich nur durch die Mitwirkung jedes einzelnen erreichen lässt. Die erwünschte Veränderung im Außen wird erst eintreten, wenn die Transformation im Innen gelungen ist.

Wie bereits gesagt, schreibt diese Chronik also nicht den Ablauf der Ereignisse in der Welt unausweichlich vor. Vielmehr ist es möglich, mit ihr aktiv zu arbeiten, wie auch meine Erfahrungen mit den Voraussagen der Palmblattbibliotheken bestätigen. Diese sind ebenso wie die Akasha-Chronik selbst vor allem ein Hilfsmittel zur Klärung von Ursachen, die in der Vergangenheit liegen und sich in der Gegenwart auswirken oder sich möglicherweise erst noch in der Zukunft auswirken werden. Diese Zukunft durch die Voraussagen der Palmblattbibliotheken oder den Zugang zur Akasha-Chronik zu kennen, bedeutet auch, diese Zukunft beeinflussen zu können.

# ANMERKUNGEN ZUR KRITIK AN MEINEM BUCH „DIE PALMBLATTBIBLIOTHEKEN UND IHRE PROPHEZEIUNGEN ZUR ZUKUNFT EUROPAS“

Das im Januar 2006 erstmals erschienene Buch „Die Palmblattbibliotheken und ihre Prophezeiungen zur Zukunft Europas“ führte in grenzwissenschaftlichen Zeitschriften des deutschsprachigen Raumes zu einigen Schlagzeilen. Mir wurden sogar offensichtlichen Fälschungen von Tatsachen vorgeworfen, weil das Buch doch einige Zweifel wachrief.

Die Zeitschrift „Mysteries“ ging während derselben Zeit kritischen Anfragen und Hinweisen nach und widmete diesem Thema in der Ausgabe Mai/Juni 2007 vier Seiten.

Unter anderem behaupteten die Kritiker, dass der von mir genannte Übersetzer der „Palmblattprophezeiungen“ sowie der Verkäufer der angeblichen Palmblätter, ein armer Bauer aus dem Dorf Kadambhodi, erfundene Gestalten sind. Niemand kenne an den angegebenen Orten diese Personen. Auch gäben die „Prophezeiungen“ selbst Anlass zu kritischen Fragen. Im 214-seitigen Buch umfassen diese „Prophezeiungen“ angeblich nur rund 20 Buchseiten.

Diese Aussage trifft natürlich so nicht zu. Jeder Leser meines Buches kann sich davon überzeugen, dass die Kapitel über die Zukunft Europas die Seiten 149 bis 204 einnehmen. Im Übrigen gibt es Zeugen dafür, dass es den Ort sowie den Bauern tatsächlich gibt und die dies dem Verleger Werner Betz persönlich bestätigt haben.

Auch wurde von Kritikern angeführt, dass alle Angaben zu Ereignissen, die vor der Manuskriptabgabe (Juni 2005) stattgefunden haben, wie die Anschläge vom 11. September 2001, der Beginn des Afghanistan-Krieges am 7. Oktober 2001 und andere, ausführlich, detailreich und mit der taggenauen Datierung beschrieben werden. Danach würden die Angaben allgemein und hätten nur noch prognostischen Charakter.

Außerdem gäbe es auffällige, z. T. wörtliche Parallelen zu Artikeln im Internet, insbesondere zu einem Spiegel-Online-Artikel über Zukunftsprognosen. Dieser Artikel ist zu finden auf:
http://service.spiegel.de/digas/find?DID=30031606

Dass dies nicht zutreffend ist, ergibt sich aus den englischen Originale der umstrittenen Texte, insbesondere der englischen Übersetzung der im Palmblattmanuskript beschriebenen Ereignisse vom 11.09.2001 sowie die Übersetzung der im Palmblattmanuskript beschriebenen Klimaveränderungen, die u. a. Gegenstand der Kritik waren. Diese Übersetzung datiert vom 28.08.2003 (Text) und vom 08.09.2003 (Begleitbrief). Da mir die diese Übersetzung bereits Ende September 2003 vorlag, ist es absurd, anzunehmen, ich hätte im Februar 2004 von einem wie auch immer gearteten Spiegel-Artikel abschreiben müssen. Dies bestätigte wurde auch in der der Juni/Juli-Ausgabe der Zeitschrift „Mysteries", nachdem dem Herausgeber Luc Bürgin diese Dokumente vorgelegt worden waren.

Zur Behauptung, dass das Buch für die Zeit nach dem Juni 2005 folgen nur noch vage „Prophezeiungen" enthält, die man nicht mehr als Prophezeiungen, sondern nur noch als Zukunftsanalysen bezeichnen kann, kann ich nur entgegnen, dass auch nach dem Erscheinen des Buches entsprechende Vorhersagen eingetroffen sind. Die bislang übersetzten Passagen des Palmblattmanuskriptes beschreiben u. a. ausdrücklich, dass der von den USA für den Angriff auf den Irak benannte Grund – der Irak besitze Massenvernichtungswaffen – eine Lüge ist. Mein Buch erschien im Februar 2006. Im August 2006 gab die CIA zu, Berichte gefälscht zu haben, um der US-Regierung den Angriff auf den Irak zu ermöglichen.

Zur Klarstellung möchte ich anmerken, dass die Familie von Anadh Ramesh nicht mehr in Kadambhodi lebt. Das tut sie schon lange nicht mehr. Ich stehe zum jetzigen Familienoberhaupt über Mittelsmänner in Kontakt.

Auch fragten sich Kritiker, warum die indischen „Antiquare" dieses Manuskript übersehen hatten und nicht gerade dieses, das offensichtlich interessanteste, kauften. Für die einheimischen Händler wäre es ein leichtes gewesen, einen Palmblattleser mitzunehmen, der ihnen bei der Auswahl der Blätter geholfen hätte. Man fragt sich auch, warum sie nicht gleich alle Blätter kauften, um sie in Ruhe untersuchen zu lassen. Wenn die Familienmitglieder des armen Bauern die Blätter achtlos verbrannten, hätten sie die für sie wertlosen Blätter bestimmt gesamthaft für einen Spottpreis weggegeben.

Dazu muss man jedoch wissen, dass diese Antiquare in der Regel niederkastige Händler sind, welche vorwiegend den Binnenmarkt bedienen, also Gegenstände kaufen und verkaufen, die vor allem für Inder von Interesse sind. Götterstatuen, antike Möbel und alter Familienschmuck gelten als besonders gefragt. Palmblattmanuskripte hingegen betrachten die meisten Händler als wertlosen Plunder.

Dies liegt vor allem an der Vielfalt der indischen Sprachen und Dialekte. Mehrere hundert Sprachen sind offiziell anerkannt, ebenso zahllose Mundarten. Daher fällt es den Händlern sehr schwer, die Manuskripte zu identifizieren, da sie selbst meist nur ihrer Landessprache mächtig sind. Warum sollten sie also Dinge ankaufen, deren Wert sie nicht einschätzen können?"

Man darf auch den Begriff „Antiquare" nicht im europäischem Sinn gebrauchen – Kenner, die wirkliche Kostbarkeiten zu schätzen wissen, und über entsprechende Verbindungen verfügen, um umfassende Untersuchungen bezüglich der betreffenden Gegenstände anstellen zu können. Für Europa mag das zutreffen, nicht aber für Indien. Hier läuft die Sache ein wenig anders. Ausnahmen von dieser Regel bilden Manuskripte mit Bhajans (vedische Hymnen), welche aufgrund ihrer Versform erkannt werden können. Solche Manuskripte lassen sich an einheimische Kunden verkaufen, da ihnen eine segensreiche Wirkung zugeschrieben wird. Zur Deko auf dem Hausaltar taugen sie allemal, auch wenn der Text für den Käufer nicht lesbar ist. Eine weitere Ausnahme sind ayurvedische Manuskripte, da diese zu hohen Preisen an ausländische (insbesondere japanische und amerikanische) Aufkäufer der jeweiligen Pharmaunternehmen weiter verkauft werden können.

Astrologische oder sonstige Manuskripte des Jyothir-Veda hingegen gelten heute den meisten Indern als suspekt, da im Zuge der Modernisierung Indiens die alten Wissenschaften zunehmend in Verruf geraten. Chemie, Schönheit, Brot, Wohlstand gelten als die neuen Tugenden und die Atomenergie wird alles schon irgendwie richten – dies predigen zumindest Indiens Mainstreammedien.

Palmblattmanuskripte gleich welcher Art mögen zwar in der europäischen Esoterikszene begehrt sein, von „einer weltweiten Bekanntheit der Palmblattmanuskripte" im Jahre 1999 zu sprechen, wie es meine Kritiker tun, halte ich aufgrund meiner Erfahrungen jedoch für verfehlt. Seit 1995 organisiere ich Reisen zu den indischen Palmblattbibliotheken, die auch selbst begleite. Bis zum Jahr 2006 habe ich hochgerechnet ca. 450 Gäste nach Indien zu diesen heiligen Plätzen geführt. Eine „weltweite Bekanntheit" vermag ich darin allerdings nicht zu erkennen.

Es wurde auch bezweifelt, dass ich die Blätter bei dem von mir angeführten Institut für Tamalistik und Indologie prüfen ließ. Bei dem erwähnten Institut handelt es sich um das Institut für Tamilistik und Indologie der Universität zu Köln, dessen Mitarbeitern ich wertvolle Hinweise zu den Palmblattmanuskripten verdanke. Die korrekte Bezeichnung des Instituts ist keinerlei Geheimnis. Von den Mitarbeitern des Instituts, zu denen ich Kontakte pflege, kann dies auch bestätigt werden.

Besucher Südindiens (inkl. Kanchipuram) hatten nach Ausführung der Kritiker festgestellt, dass dort niemand etwas wusste – weder von „Prophezeiungen zur Zukunft Europas" noch von einem „Ganeshbabu Shastri". Auch kannte niemand den Mann auf dem im Buch abgedruckten Foto und auch nicht die Familie, die der Autor als „Familienangehörige Ganeshbabu Shastris" bezeichnet.

Das erklärt sich allerdings dadurch, dass Ganeshbabu Shastri zwar aus Kanchipuram stammt, jedoch in dem Ort Mutthu Alpettai lebt, einer ehemals dörflichen Gemeinde, die inzwischen zu den Vororten („Little Kanchipuram") der Stadt zählt, sich jedoch ihre unverfälschte Ursprünglichkeit erhalten hat.

Auch ist erklärbar, dass in den beiden Palmblattbibliotheken in Kanchipuram (Sri Agasthya Nadi und Sri Kausika Nadi) niemand Ganeshbabu Shastri kennt – er hat dort nie gearbeitet. Das habe ich auch nie behauptet.

Wenn man beispielsweise in der Bibliothek von Sri Ramani im Ortsteil East Tambaram von Chennai (Madras) nachfragt, ob dem Leser die Palmblattbibliothek „Sri Kousika" im nahe gelegenen Ortsteil West Tambaram von Chennai (Madras) bekannt ist, so kommt tatsächlich rasch heraus, dass dies eben nicht der Fall ist. Die Gründe dafür sind so einfach wie einleuchtend. Die Kunst des Palmblattlesens wird immer vom Lehrer auf den Schüler, meist im Rahmen eines Familienclans, weiter gegeben. Eine zentrale Ausbildung der Palmblattleser gibt es nicht.

Vom August 2001 bis Anfang 2004 soll „Ganeshbabu Shastri" einen Teil der Palmblattprophezeiungen ins Englische übersetzt haben. Handschriftlich, wie der Autor auf Anfrage bestätigte.

Mir wird vorgeworfen, dass ich nach dem Eintritt der ersten Prophezeiung, was ja eine Sensation darstellt, die nachfolgenden Übersetzungen, die angeblich ebenso präzise und detaillierte „Prophezeiungen" bis zum Juni 2005 enthielten, mit Datum notariell hätte beglaubigen lassen sollen.

Auf diese Idee, alle Übersetzungen notariell beglaubigen zu lassen, bin ich nicht gekommen. Im Übrigen wäre mir dies aus finanziellen Gründen auch nicht möglich gewesen. Dennoch bin ich ihm dankbar für seinen Hinweis, und werde, sobald die Übersetzung des Manuskriptes abgeschlossen ist, den kompletten Text notariell beglaubigen lassen. Da sich die Prophezeiungen auf einen Zeitraum bis etwa zum Jahr 2090 erstrecken, dürfte die Beglaubigung auch dann noch ausreichend sein.

Auch wurde verlangt, dass ich zur Verifizierung meiner Aussagen die Originale der englischen Übersetzungen vorlege.

Diesem Umstand habe ich Rechnung getragen, indem ich dem Herausgeber der Zeitschrift „Mysteries", Luc Burgin die englischen Übersetzungen der Texte inklusive der Begleitbriefe in Kopie übergab. Er ist autorisiert, diese Texte zu publizieren. Die Originale können von Interessierten jederzeit bei mir eingesehen werden.

Zu dem zeitlichen Ablauf im Zusammenhang der Veröffentlichung der Prophezeiungen zum 11. September 2001, der immer wieder Fragen aufwarf, kann ich diese wie folgt beantworten:

Ich las diese mit Sicherheit weltbewegenden Zeilen auf einer für mein Partner-Unternehmen geführten Reise in Kroatien – und schenkte ihnen zunächst keinen Glauben.

Den Brief hatte ich am Vorabend meiner Abreise erhalten, aus Zeitmangel auf die Tour mitgenommen und erst da gelesen.

Richtig ist, dass ich gemäß der Beschreibung in meinem Buch dem Palmblattleser Ganeshbabu Shastri die Palmblätter im August 2001 übergab. Genauer gesagt, übergab ich ihm das Manuskript vor meiner Abreise aus Indien am 02. August 2001. Ganeshbabu versprach mir, sich sogleich an die Übersetzung zu machen. Nach meiner Rückkehr aus Indien führte ich vom 05. August 2001 bis zum 11. August 2001 für das Partner-Unternehmen Dressler Reisen Heidenau (firmiert heute unter Reisedienst Dressler) eine Busreise in die Schweiz. Vom 19. August 2001 bis zum 26. August 2001 leitete ich für das gleiche Unternehmen eine Busreise nach St. Petersburg. Vom 31. August 2001 bis zum 08. September 2001 führte ich eine weitere Busreise für das gleiche Unternehmen nach Italien (Neapel und Amalfiküste). In dieser Zeit, „Anfang September 2001", ging der Brief Ganeshbabu Shastris ein. Ich nahm diesen Brief mit auf meine nächste Reise, die ich für Dressler Reisen leitete. Diese Tour dauerte vom 09.09.2001 bis zum 15.09.2001, und führte nach Kroatien, genauer gesagt nach Opatija. Am Abend des 09.09.2001 trafen wir in Opatija ein. Nach einem halbtägigen Ausflug am 10.09.2001 hatte ich Zeit, mich meiner mitgenommenen Korrespondenz zu widmen, zu der auch der Brief Ganeshbabu Shastris gehörte. Obwohl ich die Aussagen zunächst für Science Fiction hielt, bewog mich der dringliche Ton des Begleitbriefes dann doch, die amerikanische Botschaft in Kroatien anzurufen. Dies geschah am späten Nachmittag bzw. frühen Abend des 10. September 2001. Da die Angerufenen keinerlei Interesse an der Geschichte bekundeten, rief ich dann die amerikanische Botschaft in Berlin sowie einige deutsche Tageszeitungen an. Auch hier stieß ich überwiegend auf Ablehnung oder zumindest Unverständnis. Dennoch sandte ich am Abend des 10. September 2001 nochmals Mails an die kontaktierten deutschen und einige weitere englischsprachige Tageszeitungen sowie auch an die amerikanische Botschaft in Berlin vom Internetkaffee des Hotels in Opatija aus.

Die Kopie der datierten englischen Originalübersetzung mit den Vorhersagen zum Anschlagsgeschehen des 11.09.01 liegt mitsamt dem ebenfalls datierten Begleitbrief der Redaktion von „Mysteries" vor.

Doch warum erst eine Veröffentlichung im Jahr 2005? Auch diese Frage wurde mir natürlich gestellt, wobei angezweifelt wurde, dass die Übersetzung einen so langen Zeitraum in Anspruch nahm.

Die Palmblattbibliotheken verfügen nicht nur über unterschiedliche Systeme des Zugriffs auf die entsprechenden Informationen. Ebenso fühlen sich die Palmblattleser verschiedenen Traditionen und Verhaltensweisen verpflichtet, die sich allesamt auf die Rishis – die sagenumwobenen Schöpfer der Palmblattbibliotheken – zurückführen lassen.

Während sich Sri Ramani in Madras neben einem Telefon (Zitat: *„Es war faszinierend, den Palmblattleser gleichzeitig ein Telefonat führen zu sehen, während sein Schreibstift mit unverminderter Geschwindigkeit über das Papier flitzte. Selbst wenn er mir die fertig beschriebenen Bögen reichte, geschah das in einer Art distanzierter Abwesenheit."*) sogar den Luxus einer eigenen Mailadresse leistet, lehnt sein Kollege Gunjur Sachidananda Murthy in Bangalore die modernen Kommunikationsmittel ab und gestattet sich lediglich ein Telefon.

Weiter noch geht Sri Pooyamali mit seiner Sammlung Brigu Samitha aus Chenghalpathu, der sich selbst ein Telefon versagt, weil er der Meinung ist, die Menschen, denen es bestimmt sei, seine Bibliothek aufzusuchen, würden ihn auch ohne moderne Kommunikationsmittel finden. In der gleichen Tradition sah sich auch Ganeshbabu Shastri, der es aus eben diesen Gründen ablehnte, zu Telefon oder gar Internet zu greifen.

Ich halte mich nicht für berufen, über diese Traditionen zu urteilen, sondern habe sie akzeptiert.

Ganeshbabu Shastri betrachtete die Übersetzung der globalen Prophezeiungen als einen Teil seiner spirituellen Lebensaufgabe, ohne darüber jedoch die Entwicklung seiner Familie zu vernachlässigen. Die Texte, welche ich ihm zur Verfügung gestellt hatte, bedeuteten für ihn eine wirkliche Herausforderung, da sie sich vollständig von der Interpretation individueller Lebensläufe, die ihm aus seiner alltäglichen Praxis vertraut waren, unterschied. Insofern gibt es den Aussagen meines Buches nichts hinzuzufügen.

Warum der plötzliche Einschnitt im Juni 2005 nach präzisesten Aussagen für die Zeit vorher? Auch diese Frage wurde mir gestellt, z. B. Bezug nehmend auf folgende Textstelle:

*„Im Herbst des Jahres 2005 nach westlicher Zeitrechnung wird es zu einer Veränderung in der Regierung kommen. Die bislang Regierenden haben ihre*

*Arbeit aufgekündigt, obwohl sie nach dem Gesetz noch ein Jahr weiter regieren könnten. ... Es werden neue Regenten kommen, doch ihre Taten werden nicht besser sein als die der vorangegangenen Herrscher."*

In dem Zusammenhang wurde moniert, dass dieselben Seher, die über Jahrtausende hinweg vorausgesehen haben sollen, dass in Deutschland im Jahr 2005 ein Jahr vor Ablauf der offiziellen Amtszeit vorgezogene Neuwahlen stattfinden werden, für den Herbst 2005 nicht einmal voraussagen konnten, dass in Deutschland zum ersten Mal eine *Frau* Bundeskanzlerin wird!

Aber offensichtlich ist es für die weitere Entwicklung der Geschichte der BRD nicht von Belang, ob die neue Regierung von einer Frau oder einem Mann geführt wird – entscheidend dürfte das Verhalten dieser Koalition sein, welches leider nur zu gut mit den im Palmblattmanuskript getroffenen Aussagen übereinstimmt."

Tatsächlich ist aber von den Prophezeiungen erst ein kleiner Teil übersetzt.

Vor allem was den monierten Umfang der Vorhersagen ab dem Jahr 2005 betrifft, so sei darauf hingewiesen, dass bislang nur 8 Seiten von insgesamt 156 Doppelseiten des Manuskripts übersetzt wurden Ursprünglich hatte ich gehofft, die Übersetzung durch einen anderen Palmblattleser vollenden lassen zu können. Da sich aber niemand zur Übernahme der Aufgabe bereit erklärte, entschloss ich mich zur Publizierung des vorhandenen Materials.

Wie ich aber im Buch und auch nochmals in meiner Stellungnahme schrieb, sind von den 156 Doppelseiten des Manuskriptes lediglich 8 übersetzt worden – das erklärt auch, warum die Vorhersagen seit 2006 nicht mehr so präzise sind, wie die in den vorhergegangenen Jahren. Aber wir arbeiten daran.

Ich gehe z. B. davon aus, dass sich bei einer weiteren Übersetzung des Manuskriptes auch die Amtszeit des deutschen Papstes taggenau eingrenzen lassen wird.

Soweit diese bis heute vorliegen, sind die Übersetzungen bereits in dieser überarbeiteten Auflage des kritisierten Buches berücksichtigt und veröffentlicht und mögen somit noch einige Zweifel ausräumen.

# DANKSAGUNG

Ein herzliches Dankeschön soll an dieser Stelle all jenen ausgesprochen werden, ohne die dieses Buch nicht entstanden wäre. Insbesondere geht mein Dank an die Herren Holger Kersten und Rainer Holbe, ohne deren Arbeit ich vermutlich nie auf das Phänomen der Palmblattbibliotheken gestoßen wäre.

Ebenso herzlich danke ich meinem Verleger und langjährigen Freund Werner Betz, der die Realisierung dieses Manuskriptes mit großer Geduld, tatkräftiger Hilfe und Einfühlungsvermögen begleitete.

Auch den Palmblattlesern der besuchten Bibliotheken von Madras, Kanchipuram und Bangalore danke ich für ihre Gastfreundschaft, ihre Güte und ihr Vertrauen, mich, der ich als Fremder kam, mit der Tradition des Nadi-Reading vertraut zu machen.

Nicht unerwähnt bleiben sollen die Kernphysiker des Institutes für Ionenstrahlphysik Rossendorf und die Philologen der Universitäten von Berlin, Prag und Göttingen, denen ich die wissenschaftliche Analyse der Palmblattmanuskripte verdanke.

Mein Dank geht weiterhin an all jene zuverlässigen Hoteliers, Dolmetscher, und Kraftfahrer in Indien, ohne die meine Recherche vor Ort undenkbar gewesen wäre. Stellvertretend für alle seien an dieser Stelle Mr. Gokul vom Hotel „Sea Breeze“ in Mahabalipuram, meine Dolmetscher Davis und Swami M. K. „Mike Srinivasan“ sowie der Fahrer Kumar genannt, der mich sicher durch Südindien chauffierte.

Großen Dank schulde ich meiner Frau Tina G. für ihre Hinweise und Ratschläge bei der Entstehung dieses Manuskriptes und vor allem auch dafür, dass sie mir in dieser Zeit den Rücken frei hielt von geschäftlichen und gesellschaftlichen Verpflichtungen. Das Cover dieses Buches ist ebenfalls ihr Werk.

Abschließend will ich mich nochmals bei all jenen bedanken, die in dieser kurzen Aufzählung nicht namentlich erwähnt werden konnten. Vor allem bedanke ich mich aber bei all den Reisenden, die sich meiner

Begleitung zu den indischen Palmblattbibliotheken anvertrauen. Sie sind alle ein Teil meiner persönlichen Entwicklung – ein Teil jenes Weges, auf dem wir alle fortschreiten und der letztendlich jedes Wesen nach Arcadia führt.

# INDIVIDUELL REISEN MIT THOMAS RITTER

Vielleicht haben Sie nach der Lektüre dieses Buches Lust bekommen, einmal selbst all die geheimnisvollen Palmblattbibliotheken aufzusuchen, über die ich hier berichtet habe, und Ihr ganz persönliches Schicksal zu erfragen.

Wenn Sie möchten, so können wir dies gemeinsam tun, denn ich möchte Ihnen die Welt so zeigen, wie sie wirklich ist. Deshalb lade ich Sie ein, mit mir nicht nur einen Blick hinter die Kulissen zu werfen, sondern eine Zeit lang zu verweilen, in die fremden Kulturen einzutauchen und sie hautnah zu erleben. Nur so haben Sie die Chance, unsere Welt wirklich zu entdecken und sich Ihr eigenes Bild zu machen – zu sehen, zu fühlen, zu verstehen und zu lernen.

Selbstverständlich begleite ich Sie dabei, denn schließlich will ich Ihnen ja all das Wunderbare zeigen und nahe bringen, dass ich bisher schon entdecken durfte. Sicher wissen Sie selbst am besten, dass es nur halb so viel Spaß macht, wenn man etwas Außergewöhnliches allein erlebt. Lassen Sie es uns also miteinander teilen! Unsere Reisen sollen eine Brücke zu dem jeweiligen Land, seiner Kultur, seiner Geschichte und seinen Menschen bauen und Ihnen unvergessliche Erlebnisse und Eindrücke vermitteln, und das kann man eben nur in kleinen Gruppen mit maximal 8 Teilnehmern und durch wirklich persönliche Betreuung, wie ich sie Ihnen anbiete, erreichen. Schließlich möchte ich ja, dass Ihre Zeit mit mir später zu Ihren schönsten Erinnerungen zählt. Den kompletten Katalog, hochwertige Reiseliteratur und viele weitere Informationen erhalten Sie bei:

**Thomas Ritter**
**Rundteil Nr. 14, 01728 Possendorf**
Tel./Fax: 035206-23399, Handy: 0172-3516849
**www.thomas-ritter-reisen.de**
**E-Mail: Ritterreisen@AOL.COM**

Ich freue mich auf Sie und wünsche mir, dass auch Sie als Fremde zu mir kommen und als Freunde gehen.

# BEGRIFFSERLÄUTERUNGEN

**Askese**: strenge Enthaltsamkeit durch körperliche und geistige Selbstüberwindung zur Erlangung ethischer Ziele, übersinnlicher Fähigkeiten oder spiritueller Vollkommenheit.

**Atman**: Der göttliche Funke im Innern des Menschen – das wirkliche SELBST.

**Avatar**: der „Herabgestiegene"; Inkarnation Gottes, die in der materiellen Welt erscheint.

**Ayurveda** – wörtlich übersetzt „die Wissenschaft vom langen Leben" – ist eine 5000 Jahre alte, auf reiner Kräutermedizin beruhende Heilkunde. Sie beinhaltet eine fortschrittliche und vielseitige Diagnostik, prophylaktische Methodik sowie Heilverfahren, die nicht nur den materiellen Körper, sondern auch die energetischen Ebenen des menschlichen Seins berücksichtigen. Die Ayurveda umfasst ein großes Wissen der psychosomatischen Ursachenbehandlung. Den ayurvedischen Ärzten ist bekannt, dass zahlreiche Krankheiten auf Störungen im energetischen Bereich zurückzuführen sind. Gemäß der Ayurveda sind Krankheiten Signale des Körpers, die darauf hinweisen, dass das Verhältnis der Elemente im Körper gestört ist. Die Korrektur dieses Gleichgewichts beruht auf einer sehr differenzierten Ernährungswissenschaft. Die zentrale Rolle wird hierbei einer rein vegetarischen Ernährungsweise, angemessener Rohkost, gezieltem Fasten sowie der richtigen Atmung zugemessen. Ayurvedische Medizin ist kein verzweifelter Kampf gegen den Tod, sondern eine Unterstützung der natürlichen Gesundheit innerhalb eines vernünftigen Rahmens in der sicheren Gewissheit, dass bloße Gesundheit eben nicht das höchste Gut des Menschen ist. Der physische Tod ist nämlich unter keinen Umständen vermeidbar.

**C-14-Methode**: Mitte der 60er Jahre begann man die Radiocarbon- oder 14C-Methode (umgangssprachlich C-14-Methode genannt) für die exakte Datierung archäologischer Funde zu nutzen. Der amerikanische Chemiker und Physiker Willard Frank Libby (1908 bis 1980) entwickelte die Radiocarbon-Methode zur Datierung abgestorbener organischer Stoffe wie Knochen, Holz oder Samen, die in prähistorischen Erdschichten oder Gräbern erhalten blieben. Dafür erhielt Libby 1960 den Nobelpreis für Chemie. Die von Libby entwickelte und bei weitem nicht unumstrittene Methode funktioniert folgendermaßen: In unserer Erdatmosphäre werden in ca. 15 Kilometer Höhe durch kosmische Strahlungen energiereiche Neutronen erzeugt. Trifft nun ein Neutron (n) auf ein Stickstoffatom (N), so wird durch Kernreaktion bei Abgabe eines Protons (p) ein radioaktives Kohlenstoffatom mit dem Atomgewicht 14 (14C) gebildet, das mit dem Luftsauerstoff (O2) zu Kohlendioxid (14CO2) oxidiert. Diese radioaktiven Kohlendioxidmoleküle werden in der gesamten Erdatmosphäre, im Wasser der Meere und in der Biosphäre gleichmäßig verteilt. Dabei stellt sich ein weltweit konstantes Verhältnis zwischen der Menge des radioaktiven und des normalen Kohlenstoffs mit dem Atomgewicht 12 (12C) ein, und zwar kommt auf eine Billion normaler 12CO2-Moleküle nur ein einziges mit dem radioaktiven Kohlenstoff 14C. Das Verhältnis der beiden Kohlenstoffisotopen ist deshalb konstant, weil ebensoviel 14C ständig neu gebildet wird, wie solches durch Radioaktivität zerfällt. An dem konstanten Verhältnis von 14C zu 12C hat auch die gesamte belebte Natur Anteil. Durch Photosynthese gelangt die Mischung der beiden Kohlenstoffisotope auch in die Pflanzen. Tiere und Menschen nehmen sie dann mit ihrer pflanzlichen Nahrung auf. Stirbt aber ein Lebewesen, so wird naturgemäß die Zufuhr von neuen 14C unterbrochen. Das vorhandene 14C zerfällt jedoch aufgrund seiner Radioaktivität weiter mit einer Halbwertzeit von 5 730 Jahren. Dies bedeutet, dass nach diesem Zeitraum in den Resten des Lebewesens nur noch die Hälfte des ursprünglich vorhandenen radioaktiven Kohlenstoffes enthalten ist. Nach weiteren 5 730 Jahre ist in den Überresten nur noch ein Viertel des radioaktiven Kohlenstoffs enthalten, und so setzt sich dieser Prozess immer weiter fort. Um das Alter organischer Reste zu berechnen, muss man also das derzeitige Verhältnis von 14C zu 12C bestimmen und kann so unter Berücksichtigung der Halbwertzeit auf die Zeit schließen, die seit dem Tode des lebenden Gewebes vergangen ist. Die Strahlungsimpulse, die durch den radioaktiven Zerfall entstehen, werden gezählt. Aus der Halbwertzeit des 14C ergibt sich, dass nur solche Proben sinnvoll gemessen werden können, die nicht älter als 40 000 Jahre sind, weil sonst die Zahl der Strahlungsimpulse für eine statistische Berechnung zu klein wäre. Während des letzten Jahrzehnts wurde die 14C-Methode noch wesentlich verbessert, aber dennoch ist die ursprüngliche Radiocarbon-Chronologie keineswegs überholt.

**Brahma**: das erste erschaffene Wesen im Universum; ist als Halbgott für die interne Schöpfung des Universums zuständig.

**Brahmane**: sanskr.: brahmana; Angehöriger der obersten Kaste der Hindus.

**Devas:** „leuchtete Wesen", „Halbgott". Rishis sind (laut Armin Risi): 1. die großen Weisen auf den höheren Planeten, direkte Söhne Brahmas. 2. Titel der großen Weisen und Gottgeweihten in der vedischen Zeit.

**Dhoti**: indisches Kleidungsstück; einfaches Tuch, das ähnlich wie ein Lendenschurz getragen wird.

**Dharma**: Rechtschaffenheit; göttliche Ordnung; ethisch-religiöse Verpflichtung.

**Gopurams** sind trapezförmige Tempel-Pyramiden. Sie stehen an planetarisch ausgerichteten Kraftorten. Sie sollen die Menschen an die hierarchische Ordnung der Dimensionen erinnern. Die Spitze und die Basis verlaufen parallel und sind durch immer breiter werdende Stockwerke verbunden. Die Tempel selbst sind wie große Mandalas aufgebaut.

**Guru**: geistiger Führer; spiritueller Lehrer, der von Unwissenheit befreit, Illusionen zerstört und seinen Schülern den Weg zur Erlösung zeigt.

**Harappakultur**, benannt nach der ersten von Archäologen gefundenen Stadt dieser Zivilisation, erreichte 2500 v. Chr. ihren Höhepunkt und war ihrerzeit die größte urbane Hochkultur der Erde.

Ihr Gebiet reichte vom Arabischen Meer bis zum Vorgebirge des Himalajas im Norden und zum heutigen Neu-Delhi im Osten. Die zahlreichen Städte waren durch Handel und Blutsverwandtschaft verbunden, das Rad und die Bewässerung waren ebenso bekannt wie die (bis heute noch nicht entzifferte) Schrift. Handelsverbindungen lassen sich nach Mesopotamien nachweisen, was kein Wunder ist, da die gesellschaftliche Struktur wohl auf Handwerkern und Händlern beruhte.

**Induskultur**: Um circa 2500 v. Chr. entstand im Industal eine städtisch organisierte Zivilisation. Diese war genauso hoch entwickelt wie die

Hochkulturen Ägyptens, Mesopotamiens und Chinas. Die Hauptzentren dieser Kultur lagen in der Indusebene; ihre Fläche erstreckte sich über etwa 1,3 Millionen qkm im Nordwesten Indiens. Die Induskultur stützte sich auf eine stark entwickelte Landwirtschaft mit einer Vielzahl von Haustieren und Getreide bzw. Früchten und Gemüse. Auffallend künstlerisch waren die damals hergestellten Siegel, die mythologische Fabelwesen und geometrische Figuren wie Hakenkreuze darstellten und ein wichtiges Handelsgut waren. Sie wurden als Amulette oder Schlösser verwendet. Ausgrabungen belegen, dass ein reger Handel sowohl innerhalb der Induskultur als auch mit anderen Regionen herrschte. Status und Wohlstand waren aller Wahrscheinlichkeit nach gleichmäßiger verteilt, als in anderen Hochkulturen. So wurden keine Belege für die Existenz mächtiger Priester oder Könige gefunden, ebenso wenig für eine Ausbeutung der Bevölkerung oder eine imperiale Macht. Man nimmt an, dass die Induskultur eher einer losen Föderation von Menschen mit einer ausgesprochen gut ausgebauten Handelsstruktur entsprach, als einem einheitlichen Staat. Es ist heute wissenschaftlich erwiesen, dass die Induskultur nicht durch äußere Einflüsse wie etwa Einwanderung entstand, sondern aus den ansässigen Gesellschaften heraus.

**Karma**: das Gesetz der „Handlung" – Gesetz von Aktion und Reaktion.

**Kali-Yuga**: das „Zeitalter von Streit und Heuchelei", das vor fünftausend Jahren begann.

**Mahabharata** ist das bedeutendste und umfangreichste Epos der Hindus, in dem deren Gedanken anhand der Geschichte der Bharatas, eines indischen Volksstammes, verdeutlicht wurden. Geschichtswissenschaftler gehen davon aus, dass diese Ballade vor ca. 3000 Jahren entstand. Das heute bekannte Mahabharata stammt jedoch aus dem 4. und 5. Jahrhundert v.Chr. Bharata war ein Herrscher, der durch sein weises und tapferes Handeln den ganzen indischen Subkontinent beherrschte. Die Inder nennen sich oft noch heute die Söhne Bharatas und Indien selbst Bharat oder Bharatavarsha. Kuru, ein Nachkomme Bharatas, war der Stammvater des Königsgeschlechts der Kauravas. Durch Familienzwistigkeiten kam es zum 18-tägigen Bruderkrieg zwischen den Kauravas und den Pandavas, der auf dem Schlachtfeld von Kurukshetra stattfand und den alten Stamm fast ausrottete. Der wohl bekannteste und schönste Teil des Mahabharata ist die Bhagavad Gita.

**Mantras**: Gesänge. Worte voll geistiger Kraft bzw. heilige Formeln.

**Maya**: das verhüllende Prinzip, das die Manifestation des Einen als materielle Wirklichkeit erscheinen und dadurch die Schöpfung entstehen lässt; der Wunsch nach „Vielheit"; die primäre Illusion.

**Moksha**: Befreiung des Geistes; Erlösung; Unterbrechung des Kreislaufs von Geburt und Tod; Erlangung ewiger Glückseligkeit; Einswerdung mit Gott.

**Namaskaar oder Namastè** bedeutet in Indien „Willkommen".

**Puja oder Pooja**: Gottesdienst; rituelle Anbetung der hinduistischen Gottheiten

**Ramajana**: indisches Nationalepos mit 24.000 Doppelversen, wahrscheinlich von Walmiki verfasst (4./3. Jh. v. Chr.). Erzählt die Sagen von dem göttl. Helden Rama und den Kämpfen, die er zu bestehen hatte, um seine von dem Dämonengott Ravana geraubte Gattin Sita zu befreien.

**Rishis**: bedeutet wörtlich „Rasende" oder besser „Seher". Die Rishis waren die Heiligen des vedischen Zeitalters in Indien. Das Sternbild „Großer Wagen" steht mit seinen Sternen für die Sieben Rishis.

**Samsara**: Fluss; Kreislauf des Lebens; beständiger Wechsel; der endlose Zyklus von Geburt und Tod.

**Sannyasins**: die „Weltabgewandten", so werden vor allem die Schüler des indischen Weisheitslehrers Osho (Bhagwn Sri Rainesh) bezeichnet

**Sari**: langes Wickelgewand der indischen Frau, besteht in der Regel aus einem 5 m langen farbigen Tuch

**Shiva**: einer der drei Aspekte Gottes; Gott als Zerstörer, der auflöst, um Neues zu erschaffen; Gott der Hindu-Trinität.

**Srimad-Bhagavatam** (Bhagavata Purana) ist ein 18.000 Verse umfassender episch-philosophischer Klassiker der vedischen Literatur. Das umfangreiche Werk enthüllt, in Form von faszinierenden Erzählungen, Dialogen und Gleichnissen, alle Aspekte der vedischen Philosophie, Religion, Kunst und Geschichte. Es beschreibt die Gesetzte von Karma und Reinkarnation sowie verschiedene Wege des Yoga und der Meditation und gibt auch in zahlreichen anderen Wissensbereichen – wie Psychologie, Soziologie, Kosmologie, Astronomie und Ethik aufschlussreiche Antworten. Darüber hinaus enthält das Srimad-Bhagavatam eine Vielzahl detaillierter Aufzeichnungen einer bemerkenswert fortgeschrittenen Zivilisation, die zu einer Zeit blühte, welche weit vor der uns bekannten Geschichte liegt. Es beinhaltet auch verblüffend präzise Voraussagen für die Gegenwart sowie für Zeiten, die uns noch bevorstehen. In der heutigen Zeit, die von den Veden prophetisch als Kali-yuga („das Zeitalter von Streit und Heuchelei") bezeichnet wird, kommt dieser unvergleichlichen Wissensquelle eine immer größere Bedeutung zu.

**Sumerer**: Die Sumerer siedelten ab dem 4. Jahrtausend v. Chr. im Süden Mesopotamiens und gelten als Schöpfer der ersten Hochkultur. Ihr Einfluss reichte bis an Mittelmeer und nach Ägypten. Der letzte Herrscher Lugalzaggesi (um 2365 – 2340 v.Chr.) wurde von dem Akkadier Sargon I. entmachtet.

**Tantra** erscheint als eine recht unorthodoxe Form des Yoga. Tantra ist ein mystischer, aber dennoch klar vorgegebener Weg zur ekstatischen Befreiung durch die Lenkung der unendlichen Energien von Körper und Seele – es ist ein Yoga des Handelns. Die Tantrikas wollen den weltlichen Freuden nicht entsagen, sondern im Gegenteil aktiv erleben. Das bewusste Erfahren dieser Freuden soll soweit gehen, dass die dabei freigesetzte Energie zur höchsten Erleuchtung führt. Dabei wird das Göttliche in Gestalt der Frau verehrt. Die Tantrikas glauben daher an die Frau als Trägerin der göttlichen Macht. Aus diesem Grunde spielt auch der Geschlechtsverkehr als Ausdruck der Vereinigung von Männlichem und Weiblichem, also von transzendenter und immanenter Gottheit, im Tantrismus eine außerordentlich große Rolle.

**Veden**: Der Hinduismus begründet sich in den Veden, d.h. heiliges Wissen, die von den Weisen (rishis) 'erschaut' wurden und die sie dann in Worte fassten. Lange Zeit wurde dieses Wissen nur mündlich überliefert, seine Hüter wurden Brahmanen genannt, im ursprünglichen Sinne eine spirituelle Bezeichnung für einen Wissenden, einen, der im Kontakt mit dem Brahman steht. Erst später wurden diese rituellen und magischen

Formeln, Lieder, Opfergebete und Hymnen in Alt-Sanskrit aufgeschrieben. Im Mittelpunkt stand dabei immer das Opfer, das auf genau vorgeschriebene Art ausgeführt werden musste, um das Wohlwollen der Götter und die universelle Harmonie aufrecht zu erhalten. Die Bedeutung des Opfers erklärt sich schon allein aus der Tatsache, dass die Arier ein nomadisierendes Hirten- und Kriegervolk waren und somit Kulthandlungen in Tempeln, wie wir sie aus dem heutigen Hinduismus kennen, gar nicht möglich waren. Ebenso waren in dieser Zeit natürlicherweise personifizierte Naturgewalten wie Agni, Surya und Indra von großer Bedeutung. Sinn der Opferhandlungen war es, die Gunst der Götter auf sich zu ziehen, um recht irdische Dinge zu erlangen, wie viele Söhne, Wohlstand etc. Dem im Sinne des Dharma Lebenden, der alle Regeln seiner Kaste bezüglich Familie, Beruf, Gesellschaft etc. erfüllte, stand nach dem Tode das Land der Väter offen (scheint so was wie unser Paradies zu sein). Diese Religionsauffassung wird als Religion des Genießens im Gegensatz zu den später entstandenen Upanishaden verstanden, wo der Schwerpunkt auf der Erlösung (moksha) liegt. Die ältesten vedischen Hymnen sollen in die Zeit bis 1500 v. Chr. zurückgehen, während die ältesten Upanishaden ab 750 v. Chr. anzusiedeln sind.

**Vibhuti**: heilige Asche: Symbol der Vergänglichkeit und der Reinheit dessen, das durch das Feuer gegangen ist.

**Vimana-Veda**: die Wissenschaft der planetarischen und interplanetarischen Flugobjekte. Man sagte den Göttern nach, dass sie heute weitgehend unbekannte Energien verwendeten. In der Vimana-Veda werden verschiedene Flugobjekte beschrieben. Eine genaue detaillierte Beschreibung mit präziser technischer Genauigkeit würde eine perfekte Bauanleitung bieten. Es werden unbekannte Metalllegierungen beschrieben, unbekannte chemische und physikalische Formeln aufgezeigt sowie Erläuterungen zu verschiedenen Energieformen gegeben. Vimana-Veda ist ca. 5000 Jahre alt.

**Vishnu**: einer der drei Aspekte Gottes; Gott als Erhalter und Beschützer; ein Gott der Hindu-Trinität.

**Yoga**: Selbstkontrolle: spirituelle Disziplin mit dem Ziel des Einswerdens mit Gott.

# LITERATURVERZEICHNIS

Arz, Wilfried, Palmblattbibliotheken in Südindien, in DAO Heft 2/98, S. 20 ff., DAO Zeitschriften Verlag, Hamburg, 1998

Blavatsky, Helena Petrovna, Die Geheimlehre, Secret Doctrine, Adhyar / Madras, 1877

Blavatsky, Helena, Die entschleierte Isis, Isis unveiled, Adhyar / Madras, 1888

Blumrich, J. F., Kasskara und die sieben Welten, Droemersche Verlagsanstalt Th. Knaur Nachf., München, 1985

Buttlar, Johannes von, Gottes Würfel, Herbig Verlag, München, 1992

Childress, David Hatcher, Lost Cities of China, Central Asia and India, Adventures unlimited, Stelle, IL 60919 USA, 1991

Childress, David Hatcher, Lost Cities of Ancient Lemuria & the Pacific, Adventures unlimited, Stelle, IL 60919 USA, 1987

Churchward; James, Mu – der versunkene Kontinent, Windpferd / Reihe Atlantis, Aitrang, 1990

Däniken, Erich von, Reise nach Kiribati, Ullstein Sachbuch, Düsseldorf, 1983

Frankenberg, Peter, Spuren im Weltgedächtnis, in VISIONEN, Heft 01/97, S. 49 ff., Sandila Verlag, Herrischried, 1997

Finlay, Huge & Kollegen, Indien-Handbuch, 5. Auflage, Gisela E. Walther Verlag, Bremen, 1997

Friedrich, Annett, Wehge des Schicksals – Phänomen Palmblattbibliotheken, Arun Verlag, Schleusingen, 2002

Fritz, John M. und Michell, George: City of Victory, The Medieval Hindu Capital of Southern India, Aperture Foundation Inc., New York, 1991

Godwin, Joscelyn, ARKTOS, Das Buch der Hohlen Erde, Edition Neue Perspektiven, Peiting, 1997

Hedin, Sven, Transhimalaya, Entdeckungen und Abenteuer in Tibet, 7. Auflage, F. A. Brockhaus, Mannheim / Leipzig, 1985

Heyerdahl, Thor, Lasst sie endlich sprechen, Langen Müller, München, 1997

Hopkirk, Peter, Foreign Devils on the Silk Road, Oxford University Press, Oxford, 1980

Krack, Rainer, Hindi für Globetrotter, Kauderwelsch-Sprachreiseführer Bd. 17, 3. Auflage, Peter Rump Verlag, Bielefeld, 1991

Krack, Rainer, India obscura, Peter Rump Verlag, Bielefeld, 1986

Krassa, Peter, Habeck, Reinhard, Die Palmblattbibliothek & und andere geheimnisvolle Schauplätze dieser Welt, Herbig Verlag, München, 1993

Lichtenfels, Karl L. von, Lexikon der Prophezeiungen, Herbig Verlag, München 1999

Lippert Helga & Kollegen, Das Mysterium des Shiva, in Gottfried Kirchner (Hrsg.) TERRA X – Von Atlantis zum Dach der Welt, Gustav Lübbe Verlag, Bergisch Gladbach, 1988

Mahajan, V. D., Ancient India, S. Chand & Company Ltd., New Delhi, 1997

Morgenroth, Wolfgang, Das Schlangenopfer, Geschichten aus dem Mahabharata, Rütten & Loenig, Berlin, 1987

Mylius, Klaus, Älteste indische Dichtung und Prosa, Verlag Philipp Reclam jun., Leipzig, 1978

Narandra M. R., Pralaya 1999, Is this the last decade for human race?, H. Venkataramaiah & Sons, Mysore / India, 1997

Prabhupada, Bhaktivedanta Swami, Srimad Bhagavatham, Zweiter Canto, The Bhaktivedanta Book Trust reg., Heidelberg, 1983

Rausch, Barbara, Meyer, Peter, Indien – Nepal, 7. aktualisierte und verbesserte Auflage, Barbara Rausch Verlag, Wetzlar, 1992

Redaktion esotera, Parallelen zwischen Indien und Mexiko, Rubrik: Tatsachen, die das Weltbild wandeln, esotera, Heft 8/98, Freiburg, 1998

Reddy, Gouru Tirupati, The Secret World of Vaashtu, Padullaparti Chandra Sekhar, Hyderabad / India, 1994

Risi, Armin, Gott und die Götter, 2. Auflage, Govinda-Verlag, Zürich – Berlin, 1996

Risi, Armin, Machtwechsel auf der Erde, Govinda Verlag, 1999

Ritter, Thomas, Die Geheimnisse indischer Palmblattbibliotheken, Behmeier Verlag, Lübeck / Leipzig, 2001

Rohr, Wulfing von, Es steht geschrieben ..., Ariston- Verlag, Genf / München, 1994

Schweia, Horst, Muruganandam, K., Tamil für Globetrotter, Kauderwelsch-Sprachreiseführer Bd. 39, 2. Auflage, Peter Rump Verlag, Bielefeld, 1993

Taylor, Prof. John, Eine Schlacht in der Zeit festgebannt?, in Unglaublich – aber wahr, Verlag DAS BESTE OF READERS DIGEST, Stuttgart, 1989

York, Ute, Eine Reise zu den indischen Palmblattbibliotheken, Reihe Esoterik, Droemersche Verlagsanstalt Th. Knaur Nachf., München, 1995

Waterstone, Richard, Living Wisdom India, Duncan Baird Publishers, London, 1995

Weiterhin fanden meine privaten Aufzeichnungen über die Reisen im August 1993 und Juli/August 1995 sowie Texte meiner Reisetagebücher 2000 bis 2004 Eingang in dieses Buch.

**Thomas Ritter**

## Healing Sticks

Das tibetische Buch der Heilung

ISBN 978-3-935910-63-7, Taschenbuch,
162 Seiten, 4 Farbfotos, 114 s/w-Abb., **€ 13,50**

Sie sollen aus den klaren Wassern des Paradieses entstanden sein, tief eingebettet im Erdinnern, über Millionen von Jahren dem gewaltigen Druck von Erd- und Gesteinsmassen ausgesetzt, mit magnetischen Strahlkräften ausgestattet, von Gnomen und Elfen bewacht – so werden in Sagen und Legenden die kostbarsten Kleinode unserer Erde, die Edelsteine beschrieben.

Die Lehre von der wundertätigen Heilkraft dieser Steine ist so alt, wie die menschliche Zivilisation.

Eine bis heute wenig bekannte Kunst der Heilung mit Kristallen stammt aus dem Himalaja, den Regionen Tibets und Ladakhs. Dort benutzen bis in unsere Zeit Priester, Mönche und Schamanen besondere Heilstäbe, die aus Kristallen gefertigt sind. Diese uralte Kunst des Kristallheilens soll ursprünglich in dem legendären Land Shambhala beheimatet gewesen sein. In frühen buddhistischen Schriften taucht der Ort unter dem Namen Chang Shambhala auf und wird als Quelle antiker Weisheit beschrieben. Seinen Bewohnern wird neben einem hohen moralischen und gesellschaftlichen Entwicklungsniveau vor allem eine außergewöhnliche spirituelle Reife nachgerühmt. Sie ist der Grund dafür, dass die Ärzte von Shambhala eine Heilkunst entwickelten, welche die Kenntnis von der Wirkung der einzelnen Kristalle einschließt.

Dem Autor dieses Buches ist es in mehr als zehnjähriger Arbeit gelungen, das Wissen um diese alte und einstmals geheime Heilkunst zu sammeln, um es auch für die Menschen der westlichen Welt zu erschließen.

Thomas Ritter

**Die Katharer**

**Kinder des Teufels oder wahre Christen?**

ISBN 3-935910-05-3, Din A5, 46 Seiten, Rückenheftung, **€ 6,00**

Wer waren sie wirklich, die Katharer – eine ketzerische Sekte oder wahre Christen, die ihren festen Glauben bewahrten, bis sie in einem gewaltigen Kreuzzug vernichtet wurden? Thomas Ritter ist auf vielen Reisen ihren Spuren vom Aufstieg der Glaubensgemeinschaft bis zu ihrem tragischen Untergang gefolgt.

Thomas Ritter

**Sehnsucht nach dem Paradies**

**Die Kinderkreuzzüge im Jahr 1212**

ISBN 3-935910-06-1, Din A5, 109 Seiten, Pb.
**€ 9,50**

Warum schweigen die meisten unserer Geschichtsbücher, wenn es um die Geschichte der Kinderkreuzzüge geht? Thomas Ritter hat umfangreiche Recherchen an den Orten des Geschehens durchgeführt und ist der Frage nachgegangen, was wohl der wahre Auslöser für die fanatischen Vorhaben der Kinderscharen gewesen sein mag.

**Literatur** zu den Rätseln der Geschichte dieser Welt und weiteren faszinierenden Themen finden Sie im Verlagsprogramm des Ancient Mail Verlags:

## Tagungsband zum One-Day-Meeting der Forschungsgesellschaft für Archäologie, Astronautik und SETI in Erfurt 2006

ISBN 978-3-935910-41-5, 146 Seiten Din A5, Pb, 27 s/w-Abbildungen, **€ 11,50**

Mit den Vorträgen aller Referenten des Meetings:
OStR Peter Fiebag: Eröffnung – „Sakrileg" / Werner Betz: Prähistorische Kraftwerke in den Pyrenäen / Angelika Jubelt: „Geisterschlacht und Zwergenbrot" - Aliens im Mittelalter? / Dipl.-Ing. Paul H. Krannich: Nahöstliche Chronologien und ihre Bedeutungen für die PALÄO-SETI / Wolfgang Siebenhaar: Oberst Fawcetts letzte Reise / Thomas Ritter: Im Land der schwebenden Götter / Gisela Ermel: Flammenbaum und Sky Lords - Die rätselhafte Geschichte der Mixteken / Reinhard Habeck: Geheimnisvolles Österreich / Dipl.-Ing. Harald Lanta: Pyramiden in Europa / Dr. Algund Eenboom: Die Schwerelosigkeit der Götter / OStR Peter Kaschel: Kämpfer, Ketzer, Querdenker / Dr. h. c. Erich v. Däniken: Geheimnisvolles Ägypten

## Tagungsband zum One-Day-Meeting der Forschungsgesellschaft für Archäologie, Astronautik und SETI in München 2007

ISBN 978-3-935910-52-1, 138 Seiten Din A5, Paperback, 47 s/w-Abbildungen, **€ 11,50**

Mit den Vorträgen aller Referenten des Meetings:
Peter Fiebag: Phänomen Sprache / Armin Risi: Die Osiris-Krypta von Gizeh / Carl Nieman: Das ist eine Djedpfeiler / Algund Eenboom: Daniel, ein Lehrmeister von David Copperfield? / Franz Bätz: Cart Ruts in Indien / Marianne Schartner: El Enlarillado / Gisela Ermel: Rätselhafte Moundbuilder / Luc Bürgin: Neue archäologische Rätsel / Reinhard Habeck: Plötzlich erschien die Gottesmutter / Roland Kernstock: Es geschieht in den Wäldern: Die „Wilde Jagd" / Wilhelm Kaltenstadler: Fabelhaftes im Gottesvolk Elam / Horst Dunkel: Ägypten Kranichplatz 7 D- 38110 Braunschweig / Dr. h. c. Erich von Däniken: 30 Jahre „Sagenhafte Zeiten": Neue Projekte und Ideen

## Tagungsband zum One-Day-Meeting der Forschungsgesellschaft für Archäologie, Astronautik und SETI in Siegen 2008

ISBN 978-3-935910-61-3, 152 Seiten Din A5, Paperback, 52 s/w-Abbildungen, **€ 11,50**

Mit den Vorträgen aller Referenten des Meetings:
Peter Fiebag: Erinnerungen an die Zukunft / Johannes Horn: Cart-Ruts von Malta - ein Rätsel wird entziffert / Bruno Göbel: Geheimnisvolle Steine in Peru / Reinhard Habeck: Däniken zum Schmunzeln: Ein humorvoller Rückblick auf 40 Jahre EadZ
Ronald Rattmann: Neues zu Machu Picchu / Angelika Jubelt: Tunguska - 100 Jahre Rätselraten / Martin Heinrich: Jakobs Himmelsleiter war ein Weltraumschiff
Gisela Ermel: Vom Werjaguar zum Regengott / Dieter Bremer: Das Buch Daniel unter Paläo-SETI-Gesichtspunkten / Peter Kaschel: Mysterium 'König Artus und der Heilige Gral'
Ulrich Dopatka: Terra Dioscovery /Tatjana Ingold: 40 Jahre Erinnerungen an die Zukunft - 40 Jahre Mediengeschichte / Andreas von Rétyi: Rätsel um Sirius C

**Roland Roth (Hrsg.)**

# Grenzen der Unendlichkeit

## Geheimnisse und Rätsel der Menschheit

ISBN 978-3-935910-49-1, 230 Seiten, Din A5, Paperback, 53 s/w-Abbildungen, € 17,80

Rätsel und Geheimnisse, merkwürdige Artefakte und vorgeschichtliche, phantastische Überlieferungen gibt es auch im neuen Jahrtausend auf unseren Planeten. Ungeklärte Fragen der Evolution gehören ebenso dazu wie Spuren von außerirdischen Raumfahrern in der Frühzeit. In den Beiträgen dieses Buches berichten namhafte Autoren von merkwürdigen Orten, alten Überlieferungen und philosophischen Gedankengängen zu den Rätseln unserer Welt. Ungewöhnliche Berichte wechseln sich ab mit Geheimnissen der Geschichte und demonstrieren so ein breites Spektrum der Rätsel dieser Welt.

Welche Geheimnisse ranken sich um das rätselhafte Volk der Anasazi?
Gibt es Spuren verlorener Zivilisationen auf Malta?
Welche Geheimnisse umgeben den Kontinent Antarktis?
Gibt es intelligentes Leben auf fernen Planeten?
Welche Gefahren birgt die Kommunikation mit anderen Welten?
Waren die Götter der alten Überlieferungen Astronauten?
Gab es ein geheimes Mondflugprogramm der USA?
Finden wir außerirdische Artefakte auf dem Mond?
Lebten mysteriöse Mischwesen im alten Indien?
Wo finden wir den Heiligen Gral?
War unsere Evolution ganz anders?

Folgen Sie den Autoren auf den Spuren nach merkwürdigen Orten, alten Überlieferungen und philosophischen Gedankengängen zu den Rätseln unserer Welt!

**Roland Roth (Hrsg.)**

## Das Erwachen der Maschinen

**High Tech vor Jahrtausenden**

ISBN 978-3-935910-31-6, 207 Seiten, Din A5, Pb., 38 Abb., € **17,80**

Was wie moderne Science Fiction klingt, war nach eingehenden Recherchen zahlreicher Forscher vor Jahrtausenden bestechende Realität. Auf allen Kontinenten und in allen Kulturkreisen wird von Göttern berichtet, die mit mannigfaltiger Technologie und „magischen" Kräften ausgestattet waren. Sie besaßen modernste Waffen, Fluggeräte und Maschinen für die unterschiedlichsten Zwecke. Diese hochtechnisierte Rasse unbekannter Herkunft war mit unserem heutigen Standard durchaus vergleichbar und letztendlich in vielen Bereichen gar weit überlegen.

Doch wer waren diese Götter und Kulturbringer aus der Vorzeit? Noch heute liegen die Lösungen für so viele Rätsel im Dunkel der Zeit, doch die Spuren sind unübersehbar. Hochtechnisierte Zivilisationen haben bereits vor Jahrtausenden eine kulturelle Entwicklungsstufe erreicht, die mit modernem Wissen zu vergleichen ist. Diese Kulturen waren denn auch Entwicklungshelfer für die primitiven Völker der Erde und schließlich aufgrund ihrer technologischen Überlegenheit Götter und Lehrmeister, die sich entweder völlig autark auf unserem Planeten weiterentwickelt hatten oder ein Wissen nutzten, das möglicherweise von den Sternen kam ...

**Roland Roth**

## Die Existenz des Unglaublichen

ISBN 3-935910-38-X, 159 Seiten, 20 s/w-Abbildungen, Din A5, Pb, € **13,50**

Dieses Buch präsentiert einen Umriss ungewöhnlicher Phänomene. Es zeigt an ausgewählten Beispielen, dass die Erforschung der Erdgeschichte in vielerlei Hinsicht noch immer erhebliche Lücken aufweist und führt den Leser über die Grenzen unseres Planeten hinaus:

- Denkmodelle zur Herkunft des Menschen zeigen anschaulich, dass unsere evolutionäre Entwicklung keineswegs stets in geraden Bahnen verlief.
- Spuren längst verschollener Kulturen deuten auf ein weitreichendes Wirken hoch entwickelter Technologie hin.
- Ungewöhnliche Begebenheiten präsentieren uns eine Konfrontation mit dem schier unfassbaren Phänomen eines Zeitkollaps, von Rissen in unserer Dimension, die im Laufe der Geschichte schon vielen zum Verhängnis wurden.
- Einige Himmelskörper in unserer planetaren Nachbarschaft zeigen merkwürdige Eigenheiten, die uns Rätsel aufgeben.
- Die weitreichenden Entdeckungen von Planetensystemen im Kosmos zeigen uns unmissverständlich den Weg zu den Sternen.

**Roland Roth (Hrsg.)**

## Terra Enigma

### Mysteriöse Spuren und Grenzfälle der Geschichte

ISBN 978-3-935910-68-2, 243 Seiten, 63 s/w-Abbildungen, Din A5, Pb, **€ 18,90**

Finden wir bald die geheimnisvolle Weiße Stadt? - Zeigen merkwürdige Ikonografien aus Mittelamerika raumfahrttechnische Details? - Was verbirgt sich wirklich hinter der Giza-Mauer? – Existiert das wahre Sakrileg in Deutschland? - Gab es die ägyptischen Schädeldeformationen auch bei den wilden Hunnen? - Stand Moses bei seinen Erscheinungen unter Drogeneinfluss? - War Jesus ein Zeitreisender? - Welche Geheimnisse ranken sich um die Madonna von Syrakus? - Was verbirgt das rätselhafte Schweißtuch von Oviedo? - Gibt es auch böse Außerirdische? - Kommt 2012 nun der Weltuntergang oder nicht? - Verkünden alte Schriften unsere Zukunft im All? – Hat der Mond noch Geheimnisse? - Was verbindet Edgar Cayce mit der globalen Erwärmung? ... Diese und viele weitere spannende Themen erwarten Sie in >>TERRA ENIGMA – Mysteriöse Spuren und Geheimnisse der Geschichte<<.

Die fachkundigen Autoren Walter-Jörg Langbein, Lars A. Fischinger, Gisela Ermel, Thomas Ritter, Alexander Knörr und Roland M. Horn haben sich unter der Projektleitung von Herausgeber Roland Roth auf die Spurensuche nach den wahren Rätseln dieser Welt aufgemacht und erstaunliche Fakten zutage gefördert die belegen, dass unsere Welt noch voller phantastischer Rätsel ist!

Tauchen Sie ein in die realen Geheimnisse der Geschichte! Lesen Sie seriöse Recherchen und Fakten zu den letzten Rätseln der Menschheit!

**Gisela Ermel**

# Das Moundbuilder Phänomen

## Erdhügel, Kultursprünge und Masterplaner: Rätselhafte prähistorische Spuren in Nordamerika

ISBN 978-3-935910-57-6, Paperback, Din A5,
350 Seiten, 91 s/w-Fotos, **€ 19,80**

Die Vergangenheit Nordamerikas weist noch etliche ungelöste Rätsel auf. Eines dieser Rätsel dreht sich um das Werden und Vergehen solcher Kulturen, die man inzwischen mit dem Begriff Moundbuilder bezeichnet. Unter Moundbuildern versteht man Menschen, die aus Erde monumentale Hügel – Mounds – und komplexe Anlagen erbauten. Mysteriös ist die Tatsache, dass zu verschiedenen Zeiten solche Moundbuilder-Kulturen urplötzlich begannen nach einem unerklärlichen Sprung von primitivem Steinzeitniveau zur Hochkultur.

Das Muster ist bei allen gleich:

- ohne vorhergehende Entwicklung begannen die Erbauer von Poverty Point (vor ca. 3.700 Jahren), die Erbauer der komplexen Anlagen der Hopewell (vor ca. 2.000 Jahren), die Erbauer der Bilderhügel (vor ca. 1.400 Jahren) und die Erbauer komplexer Städte aus Erdwerk (vor ca. 1.000 Jahren) damit, komplizierte Strukturen zu errichten, die sich nach einem vorgeplanten geometrisch-astronomischen Layout richteten,
- aus heiterem Himmel begannen dieselben Menschen dieser verschiedenen Moundbuilder-Kulturen damit, massenweise Gegenstände herzustellen, nur um diese dann in unterirdischen Depots unter der Erde zu vergraben,
- und so plötzlich wie diese Kulturen begannen, so endeten sie auch abrupt wieder, als sei ein Projekt zu Ende gewesen.

All das spielte sich ab im Südosten der heutigen USA. Die Archäologen rätseln nun darüber, wer die unbekannten und hochstehenden Masterplaner waren, die all die komplexen Pläne entwarfen und realisierten. Wer versammelte all die primitiven Steinzeitleute, um sie diese Anlagen erbauen zu lassen? Für welchen Zweck wurden ganze Regionen in ein geometrisch-astronomisches Liniengeflecht verwandelt oder mit unzähligen Bilderhügeln bedeckt? Für wen stellten die primitiven Steinzeitleute urplötzlich wie am Fließband Gegenstände her, von denen man in vielen Fällen nicht einmal weiß, was sie darstellen sollen? Und warum wurden diese Artefakte dann einfach unter der Erde vergraben? Für wen oder für wann? All das sind nur ein paar wenige der Fragen, um deren Beantwortung sich zahlreiche Ausgräber und Wissenschaftler bemühen, um das Rätsel um die Moundbuilder eines Tages lösen zu können. Die Antworten, die sie bis heute schon gefunden haben, lassen bereits darauf schließen, dass sich im Südosten Nordamerikas mehrmals zu verschiedenen Zeiten etwas ganz Außergewöhnliches zugetragen haben muss, phantastische Geschehnisse, die die Vergangenheit dieses Teils der Welt in einem ganz neuen Licht zeigen.

**Gisela Ermel**

## Das Heilige Bündel der Azteken

**Kultursprung, Masterplan und Götterstimmen: Mittelamerikas rätselhafte Vergangenheit**

ISBN 978-3-935910-44-6, Paperback, Din A5,
278 Seiten, 88 s/w-Fotos, **€ 18,50**

Im 16. Jahrhundert eroberten die Spanier Mexiko und zerstörten das großartige Reich der Azteken. Den Eroberern folgten christliche Missionare, die versuchten, auch noch die geistige Welt der Eingeborenen zu zerstören. Aus diesem Grund interessierten sie sich für die Götter und Kulte der sog. „Heiden". Von den Indianern erfuhren sie, dass deren Vorfahren erst nach einer langen Wanderung das Tal von Mexiko erreicht hätten. Bei diesem Marsch, so berichteten die Indianer und so zeigten es alte Bilderhandschriften, seien die Wanderer von einem Gegenstand geführt und angeleitet worden, aus dem die Stimme eines Gottes zu ihnen sprach.

Dieser Gegenstand wurde zum wichtigsten Kultobjekt der mexikanischen Völker. Man baute ihm Tempel, führte mit ihm Riten und Zeremonien durch und fertigte Imitationen an. In den Überlieferungen der Indianer und in deren Bilderhandschriften wird das Kultobjekt gezeigt als ein Gegenstand, der zur Ausstattung von Himmelswesen gehörte bei deren Reise auf unseren Planeten, und als ein Gegenstand, der ein Geschenk der „Götter" war an Erdbewohner. Das „Heilige Bündel" – ein Gegenstand, der „nicht von Menschenhand" hergestellt wurde?

Dieses Buch folgt den Spuren des Kultobjektes von dessen Herkunft über dessen Gebrauch bis zu dessen möglichem Verbleib. Die Spurensuche in Sachen „Götter" und „Himmelswesen" geht zurück bis in die Zeit Mittelamerikas, als Steinzeitbauern einen rätselhaften Kultursprung in Rekordzeit machten.